优秀教师精彩课堂的 100 个成功细节

YOUXIUJIAOSHIJINGCAIKETANGDE
100GECHENGGONGXIJIE

张后安 ◎ 主编

吉林文史出版社

图书在版编目（CIP）数据

优秀教师精彩课堂的100个成功细节／张后安主编．
——长春：吉林文史出版社，2012．12（2021.6重印）
（教学必备金点子系列）
ISBN 978－7－5472－1328－5

Ⅰ．①优… Ⅱ．①张… Ⅲ．①课堂教学－教学研究
Ⅳ．①G424.21

中国版本图书馆CIP数据核字（2012）第291244号

教师必备金点子系列

优秀教师精彩课堂的100个成功细节
YOUXIUJIAOSHIJINGCAIKETANGDE100GECHENGGONGXIJIE

编著／张后安
责任编辑／高冰若
封面设计／小徐书装
出版发行／吉林文史出版社
地址／长春市福祉大路5788号
邮编／130118
网址／www.jlws.com.cn
印刷／三河市燕春印务有限公司
开本／710mm×1000mm 1/16
印张／14.5 **字数**／164 千字
版次／2013年6月第1版 2021年6月第3次印刷
书号／ISBN 978－7－5472－1328－5
定价／39.80元

优秀教师精彩课堂的 100 个成功细节

目录

第一章 课堂精彩导入

优秀教师刘卓娟《清贫》新课精彩导入\001

优秀教师王帮阁《我的老师》新课精彩导入\003

优秀教师姜海平《大闹天宫》新课精彩导入\006

优秀教师尹志英《汉字之美,妙在多维》新课精彩导入\008

优秀教师韩道红《背影》新课精彩导入\011

优秀教师崔巍《金岳霖先生》新课精彩导入\013

优秀教师关喜萍《枣核》新课精彩导入\016

优秀教师白丽妍《图片物语》新课精彩导入\017

优秀教师胡超《石缝中的生命》新课精彩导入\019

优秀教师李涛《杨修之死》新课精彩导入\021

优秀教师梁歧东《雨巷》新课精彩导入\023

优秀教师赵辉《音乐巨人贝多芬》新课精彩导入\026

优秀教师赵岩《格律诗吟诵——入声字教学》新课精彩导入\028

优秀教师唐波《黄河母亲河》新课精彩导入\030

优秀教师李培培《生命,生命》新课精彩导

入\032

优秀教师马丽娜《智取生辰纲》新课精彩导入\034

第二章 课堂精彩展开

优秀教师王江春《乡愁》课堂精彩展开\037

优秀教师孔令博《鱼我所欲也》课堂精彩展开\040

优秀教师侯岩峰《诗词诵读》课堂精彩展开\043

优秀教师王烁《观沧海》课堂精彩展开\045

优秀教师蒋艳梅《天净沙·秋思》课堂精彩展开\047

优秀教师邵丽平《孔乙己》课堂精彩展开\049

优秀教师李春梅《三峡》课堂精彩展开\051

优秀教师陈晓东《说屏》课堂精彩展开\053

优秀教师郭初阳《远和近》课堂精彩展开\055

优秀教师孙海燕《乡愁》课堂精彩展开\058

优秀教师高梅《〈论语〉九则》课堂精彩展开\060

优秀教师李云超《名二子说》课堂精彩展开\062

优秀教师王丽梅《听泉》课堂精彩展开\064

优秀教师张立洋《宣州谢朓楼饯别校书叔云》课堂精彩展开\066

优秀教师马骁《晏子使楚》课堂精彩展开\068

优秀教师栾海燕《我在》课堂精彩展开\071

优秀教师罗秀艳《再别康桥》课堂精彩展开\073

优秀教师曲凤琴《醉翁亭记》课堂精彩展开\076

第三章 课堂精彩提问

优秀教师娄爽《老王》课堂精彩提问\079

优秀教师刘利辉《过秦论》课堂精彩提问\082

优秀教师朱雪莉《陌上桑》课堂精彩提问\083

优秀教师付国芳《答谢中书书》课堂精彩提问\086

优秀教师隋国英《小公务员之死》课堂精彩提问\088

优秀教师祖晓辉《风筝》课堂精彩提问\090

优秀教师潘丽丽《桃花源记》课堂精彩提问\092

优秀教师庄艳平《公输》课堂精彩提问\095

优秀教师崔玉志《清贫》课堂精彩提问\098

优秀教师尚丹丹《茅屋为秋风所破歌》课堂精彩提问\100

优秀教师杨聪《云南的歌会》课堂精彩提问\102

优秀教师印秀芬《圯上敬履》课堂精彩提问\104

优秀教师王君《背影》课堂精彩提问\106

优秀教师王丽《我的叔叔于勒》课堂精彩提问\108

优秀教师吴洪波《云南的歌会》课堂精彩提问\111

优秀教师颜廷娟《安塞腰鼓》课堂精彩提问\112

第四章 课堂精彩拓展

优秀教师杨春霞《等待》课堂精彩拓展\115

优秀教师王德强《散步》课堂精彩拓展\118

优秀教师姜丽娟《邹忌讽齐王纳谏》课堂精彩拓展\120

优秀教师侯雪《曹刿论战》课堂精彩拓展\122

优秀教师田小娟《俗世奇人·泥人张》课堂精彩拓展\125

优秀教师刁英芳《拥你入睡》课堂精彩拓展\128

优秀教师毛洁《献给母亲的歌》课堂精彩拓展\130

优秀教师王金华《再塑生命》课堂精彩拓展\133

优秀教师廉淑文《鱼我所欲也》课堂精彩拓展\135

优秀教师李春雨《〈论语〉十则》课堂精彩拓展\138

优秀教师丛立平《祝福》课堂精彩拓展\140

优秀教师石馨《湖心亭看雪》课堂精彩拓展\142

优秀教师高志强《岳阳楼记》课堂精彩拓展\145

优秀教师齐丽《从百草园到三味书屋》课堂精彩拓展\147

优秀教师孙鑫《图片有声》课堂精彩拓展\149

优秀教师陶丽华《国殇》课堂精彩拓展\151

优秀教师王贵云《陌上桑》课堂精彩拓展\153

优秀教师徐文华《皇帝的新装》课堂精彩拓展\155

第五章 课堂精彩评价

优秀教师夏光民《荷塘月色》课堂精彩评价\157

优秀教师李菁翠《廉颇蔺相如列传》课堂精彩评价\159

优秀教师陈华《春江花月夜》课堂精彩评价\161

优秀教师姜学凤《念奴娇·赤壁怀古》课堂精彩评价\164

优秀教师张彬《在桥边》课堂精彩评价\166

优秀教师薛岩《林教头风雪山神庙》课堂精彩评价\168

优秀教师陆军《林黛玉进贾府》课堂精彩评价\170

优秀教师王福民《老人与海》课堂精彩评价\172

优秀教师徐晓红《奥斯维辛没有什么新闻》课堂精彩评价\174

优秀教师陈兆辉《归园田居》课堂精彩评价\176

优秀教师史向前《母与孩子之间的爱》课堂精彩评价\178

优秀教师张冬颖《归去来兮辞》课堂精彩评价\180

优秀教师欧阳光《再别康桥》课堂精彩评价\183

优秀教师赵桂霞《沁园春·长沙》课堂精彩评价\185

优秀教师王士宝《种树郭橐驼传》课堂精彩评价\187

优秀教师李春雨《黄河颂》课堂精彩评价\189

第六章 课堂精彩结课

优秀教师高路《绝品》课堂精彩结课\193

优秀教师曲冬妮《安塞腰鼓》课堂精彩结课\195

优秀教师许月秋《好嘴杨巴》课堂精彩结课\197

优秀教师佟欣荣《麦琪的礼物》课堂精彩结课\199

优秀教师姜述娟《国殇》课堂精彩结课\201

优秀教师吕婷婷《呼兰河传节选》课堂精彩结课\203

优秀教师崔彦茹《紫藤萝瀑布》课堂精彩结课\205

优秀教师黄厚江《给我的孩子们》课堂精彩结课\207

优秀教师丁艳艳《故乡》课堂精彩结课\209

优秀教师段远东《〈庄子〉故事两则·惠子相梁》课堂精彩结课\211

优秀教师黄维陆《中国人失掉自信力了吗》课堂精彩结课\213

优秀教师解瑛《观沧海》课堂精彩结课\215

优秀教师茅娟美《写写词里的故事》课堂精彩结课\217

优秀教师田艳丽《过零丁洋》课堂精彩结课\219

优秀教师王茜《端午的鸭蛋》课堂精彩结课\221

优秀教师魏玲《梁思成的故事》课堂精彩结课\223

第一章 课堂精彩导入

优秀教师刘卓娟《清贫》新课精彩导入

案例1

刘老师在教授陆定一的《清贫》一文时先提问学生：什么是"清贫"？请学生查找词典上关于"清贫"的解释。学生查找后回答：清贫中的"清"为清廉，"贫"为贫穷；词义即：贫穷清廉，贫穷而守节。刘教师接着讲：唐代的姚崇在《冰壶赋》中说过这样的话："与其浊富，宁比清贫。"明代的杨慎在《艺林伐山》中亦有类似的话："宁可清贫自乐，不做浊富多忧。"可见"清贫"一词的感情色彩是褒义的，以此为题表现了方志敏为革命坚贞不屈以经历苦难为荣的崇高气节。今天，让我们走进一位"贫穷而守节"的仁人志士，他就是方志敏烈士。

这里，刘老师采用了标题诠释导入的方法。俗话说："看书看皮，看报看题"。以标题诠释为导入点，可以迅速抓住文章的主线，对培养学生的阅读能力，激发学生学习的兴趣有十分重要意义。

⏰ 成功细节

良好的教学导语不仅能先声夺人,磁石般吸引住学生,而且能有效地消除其他课程的延续思维,为新课的展开预设良好的教学气氛,开启学生的心理通道,给教学定下成功的基调。刘老师采用析题导入的方式教授《清贫》一课,可谓一举三得。

首先,析题导入突出了文章重点。

课文的标题是文章的眼睛,是读者接触文章的第一步。生动新颖的标题,能诱使读者急于阅读作品;准确凝练的标题常常对课文的基本思想内容起到画龙点睛的作用。因而刘老师十分重视本篇课文的标题。采用了析题直入法导入新课,突出了本文的主题:赞扬共产党员贫穷而守节的美德。

其次,析题导入有助于学生迅速把握文章主题。

文题往往是文章的眼睛,它往往与选材或立意有关。教师若能从解题入手,设计好导语,既解释题目,又揭示中心,将有助于学生了解本文主旨:矜持不苟、舍己为公是每个共产党员具备的美德。

其三,析题导入有助于学生更好地学习理解课文的内容,掌握重点和难点。

解析了题目"清"——清廉,"贫"——贫穷。"清贫"即贫穷清廉,贫穷而守节之意。再引古人云:"与其浊富,宁比清贫",即可促使学生进一步理解后文表现了方志敏为革命坚贞不屈以经历苦难为荣的崇高气节。让学生清楚地认识到"清贫"之可贵,进而明了"清贫"是革命者战胜困难的精神力量。

⏰ 功效评价

导语设计的真正艺术性就体现在对隐性的活的因素的较准确的平衡与协调。在21世纪,我们的学生逢上了好时代,祖国繁荣进步,人民生活水平普遍提高,何谓"清贫"?对现在的孩子来说,他们眼中所看到的,耳中所听到的,也许和方志敏所处的时代完全不同。所以如何理解"清贫"是一个引人思考的问题。它超越了这篇文章本身。

虽然仅仅是一个小小的开头,却熔铸了教师的智慧,凝聚了教师的心血。刘老师导入新课做到了简洁、明快、新鲜、活泼,有利于学生尽快入情入境。让学生认识到:方志敏这个在革命年代与无数危险和艰辛连在一起的名字,直到今天,我们想起他,想起他的"清贫",仍能感受出一份历史的厚重,为一种纯粹和高尚而震撼。这样的新课导入设计不仅仅在于烘托气氛和激发兴趣,更在于影响学生的认知结构与确定学习的起点行为方面的意义。

成功的解题式导语是教师为学生能直入课文"心脏"而铺设的一条捷径,它省去了许多中间环节,起到高屋建瓴的作用。

⏲ 细节反思

导入新课作为教学过程中的一个环节,它在很大程度上决定了整个课的成败,因此,导语的设计不能流于形式,陷于呆板,我们要在瞄准教学重点、难点的情况下,根据学生的心理特点与教育关键灵活设计,巧妙运用,也只有这样,才能够真正敲击在学生心灵上,迸发出迷人的智慧的火花。

新课的导入方法是语文教学艺术浪花里的一滴水,教师要不间断地加强自身的文化修养、品德修养和技能修养。引用古人的话:"与其浊富,宁比清贫""宁可清贫自乐,不做浊富多忧"。可见老师知识积累,但同时也要考虑学生的知识水平、接受能力、审美水平,导语设计才能有针对性,有实效性。

优秀教师王帮阁《我的老师》新课精彩导入

⏲ 案例2

导入方式一:

同学们好!在你的学习生活里哪一位老师最令你难忘,你与他在一起学习的日子里那些生活细节给了你良好的影响,请你给大家讲一个与他(她)有关的小故事,表达你的敬爱之情。

设计目的:设计这样的一个导语目的是为了唤起同学们对老师的回忆,通过讲故事的方式提高口语表达能力,为学习课文中的叙事方式,运用细节表现人物抒发情感等设下进一步的学习铺垫,在比较中吸收课文中的写法,促进学生对文章思想内容的理解把握。

导入方式二：

有这样一首诗，名叫《过印度洋》，是周太玄先生赴法留学途经印度洋时所作，发表在1919年的《少年中国》上，署名周无。它抒发了作者远离祖国依恋故土之情。请大家来朗诵以下这首诗，并体会一下这首诗给你的印象：

过印度洋

周无

圆天盖着大海，
黑水托着孤舟。
远看不见山，
那天边只有云头。
也看不见树，
那水上只有海鸥。
那里是非洲，
那里是欧洲，
我美丽亲爱的故乡，
却在脑后！
怕回头，怕回头，
一阵大风，
雪浪上船头。
飕飕，
吹散一天云雾一天愁。

设计目的：设计这样的一个导语目的是为了很快地把学生带进文本意境，激发学生的探疑兴趣，带着疑问走进《我的老师》一课，接下来可问是什么力量使一个孩子在二十六年后还能回忆起这首诗，还能深情地朗诵这首诗。请大家朗读课文《我的老师》通过对诗歌的朗诵促进学生的朗诵能力，运用激趣的方式把学生带入课文的情景，更好地体会魏巍对蔡云芝老师热爱的原因，从而进一步体会写人的文章要为抓住人物在生活中的角色特点来展开这一方法服务，那为什么作者有只选取诗的前部分入文呢？明确，因为这篇文章是以记蔡云芝先生为主的，不是以讲授这首诗为主的，故而作者舍去诗的后部分，只是再现出当时的生活情境就可以了,大家学习这类文章要懂得选材的详略宜恰当。另外这样安排还开阔了学生的视野,还原了这首诗的历史原貌,一举多得。

导入方式三:

李商隐的诗句有:"春蚕到死丝方尽,蜡炬成灰泪始干。"这一形象的诗句后来被人们用来赞美老师,派生出了"老师像蜡烛,照亮了学生前进的道路"。"老师是人梯,载着学生攀登科学的高峰"等语句,同学们,在多年的学习生活中,你们也许也写过"我的老师"这类作文,会有诸多的创作苦衷?今天我们一起来学习现代著名作家魏巍写的回忆他的小学老师蔡芸芝的一篇文章,比较一下,来求取真经,来学习表达我们这份由衷的情谊。

设计目的:这样设计导语目的是为了唤起同学们对写作的回忆,通过回忆自己写老师的过程中遇到的问题,在比较中吸收课文中的写法,加深对课文的印象,在细致研究中学习写人文章的技巧方法。

成功细节

在本案例中,教师采用了激疑、回味等方法导入课文。这种导入方法在新内容开始前让学生朗读、回忆、品味,教师和学生一起探究问题导入教授。这种方法主要是让学生提取已有的经验,探究课文中将出现的问题,然后采用启发诱导的方式,帮助学生步入新课。运用这种方法,要求教师具有较高的教学调控能力,能引导学生探究与教学内容相关的问题,并能激发学生学习新课的兴趣。

功效评价

一堂好课,开篇的设计很重要。教师应当合理安排课堂教学的伊始,精心设计一个具有张力、趣味横生的课堂开篇,做到以善始企及善终,给课堂教学创造良好的开端。起始技能是教师在一个教学内容开始,或一节课的教学任务开端时,有目的、有计划地通过引出或归纳学生已有的经验等活动使学生对所学的新知识、新技能进行及时的预设,把新知识、新技能纳入新的认知结构,使学生生成新的求知欲,并为以后的教学做好过渡的一类教学行为。

一般来说,不恰当的课前教学活动往往会冲淡后面的学习内容,学生一时难以顺利地进入课堂情境。通过恰当地导入,可以帮助学生做一番简要的回忆和思想准备,很快地走入新课堂,也便于学生把握教学重点,使学生容易从复杂的教学内容中快速储存知识信息。

🕐 细节反思

常言说得好:"好的开端等于成功的一半",课堂教学的导入语切忌冗长,而应高度浓缩,言简意赅。总之,教师应该在课前的几分钟,以精练的语言使讲课的主题得以展示,使学生对课堂充满激情与渴望,兴趣盎然。

充满情趣的导入能有效地激发学生的学习动机,使学生的身心得到放松,浓厚的兴趣得以保持。根据学生的心理年龄特点,教师每讲一节内容都要设计出新颖别致的导入形式,或者激情澎湃,或者求异激趣,或者悬念跌出,不能一成不变、味如嚼蜡。不管怎样导入,都要给学生以激励,以促进学生探索新知的积极性,主动性,好奇心。

优秀教师姜海平《大闹天宫》新课精彩导入

🕐 案例3

师:"大闹天宫,不仅天宫知道,连地球人都知道。这个陪伴我们从小走到大的故事,你们喜欢吗?说一个你喜欢的理由。"

生1:喜欢孙悟空的神通广大。

生2:欣赏孙悟空敢于反抗的精神。

生3:喜欢孙悟空翻如来佛祖掌心,好玩。

师:今天谈论大闹天宫的时候,我的心里有种不道德的感觉。大家都知道大闹天宫的结局:孙悟空靠一时的兴起换来的是五百年的人身监禁。从这个结局看,大闹天宫实是孙悟空的人生悲剧。我们在这里畅快人家不幸,叫好于人家的悲哀,我总觉得是不是有点缺……?

生:缺德——(哄笑)

师:再读大闹天宫的时候,我一直在想一个问题,那就是我们得帮帮猴哥,帮猴哥分析一下大闹天宫失败的原因,也算是这么多年对猴哥冷漠的一种补偿。

板书课题。

师:"大闹天宫"的情节可分为两个部分:一是孙悟空力战天神,一是与佛祖斗法。力战天神是孙悟空最风光的时候,与佛祖斗法则是孙悟空噩梦的开始。这节课我们就从与佛祖斗法讲起,分析一下孙悟空失败的原因。

⏰ 成功细节

这个导语的成功表现在三个方面:

1.由浅近的问题("说一个你喜欢的理由")走入文本分析,既吸引了学生的兴趣,又为下文另类的文本解读做了铺垫。

2.文本解读切入的新颖。一般来说,"大闹天宫"的教读都要从孙悟空的性格说起,重点在于他的桀骜不驯、敢于反抗皇权,同时为孙悟空的敢于追求理想而赞美。这里谈到了"帮猴哥分析一下大闹天宫失败的原因",奠定了文本分析的走向,让人有耳目一新之感。

3.语言诙谐,用语幽默,拉进了师生间的关系。

⏰ 功效评价

长期以来我们用阶级的论调去解读文本,使我们的思维已僵化起来:非此即彼、非黑即白的思维模式已成定势;在我们的思想里人物要么讴歌,要么批判,要么上升到阶级的高度进行整容,就是不把人物当成有血有肉有情有义的生命,不知不觉间文本解读者变成了冷漠的看客。这个导语最成功的地方就是把读者从看客的地位回归到生命的本位,让读者怀着悲悯之心走进人物的情感世界,把冷酷的解剖变成了温情的关爱。慈悲看世界,悲悯读文章,恐怕是我们时下最需要的东西吧。

⏰ 细节反思

苏联著名教育家斯维特洛夫指出:"教育家最主要的,也是第一位的助手是幽默。"心理学家也告诉我们:学习的效果不仅与个人的智力因素、学习方法有关,而且与学习的心态有关。一种轻松愉快的学习气氛,更有助于激发学生的兴趣,让学生对所学的内容印象更为深刻,更易于记忆。一个老师假如不留意调动学生的学习积极性,把一堂课上得死气沉沉,学生觉得吃力费劲,那么,对这一堂课的教学效果的评估,也好不到哪里去。与此相反,一种幽默的神态,一席有趣的妙语,

就能消除学生的心理、生理疲劳，松弛紧张的神经，振奋学习的精神，让学生在和谐而欢快的课堂里增长知识。幽默导入新课，激活课堂气氛教师的幽默语言，对集中学生的注意力、活跃课堂气氛、协调师生关系、增加学习乐趣、提高课堂的学习效率，都具有积极的作用。教学幽默的基本特征之一就是趣味性，它与学生的学习兴趣密切相关。教师巧妙地使用幽默的技巧，就会引起学生情感上的共鸣，激发学生的学习兴趣，使枯燥无味的学习变成一种精神享受。巧妙地用幽默语言导入新课可以先声夺人，紧紧抓住学生的注意力，吸引和感染学生，激发学生的学习兴趣和求知欲望。

优秀教师尹志英《汉字之美，妙在多维》新课精彩导入

案例4

在学习《汉字之美，妙在多维》一课时，尹老师是这样带领学生进入这一课的学习的：

我们虽然是在上语文课，但老师想向同学们询问一点几何学方面的知识，谁能告诉我"维"在几何学中是什么意思？

学生答应该是维度，角度，空间概念等意思。

《现代汉语词典》是这样解释"维"的：几何学及空间理论的基本概念，构成空间的每一因素为一维，如长、宽、高等。所以我们可以延伸出这样的理解：几何学研究空间，空间具有维度，维度越多，自由度越大。为了让大家有更为形象地认识，我请一位同学走上讲台，帮老师当一回模特，用动作演示一下维度的概念。

一个学生伴随着同学们惊异、好奇、期盼的眼神走到讲台前。

请向前走五步，好，请再向后走五步。

负责演示的学生按口令行进。

请同学们一起告诉我，他刚才演示的是维度当中的——

学生齐答：前后。教师板书：前后。

好，请听口令：向左跨出三步。再向右跨出三步。

负责演示的学生按口令行进。

请同学们再一起告诉我，他刚才演示的是维度当中的——

学生齐答：左右。教师板书：左右。

请问，你能飞吗？

学生笑而不语，而后斩钉截铁表示：这个真不能，从来没飞过。全班大笑。

那好吧！不难为你，那就请你跳一下吧，使劲跳，越高越好。刚才他向我们演示的维度中的——

学生齐答：上下。教师板书：上下。

前后，左右，上下，这就是空间上的三维概念。可是爱因斯坦在相对论中告诉我们，除了这三维之外，还有一维，那就是时间。三维空间加上一维时间，这就有了"四维"概念，所以说我们是生活在四维时空中的。老师讲这么多维度概念，与《汉字之美，妙在多维》这一课的学习有什么关系呢？请同学们从课文中找到答案。

学生找出第一段原文语句作答：汉字是全世界最美丽的文字，本文从几何学的角度来发掘汉字之美。

这可是本文作者沈致远的独特发现。沈致远是一位物理学家，物理学家从几何学的角度诠释汉字之美，老师打个通俗的比方，这就好像一位物理老师用几何的知识上了一堂语文课。那就让我们一起跟随这位科学大家看看汉字多出了哪些维，又是怎样一个美字了得。

教师板书标题及作者。

⏰ 成功细节

何谓导入？"导"，就是"示之以途"，亦即"引路"之意；"入"，就是"使之入途"，亦即"入门"之意。在本案例中，教师是用学生行为展示的方式来"引路"，用找出关联句子的方式来引领学生"入门"的。《汉字之美，妙在多维》一课，关于汉字的"美"，学生是能够认知和认同的，而从"多维"角度阐释汉字之美，是学生不熟悉和难认同的，想弄清"多维"，先得明白"维"的概念，所以理解"维"的概念成了本文学习的关键点。如果照搬词典意思，让学生记录，那是空洞而抽象的，会使本文的学习变得难上加难，因此以行为展示的方式立体地解说了"维"的概念，三个维度的概念学生自己就可以得出，并能深刻理解，为本课的学习打下牢

固的基础。再通过找句子，学生自然顿悟了前面行为展示的意义。此导语设计符合《义务教育语文课程标准》中"语文教学应激发学生的学习兴趣，培养学生自主学习的意识和习惯"这一建议，具有"转轴拨弦三两声，未成曲调先有情"的效果。

功效评价

　　成功的教学所需要的不是强制，而是激发学生学习的兴趣。因为兴趣具有巨大的魔力，它可以创造出一切奇迹。对《汉字之美，妙在多维》一课的学习，更应如此，因为这是一篇科学散文，相对来说，比较枯燥，很难理解，更需要激发学习兴趣。行为展示的方式能让学生动起来，笑起来，想起来，学起来，对所学知识产生浓厚兴趣，会把本课的学习变成一件愉快的事情，正如英国教育家约翰·洛克所说："教学的巨大的技巧在于集中学生的注意，一旦办到了这一点，他就可以在学生力所能及的范围内尽速前进了。"所以，之后的找出关联句子环节，学生会集中全部注意力，立即将其找到。《义务教育语文课程标准》中"尤其要注重激发学生的好奇心、求知欲，发展学生的思维"这一表述，在此导语的设计中得到了很好地落实。这个导语注重了设计的针对性、启发性、趣味性、艺术性以及创造性，能集中学生的注意力，启迪学生思维，调动课堂气氛，消除畏难情绪，沟通师生情感，使学生带着一种放松和快乐的心情去学习本课，有效地提高了课堂学习效率。

细节反思

　　导必有法，导无定法，所以因文生法，一课一法，甚至同一课学生异，导入之法则异，因而没有一成不变的导入，只有对精湛教学艺术的一成不变地追求，恰如吕叔湘先生所说："语文教学一半是科学，一半是艺术"。课堂导入是一种艺术，当然更是一种创造，如杨绛的《老王》一课，就可以故意将标题错写为"王老"，请学生思考错在哪里？这样就可以引出老王的身世，他人的评价，作者的情感等相关问题，能一石激起千层浪。陶行知说："学生有了兴趣，才会用全部精神去做事，学与乐不可分"，夸美纽斯也说："教师的根本任务就是培养学生的求知欲"，这是否说明，歌曲导入、影视导入、操作演示导入、故事导入、悬念导入等林林总总的导入，无论哪一种，真正激发了学习兴趣的导入，才是最高明的导入呢？

优秀教师韩道红《背影》新课精彩导入

案例5

老师在讲授新课《背影》前与学生交流文学作品中出现的背影，感知背影的深刻内涵。同学们纷纷提及到《绝品》中三爷的背影以及《白雪歌送武判官归京》中武判官骑马回京的身影等等。教师根据学生的发言总结背影所蕴含的意义：《绝品》中三爷被下人搀扶将行渐远的身影，体现其不惜牺牲自我，坚守原则的浩然正气；《白雪歌送武判官归京》中"山回路转不见君，雪上空留马行处"中友人的背影，传达的是离别的伤感和前途未卜的茫然心绪；《目送》中孩子远行的背影、渐渐长大的背影，蕴含着无尽的期许；鲁迅的《一件小事》中车夫扶着那老女人向大门走去时的背影，展现出对普通劳动人民品质的敬仰。

通过对有关"背影"文章的交流，结合学生的课前作业，研读背影的魅力。

学生郭芷铭课前作业写到：背影，源于注视；注视，源于不舍；不舍，源于情深。朋友目送知己，是相知远去复见难；妻子目送丈夫，是一别不知何时归；君王目送将士，是古来征战几人回。远去的背影，渐小的黑点，不移的目光，心灵的牵挂，回忆的惆怅，背影的魅力。

学生刘明瑾课前作业写到：背影是中国人最沉重的臆想，他肩负着道义，是金庸笔下的豪侠；他辛苦劳作，影射鲁迅勾勒的悲惨的国人命运；他轻垂泪眼，苦叹十三道金牌的难违；他轻倚危栏，酌酒遥望轻吟"问君能有几多愁，恰似一江春水向东流"……

学生刘珂含课前作业写到：背影是战争年代一双满是泥泞的布鞋一步步的远离，是年已花甲的老母亲的记忆。

背影是动乱浩劫中镣铐锁住的亢奋灵魂地挣扎，是沉重步伐的一帧帧画面，它将希望于人世隔绝，让张张背影划出长长的牵挂，一面系着亲人，一面系着自己。

背影是和平时期里永久伫立的挺直的脊梁，是年轻的父母目送着儿女跑进校园，是不惑之年的父母凝望着儿女日渐丰盈的羽翼，是长大后的儿女端详刻画着父母容貌的红色剪纸，看到的只是他们的轮廓。脆弱易碎却在鲜红的纸上泛滥着对儿女的热情。

是谁在凝望谁的背影？是一生守候他人的背影还是"长大后，我就成了你"开始被守望加入守望的行列？转身后，予人背影，步调踏实而坚定，可能是日复一日幸福，也可能今后此生陌路。

拾起一张张背影，将最美的背影吝啬地从昨日手中夺回，我要把它留给明天。教师对学生的解读加以点评，进而引入朱自清的《背影》。

⏰ 成功细节

本案例中，教师通过回顾所学文章，以同一知识点加以串联，分析各自独具的魅力所在。这样的方式既巩固原有的知识，又能拓展学生的思路，进而激发他们对"背影"情结的认识，引发深入的思考，才会形成精彩的习作，达到"举一反三"之效。师生通过一起"温故"进而"知新"，在纵向对比中突出背影的厚重度。日常的语文教学中注重听、说的训练，用写的方式引入课堂，凝练的文字配以精辟的见地将背影这一生活化的事物上升为融入万千情感的载体，成功地与所要教授的文章相契合，既保证课堂的质量，又使课堂的容量更饱满，教学效果更佳。

⏰ 功效评价

瑞士作家温克勒曾经这样说过："开场白有两种作用：一是建立说者与听者之间的共鸣，二是顾名思义，打开场面，引入正题。"导入语就是课堂教学的开场白，它起着联系师生情感，打开课堂教学，引入新课的重要作用，是课堂教学中师生之间的沟通桥梁。而温故知新的导入更能增强学生新旧知识的衔接性，顺利地引入所要教授的内容，循序渐进，自然且流畅。"旧识"与"新知"的相契合，更加明确课堂的教学内容，使讲授的重点更为突出，教授目的更加明确。在勾连以往知识时，更能调动学生积极思维，诱发他们主动探究问题，进而能够积极思考，探微知幽。

⏰ 细节反思

"万事贵乎始"。课堂导入，要注意时间不宜过长，3～5分钟为宜。本堂课的导入内容涵盖较多，用时较长，有可能影响到课堂的节奏，教育学家第斯多惠说："教学的艺术不在于传授本领，而在于激励、唤醒、鼓舞"。导语奠定了整个课堂的基调，也是教学质量的重要保障。如若将导入中课前的作业调整到整堂课的结尾，更能起到升华文本内容之效。

如考虑导入的有效性，可从课文内容入手，让学生设计对联，直入主题。利用多媒体展示对联：

1. 冷暖看尽月台橘香灯悠然触目伤心
是非归真旅途遥寄各守望背影独行
2. 背立天地拭泪间泪随风洒游子吟伤
影逝二载怀旧时疚自心生静夜思亲

对联的文字简洁且意蕴丰厚，内容又与文本相切合，进入正课较快同时可增加对背影传统感的解读，结合自己的生活实际，使学生能够感同身受，引发共鸣。

优秀教师崔巍《金岳霖先生》新课精彩导入

案例6

崔巍老师上课前，投影仪一直打开，巨大的白色屏幕垂下几乎占据了整块黑板，崔老师有感而发，拟一对联，同时由对联导入。

师：上课前老师有一个小小的请求，请工作人员把投影关掉，把大屏幕升上去，因为我要用黑板。有感于开投影机浪费资源，老师在上课前写了一副对联，愿与同学们共享。上联是"投影价格不菲"，下联是"灯泡寿命有限"，还是让投影灯泡休息一下吧。（学生和听课老师微笑，有轻微掌声）

师：好了，闲言少叙，上课！

生：（起立）老师，您好！

师：同学们好！请坐。我们这堂课也由一副对联开始吧。著名哲学家冯友兰先生为一个朋友88岁生日题写了一副对联，上联是"何止于米，相期以茶"（板书上联），意思是不能止于"米寿"，期望能活到"茶寿"。有没有同学能够猜猜什是"米寿"，什么是"茶寿"？

学生热烈的议论开，有学生举手发言。

生：是不是70岁和80岁呀？

师：能说说理由吗？

生：古话说："人生七十古来稀"，70岁就很长寿了，所以我猜是70和80。

生：老师，我认为他说的不对，我知道冯友兰是现代人，不是古人，不能完全套用古人的标准。

师：哦？你知道冯友兰，看来你的知识面很广啊，能简单介绍一下吗？

生：其实我也不太了解，记得以前我们语文老师讲过《紫藤萝瀑布》，老师那时给我们讲作者宗璞时介绍过冯友兰，他是宗璞的父亲，是哲学家，这是您刚才说的。他名气很大，好像在北大工作。

师：很好，看来你很善于整合信息。那你刚才不同意那位同学的意见，你有什么认识能说说吗？

生：我猜可能是84和90。因为咱们中国人心理上的寿命的坎有两个，73和84，我觉得活过84才是长寿，90更是长寿，所以就猜是84和90。（学生和听课老师大笑）

师：你讲的似乎更有道理，但是同学们都是停留在"猜"的基础上，没有从对联本身入手。大家看"米"这个字，可拆为88，所以88大寿为"米寿"；"茶"字上面"廿"是20，下面也可拆为88，20加上88等于——

生（齐声）：108岁。（学生们恍然大悟，纷纷笑着点头）

师：这副对联的下联是"论高白马，道超青牛。"这是冯友兰对这个朋友逻辑和论道方面的赞叹：论辩比公孙龙的"白马非马"论要高；论道超过骑着青牛出函谷关的老子。冯友兰的这副对联既与友人相期长寿，又极高的评价了他的这位朋友在学术上的成就，那这位朋友到底是谁呢？

有学生小声说出："金——岳——霖。"

师：对，他就是被称为"中国哲学第一人"的金岳霖先生。今天我们就来学习沈从文先生的学生、著名作家汪曾祺先生的散文作品《金岳霖先生》。（板书课题及作者）

成功细节

课堂教学导入是教师谱写优美教学乐章的前奏，是师生情感共鸣的第一个音符。导入技能是课堂教学艺术的重要组成部分，也称做开讲艺术，是教师的学识、口才、智慧的综合体现。所以，优秀的课堂教学都非常讲究导入的设计，运用不同的导入方法，使课堂教学一开始就扣人心弦，引人入胜，有如"春色初展，鲜花含露，叫人钟情"。在语文课堂上以对联导入，不仅可以开阔学生的视野，增长学生的知识，还可以增强语文课的知识性、生动性和趣味性，使课堂增添浓郁的文学品位。崔巍老师以生活中上课前的小事入手，自拟对联，并有此引入课堂的导入部分，可谓"导前有导"，导入是为课堂做铺垫，导入前还要为导入做铺垫，一下子拉近了与学生的距离，使新课的导入更自然更随性，利于学生的接受和理解。

⏱ 功效评价

袁枚有诗云："夕阳芳草寻常物，解用都是绝妙词"。现在很多老师怕完不成教学任务都不够重视导入这个环节，语文课的导入普遍比较简约。对联导入不仅是导入的问题，它更是一个课程资源扩展的问题。其实，在教师吃透教材的基础上，重视拓展教学资源不仅不会耽误时间，反而会充分调动学生的主体性，充分培养学生的概括归纳能力，使学生增长知识，帮助记忆。对联在语文课堂教学中的渗透领域是很广阔的。只要我们对传统文化有深厚感情，对语文课堂教学有沉甸甸的责任感，那么也必定会很好地把对联渗透于课堂教学之中，并收获到意想不到的喜悦。

⏱ 细节反思

随着现代化教学手段的不断普及与提高，导入的手段也日趋丰富多彩，除了常用的情境导入、演示导入、解题导入、悬念导入、故事导入、新旧知识联系导入等，还可借助多媒体，以优美的音乐与画面营造氛围，激发学生的学习兴趣。在如此纷繁的导入方式中，对联这种古雅的语言方式无疑是一种非常适合语文课的导入方式。对联形式短小，文辞精练，显示出汉语言的对仗工整之美、声韵和谐之美。不仅如此，其内容和风格或婉约、或大气、或理性、或诗意，让人感觉这种中华国粹的无穷奥妙，给人以无穷的回味。它既是一种生动的艺术表现形式，又是一种优秀的文化遗产，运用这样的语言方式导入，除了有先声夺人的激趣效果，还能让学生感受我们母语的美丽，激发学生对祖国语言的热爱之情，同时，还可以训练学生的语感，让学生接受传统文化的浸润与熏陶，对于提高学生的学习兴趣和文化修养都能起到重要作用。

优秀教师关喜萍《枣核》新课精彩导入

案例7

这堂课的第一个教学环节是"欣赏儿歌,切入课题"。

师:同学们,这节课我们首先来听一首儿歌,怎么样?

生(齐):好。(屏显)

一个枣核大不大?一间屋子盛不下。一个枣核小不小?一间屋子盛不了。

师:同学们,这首趣味盎然的儿歌是不是让你浮想联翩了呢?又会有哪些问号在你的脑海里掀起小小的浪花呢?举手说说吧。

生1:这粒枣核很神奇,它比一间房子都大。

生2:一个枣核小之又小,为什么会"一间屋子盛不下"呢?

师:太好了,真是"一石激起千层浪"。这粒小小枣核的奥秘看来还真是值得思考了。这节课,让我们一起走进著名作家、翻译家、记者萧乾先生的《枣核》,看看文中的"枣核"大不大,相信你一定会有意想不到的收获。(板书课题、作者)

成功细节

语文课堂导入在整个语文课堂中的地位和作用是应该受到重视的,它是一节课的开头。如果能够巧妙、恰当地运用合适的方式方法进行导入,不但会提高学生学习的兴趣,也会给整个课堂教学奠定一个良好的基础,营造一个良好的学习氛围。关喜萍老师的这堂课,从儿歌切入,趣味盎然,既贴近生活又激发学生的学习兴趣,引导学生进入学习情境,正如于漪老师也说过:"在课堂教学中,要培养学生的兴趣,首先应抓住导入课文的环节,一开课就要把学生牢牢地吸引住,课的开始好比提琴家上弦,歌唱家定调,第一个音定准了,就为演奏和歌唱奠定了基础,上课也是如此,第一锤就应敲在学生的心灵上,像磁石一样把学生牢牢吸引住"。确实,好的导语是优秀的演奏家拨出的第一个音符,散发出神秘的魅力,引诱着听众渐入佳境,好的课堂导入是教师精心打造的一把金钥匙,放射出独特的光芒,带领着学生登堂入室。

功效评价

这节课借助儿歌《一个枣核大不大》激趣导入,并以"一个枣核大不大"为统领整个课堂的主问题。

整堂课在整体感知、品析语言、挖掘主题三个主要环节中,引导学生始终去追问、去思考这个问题。课堂教学一线贯穿,非常紧凑。而且,激趣设悬、一线串珠的课堂教学设计,与《枣核》一文的构思特点有着异曲同工之妙。趣味的切入,创意的设疑,在快乐中帮助学生开启文章的大门。

细节反思

在阅读教学的听课过程中发现了大多数教师在阅读教学存在以下问题:导读文本,华而不实。我们在实际课堂教学中,"热闹"和"实效"这一关系有时处理不当,会走入导读文本华而不实的误区。需要解决这个问题,提出在导语使用的原则以及自己在实践中的运用的方法还应该重视最后如何把握导语的"度"。既不能冲淡主题、哗众取宠,又不能轻描淡、浮皮潦草。导语设计要以学情为基础,导语设计以文本为纬度,导语设计要以目标的达成为效度,这样才能使导语真正为教学服务。

优秀教师白丽妍《图片物语》新课精彩导入

案例8

课堂导入是教学中的一个重要环节,每位老师在备课过程中都会煞费苦心地设计这一环节。谈话式导入、复习式导入、审题式导入、悬念式导入……其实在众多的导入方法中,最重要的一条还应该是以生为本,真真切切地走进学生的视线,走进他们的世界,才会开启他们的心扉。

我在教授《图片物语》一课时颇有感悟。初在班级讲授这一课时,我抓住了我们学校的一大亮点来导入新课:"我们学校教学楼的墙壁上挂满了许多精美的作品,靓丽的牡丹,清丽的荷花,雄奇的山峰……每一幅作品都表达了我们对美好生活的向往和感悟,使得每一面墙壁都能够开口说话。有的时候,一张小小的图片

更能帮助我们抒发情感,更能帮助我们传情达意……"这样的导入立刻引发了学生心里的共鸣,因为那样一种美丽与震撼,他们感同身受。后来到外校讲授这一课时,我便不能再用这种方式导课,因为没有看到学生,没有看到他们的校园,我便找不到一个可触点。直到动身出发前我还没有设计好我的导课方法。课前进班看学生,我们谈到了关于图片的话题,这时,我发现学生手中都有许多精美的图片,于是我灵机一动,想到一个导入方法,我和他们约好,明天给老师带几张图片,老师要用这些图片变魔术。第二天,他们踏进多媒体教室,图片便雪花般地纷至沓来,于是我快速在其中选取了一幅图片导入新课:"不要眨眼,见证奇迹的时刻到了,这张图片是我们班同学早上刚刚送给我的一份礼物,淡雅清绿的图片之上,有小屋,烟囱,远山,静水,还有上下翻飞的丹顶鹤……那是老师梦的远方,有的时候一张小小的图片似乎更能帮助我们传情达意,这节课,就让我们用心灵谛听图片物语。"在板题的一瞬间,我还能听到学生在下面兴奋地唏嘘和感叹。后来我应需要到长春讲授这一课,我知道新的挑战又开始了。在踏上火车的时候,我的导入仍是一片空白,我知道我要见到学生,感知他们生活学习的校园,我才能找到那个能开启学生和我心灵之门的钥匙。其实在备课时,我对导入已做了许多预设,但都不能令自己满意。在课前与学生沟通互动时,我便用心留意可能与他们撞击出的一切火花。这时,有个男生对我说:老师,您别动,马上就画好了。原来这个班级里有个叫桓福的男孩子为我画了一幅肖像:长发披肩,微抿双唇,一件堆领上衣,左饰一朵小花,最有趣的是,图片之上,他用长发掩住了我的半边脸,略显神秘而令人遐思无限……就是这张图片了!我终于找到了导入新课的方法。第二天,在课堂中,当我把这幅图片亮出来的时候,我分明看到了孩子们眼里闪动着惊喜与兴奋的光芒。当我感谢桓福的礼物和那份美好的情意的时候,场下掌声雷动……

成功细节

本案例中,教师注重以学生为本,善于细心捕捉,能根据不同的学生,不同的环境设计出不同的导入方式,教师通过与学生真切地感知与互动,采撷与学生撞击出的思想火花,再用它点燃学生的智慧与心灵,这样一种激情与震撼是纸笔难喻的。好的导入能创设良好的教学氛围,激发学生的学习兴趣,能在极短的时间内抓住学生的情绪,点燃学生的激情。让学生愿意把心灵交付于老师,与老师共享这四十多分钟的快乐时光,也让学生渴望接纳老师心灵深处流淌出的清泉。这样一种交流一开始便是从心灵开始的,达到了"课伊始,妙即生"的效果。

功效评价

美国教育家哈·曼曾说过:"那些不设法勾起学生求知欲望的教学,正如同锤打着一块冰冷的生铁。"所以教师在课堂导入的设计过程中,要注意针对不同的课型、不同的学生去设计,使之建立在与所授内容有机内在联系的基础上,并要注意契合学生的年龄特点、心理状态、知识能力基础、兴趣爱好的差异程度,要善于创造一种令学生喜欢,感到亲切,轻松愉快的课堂导入氛围,为课堂教学做好彼此情愿的愉悦的心理准备。案例中的课堂导入,便能巧妙地走进学生的视野,不但打开了学生的眼帘,也开启了他们的心扉。正如著名教师于漪所说:"课的第一锤要敲在学生的心灵上,激发起他们思维的火花,或像磁石一样把学生牢牢地吸引住。"

细节反思

以生为本,适时适机的教学导入对授课教师是一种挑战,需要教师用心,动脑,细心捕捉生活中与学生间的点滴感动与感悟。有人说,语文课犹如一支动听的乐曲:起调,扣人心弦;主旋律,引人入胜;尾声,余音绕梁。所以教师举手弹奏出的第一个音符是多么至关重要。第一个音定准了,就为整个演奏奠定了基础。要达到这样的境界,教师导入就要精心设计,审时度势,狠下一番苦功夫。

优秀教师胡超《石缝中的生命》新课精彩导入

案例9

师:我,一介凡夫俗子,曾模仿多情的诗人,站在学校西边不远处的大背山脚下,仰望苍穹的辽阔,观赏山峦的巍峨,看到斗转星移,草木荣枯,不禁慨从中来,而后挥毫泼墨,吟诗一首:

生　命

生命似江永流淌，快乐痛苦时相伴。
平缓恬静有鲜花，勇敢克服一路险。
蜂鸣蝶绕绿枝间，果实丰硕见喜颜。
秋风无情吹落叶，平常心态面艰难。

在我的眼中，生命是时而平缓时而浪花飞腾的江水。同时生命也是果园，有收获的欣喜，也有落叶飘零的萧索。而今天我们将要学的另一篇散文——石缝中的生命，看看作者林希又将通过灵动的文字怎样诠释生命的绚丽与壮美呢。

成功细节

在本案例中，我采用了自己写的一首小诗作为导语，含蓄地道出了自己对于生命内涵的看法。行文中自认为比喻恰当，语言质朴，感情充沛，主题鲜明。在这节课的开端，就通过诗话的形式营造出了充满感情与理性的氛围，不仅仅让同学们感受到格律诗语言之美，形式之美，更主要的是让同学们对生命的内涵，生命的真谛，在聆听了老师用小诗的诠释之后，自己要在潜意识里面有个对生命深深的思考。这样的特色开头导入，会让同学们在潜移默化中，逐渐增加对语文，对文学的爱好。同时也会将同学们渐渐地带入作者所精心营造的情境之中，会激发学生用细腻的感触，主动并快乐地分享文章中的作者的认知与情感。

功效评价

采用教者自己撰写的与所要讲解的课文同题的小诗作为导语，会让一节课增色不少。既让同学们感受到教师丰富的人文情怀，又让同学们感受到了教师心灵中对于生命的绚丽与壮美认知，为成功的讲解一节课打下了一个良好的开端。课文中所表现的中心——顽强的抗争，与小诗所要表现的主旨有相似的一面，都将面对危难时的坚强与乐观态度放在了首位，不同的是小诗也将生命的绚丽的一面充分地展示了出来，从而使导语里的诗歌和文章的内容形成了很好的互补，两者相映成辉。学习后，相信同学们对于生命的理解与思考会有所突破。与众不同而又切题的特色导语，必然会紧紧地吸引住了学生的眼球，在不知不觉中，就达到了激趣的目的，可谓一举多得啊。

细节反思

用教师自己的原创诗歌作为导语，形式新颖，也很活泼。教师声情并茂地朗诵至关重要,教师的情,诗歌的意,在充分的朗诵中得以再现,因而这样的诗歌导入,对于教者而言,不仅善写,还得有很强的朗诵功底,对于教师的综合素质要求较高。利用一定的时间运用这种方法开篇,对于同学们的学习语文的热情的培养,对于同学们语文综合能力的培养定会大有裨益。

优秀教师李涛《杨修之死》新课精彩导入

案例10

师:上课前请同学们欣赏两幅剧照,在《三国演义》中的两个人物,同学们知道是谁么?(杨修、曹操)今天他们和我们跨越时空相约在这里。老师先给大家讲一个有关他们的一个小故事:一天,曹操、杨修骑马同行,当路过曹娥碑的时候,他们见到了碑背面的几个字:黄绢、幼妇、外孙、齑臼。曹操问众人:知道什么意思么?众军士皆不能答。这时主簿杨修说:"谋已解其意。"刚欲言,曹操忙说:"你先别讲出来,容我想想。"就这样一边走一边想,一直走了三十里路。曹操忽然驻马说:"我明白了,不知我们是否所见略同呢?"杨修上前娓娓地说道:"黄绢,有色的丝织品,写成字是'绝';幼妇,少女的意思,写成字是'妙';外孙,是女儿的孩子,写成字是'好';齑臼,受尽艰辛的器具,写成字是'辞'。这说的是'绝妙好辞'的意思。这是对曹娥碑的赞美。"曹操一听惊叹道:"尔之才思敏吾三十里也!"意思是:我的脑子比你差三十里呀!这个故事出自《世说新语》,后来人们便把"黄绢幼妇"作为文采高、诗词佳的赞语。

这里我们且不研究这个成语,我们单说这两个人,故事中的杨修身上,我们深深地感到他哪方面的特点?(聪明)那么杨修的结局怎么样呢?(被曹操所杀)可是我们读过三国都知道,曹操素有爱才之名,对不对?结合同学们课前搜集的有关曹操爱才的故事,谁能给大家讲一讲?(如赤脚迎许攸、为关羽放行、哭祭典韦将军、赵子龙能在曹营七进七出,都因其爱才手下留情、骗徐庶进曹营等等。)从这些故事中足见其爱才绝非空有其名,那么对这样一个才华横溢的臣子,曹操

为什么痛下杀手呢？今天我们走进《杨修之死》一探究竟。学习18课《杨修之死》。（板书课题）

⏰ 成功细节

细节的优劣，决定品位的高低。能体现各自教学特点和风格的都在于细节。两幅剧照的展示，看似信手拈来，实则是匠心独运的引玉之砖。由剧照自然引出人物，引出故事。通过故事，初步表现了杨修聪明卖弄、轻狂的性格特点，为曹操对杨修由忌——疑——恨到杀埋下了伏笔。同时把文中人物形象由文学描写转换成了剧照，形象更加直观，产生了强烈的视觉冲击力，牢牢地吸引了全体学生的注意力及对人物命运的关注，迅速进入文章的意境中。

⏰ 功效评价

剧照的展示举重若轻，不绕弯子开门见山单刀直入，使曹操，杨修两个2000多年的历史人物跨越时空，迅速地走近到学生面前。课文中，文学描写的人物形象，需要人们去想象、去揣摩，在学生头脑中是比较模糊的。现在通过剧照，一下子展示出来，立刻变得清晰，立体，有血有肉，有形象，有神采，可以触摸。有效地拉近了历史人物和学生的时空距离。强烈地视觉冲击，立即激发了学生学习求知的热情和愿望，大大增强了课堂的魅力。

在学生迫不及待地想了解人物命运的时候，教师因势利导，讲述了"绝妙好辞"的故事，表现了杨修聪明、卖弄、轻狂的性格特点、暗示了被杀的主观原因。紧扣文章主题，但点到为止，含而不露。结论留给学生在学习中逐渐得出，不漏声色，不留痕迹地激励为学习课文，分析人物留下了回旋余地和足够的空间，后边的深入学习，研究，探讨自然顺理成章。

剧照的展示，把学生的注意力迅速有效地集中到人物形象上，集中到故事中，表现出教师驾驭教材，掌控课堂的能力，引导学生迅速进入学习状态的艺术与技巧，自然流畅，以少胜多。

⏰ 细节反思

文中两个人物，通过剧照展示和故事描述作了介绍，使学生对曹操、杨修的形象有了比较直观的认识，激发了学生学习的兴趣和热情，对人物悲剧的结局有个暗示，紧紧扣住了主题。但细细思量仍有些偏颇之感，杨修聪明、卖弄、轻狂的特点有所展示,被杀的主观原因做了暗示,但对另一个主要人物曹操的性格的展示不够充分,杨修被杀的客观原因来不及在导入中交代,略显美中不足。

当然,任何一节课也不可能包罗万象,十全十美,面面俱到,因而也不会有人求全责备,明知如此心中仍有些许遗憾,如能在导入中就能使曹操、杨修的形象、性格并驾齐驱,岂不两全其美。为此我又苦苦思索,尝试了另一种导入的方法,两个人物并列了,也自然流畅。曹操的奸雄,杨修的聪明卖弄,都有初步地揭示,然而课堂的魅力有所减弱。常言道,"有得必有失","尺有所短寸有所长",此言不虚。所以不在此赘述了。

优秀教师梁歧东《雨巷》新课精彩导入

案例11

著名诗人戴望舒的《雨巷》入选的是高中语文教材,而梁歧东老师的教学对象却是初二的学生,师生彼此陌生,且学生对诗的认知尚浅,教学这样一首脍炙人口、并在中国新诗史上举足轻重的名诗,他会用怎样的方式一下子就抓住学生的心,让学生很快就进入教学情境呢?

上课伊始,梁老师面带微笑地问候学生:"同学们好。很高兴将能和各位同学共同度过接下来的四十五分钟。虽然是寒冬腊月,老师却感受到阵阵春意;你们诗一样的眼神,诗一样的笑容,让老师的心诗意盎然。老师喜欢诗,更喜欢诗一样的你们。同学们,你们呢,相信你们也和老师一样喜欢诗吧。"

听了梁老师的问候,许多同学都欣然颔首。

梁老师接着说道:"老师带了一首小诗来,同学们读一读,看能读出什么来。"

出示:

雪花

是谁

把这纯洁的梦撕碎

抛落我脸上

化作

伤心的泪

生：这首小诗写得很婉约。但很容易就能感受到作者内心的一种悲伤之情。

师：那这种悲伤是怎么表达出来的？诗中给你印象最深的意象是什么？

生：这种悲伤是通过雪花表现出来的。给我印象最深的是"雪"和"梦"。

师：诗中的像"雪""梦"这样包含着诗人的思想感情的事物形象，在诗歌中，就叫意象。（板书：意象）通过意象来理解诗歌，是学习、欣赏诗歌的一种很重要的方法。

师：大家知道这首小诗的作者是谁吗？（学生摇头，回忆状）

师：这首小诗其实是老师写的，而且，还是老师在你们这么大、十五六岁的年纪写的。（学生一脸惊奇，羡慕状）大家猜猜老师是什么情况下写的。

生：可能失恋了吧。可能是爱上了一个女孩子。

师：那时候，老师的确深深地爱上了一个人。（生好奇状。哗然）大家想知道是她（他）谁吗？（生期待状）这个人就是她（他）——（出示：戴望舒像）（生愕然。不解状）

师：这个儒雅的年轻人就是老师当年深爱的那个人。不过，老师和他可不是同性恋，而是同心恋。（全座哑然，渐成失笑状）因为他，老师深深爱上了诗歌，他就是著名的雨巷诗人——戴望舒。（板书：雨巷——戴望舒）

⏰ 成功细节

此教学案例的导语设计妙处有三：以一小诗为例，雅致浅白，让学生懂得"意象"之义，为教学《雨巷》的意象分析环节铺路搭桥，一妙也；小诗作者为任课教师，且是该教师学生时代的作品，极易与学生共鸣、共情，二妙也；非为同性恋，而为同心恋一语，激疑、激趣、激情，三妙也。一妙妙在抛砖引玉，投石问路；二妙妙在感同身受，灵犀共通；三妙妙在疑阵故设，横生异趣。此导语知识性与艺术性并重，亲和感与幽默感俱生，于教授新课而言，确有引导学生渐入佳境之功效矣。

功效评价

清人李渔在《闲情偶寄》中说:"开卷之初,当以奇句夺目,使之一见而惊,不敢弃去。"

一节课的导语就如果一篇文章开篇,一个好的导入设计,能使这堂课先声夺人,引人入胜,更为重要的是,好的导入能激发学生的学习兴趣和旺盛的求知欲,并创造良好的学习氛围,为授课的成功奠定良好的基础。

好的导入,应有入境、入情、激趣之效。

此案例中,"老师所爱的那个人是谁"成为挑起学生好奇的悬念,使学生产生推本溯源的欲望,学习兴趣油然而生。教师所示答案却出乎学生意外,更加重了学生急于求解的迫切心情。而老师"同心恋"一语,幽默诙谐,更是课堂气氛的调和剂,是整堂课情绪感染的开始,课堂由此渐入佳境。

细节反思

导入好比演奏前的定调,它直接关系到演奏的成败。

好的教学导入如一股春风,能焕发学生的求知精神;也如一团火花,燃起学生探索的欲望;上课伊始,教师应该用最精练的语言,最短的时间,选用最有效的方法,把学生的情绪调整到最佳的学习状态。语文课的教学目标不同,情感的色调差别也很大,所以这一环节不仅是教师匠心的艺术再现,更是学生认知过程的心理需要。

导入是艺术也是科学,它不仅要求教师具备敏锐的眼光,灵活的思维,创造的头脑,而且要求教师在设计过程注意"实"(讲求实效),"精"(简明扼要),"活"(方法多样),"美"(给人美感享受)的和谐统一,同时还要兼顾启迪学生的思维。

总之,一个好的开头往往是成功的一半,在语文教学实践中,教师应充分发挥学生的主体作用,师生共奏一曲优美和谐的交响乐章!

优秀教师赵辉《音乐巨人贝多芬》新课精彩导入

案例12

赏读《音乐巨人贝多芬》前，老师组织学生交流阅读《名人传》中《贝多芬传》的感受，意在了解学生眼中的贝多芬的形象，进而导入"音乐巨人贝多芬"。半个月的前期阅读，同学们确实走进了贝多芬苦难、坎坷的一生：

李佳仑说：双耳的闭塞，阻挡了音乐的流通，却无论如何都不能遏制因对音乐的热爱而澎湃的内心。力量在苦痛中积淀，希望在磨难中喷涌奔腾。贝多芬，一个由痛苦和磨难造就的伟人。

李黎娜说：音乐于他是神一般的化身，值得他一生为之流泪、流血。有这生命中最引以为切的钟爱，外界的任何磨难又有什么影响呢？不是音乐让他生动，是他让音乐获得了生命力和色彩！

玄冰说：黑白底色的单片匆匆地为一个普通人的生命做了无力的奠基，但是从心灵觉醒的一刻起，他便不再是普通人。命运的灾难周折回旋降落在他身上，又掀起了他意志抗争的翻角。从此，音乐成为宿命的归所，普通人蜕变为伟大的斗士，化作黎明地平线的不朽晨针。

马玉峥更是把贝多芬的一生喻为一株生长在异域的矮小植物。"它缺少物质上的阳光，得不到友情的雨露，更是与爱情的滋养擦肩而过。然而人们不知道，那深埋在土壤下的却是一份不朽的对于音乐、对于艺术的热忱，是一种永恒的对于苦难、对于寂寞的抗争。它用翠绿的枝叶告诉世人——妥协从来都是苍白无力的，只有拿出整个心灵，才能演绎出真正的命运交响曲！"

学生的深刻认识和精彩表达，使课堂顿时陷入沉思中。此时教师的任何语言仿佛都是多余的，"只有拿出整个心灵，才能演绎出真正的命运交响曲！"教师顺势播放《命运交响曲》：音乐家在用音乐的语言向我们倾诉什么？你听到了什么？

学生再次掀起心潮,有的说:"在倾诉人生的坎坷,听到了雄浑激昂";有的说:"听到了贝多芬与命运抗争的心路历程,有苦闷、绝望,有不甘、抗争。"教师加以肯定后,自然导入:

贝多芬谈及这一乐章时曾言:"命运来叩门的声音,正是这样的。"今天,就让我们跟随几位拜访者去叩响贝多芬的家门,看看耳聋后的贝多芬,这个被命运扼住咽喉的人,在生活中是怎样的形象?

⏰ 成功细节

本案例中,教师采用了学生自主交流、情境创设的导入方式。课初即将言语权交予学生,由学生畅谈阅读《贝多芬传》的感受入手,将名著阅读与新课学习有效结合。既让学生在前期阅读中了解了贝多芬其人,又充分激发了学生的主体精神,调动了其情感。当学生已然认识到贝多芬的伟大绝不只在于他是一个音乐家,还在于他勇于直面人生的极度苦闷,并将音乐融入与命运的不屈抗争中时,教师又利用了情境因素。当激昂的《命运交响曲》响起,学生的内心定然已屹立起贝多芬那不屈的形象,倾听贝多芬的心语便为水到渠成了。这一与课文相契合的情境,让学生在最短时间内进入角色,自然会走进《音乐巨人贝多芬》中了。

⏰ 功效评价

现代教学论认为:一个完整的课堂导入环节对学生有集中注意,引起兴趣,激发思维,明确目的,进入学习课题的作用。导入无疑是课堂教学的序曲,恰如其分的导入犹如课堂奏起的第一声音符,又似作者与读者间架起的一座桥梁,可使语文课堂在最初的三五分钟开创出一个多彩的景观空间,从而顺利地引入文本。而无论是学生的自主交流,还是情境创设都完全立足于学生、依托于学生,力求以学生为载体导出情感、导出思考、导出意趣,并潜移默化地叩开学生的心灵,让学生悄然动容、怦然心动,进而进入学习意境,真正达到"未成曲调先有情"。本案例中学生的交流成为导入中的绝对主角,已经显现了教者的这一追求。而学生交流中的表述,亦已体现了导入的价值。

⏰ 细节反思

导入不是教学的主要内容,不能喧宾夺主。这就要求"导入"的内容上一定要精练明快,不能繁杂冗长,不宜占时太多。3~5分钟的时间限定了学生交流的人

数只能局限于五人左右,有些意犹未尽之感。学生精彩的阅读体验,为《命运交响曲》的奏鸣做了最适宜的铺叙,正如学生所言:"贝多芬的伟大不仅在于他的音乐给人带来美的享受,更重要的是那每一段旋律的背后,隐忍自己的苦痛换来欢快的乐曲安慰苦难中人的本质。痛苦和磨难造就了这样一位精神的巨人!"

如此深刻的认识,不忍弃之——保留,又会导致导入耗时太多,影响后面的教学环节,"留"与"弃"、"适可而止"还是"畅所欲言"的矛盾凸现出来。如若将部分"欲言之语"留作结课环节,引导学生结合本文所感,更能起到画龙点睛之效。同时,导入的方式忌千篇一律、索然无味,还需教师据文章内容和学生特点,相机而定。

优秀教师赵岩《格律诗吟诵——入声字教学》新课精彩导入

案例13

在讲新课之前,教师找学生分别给大家吟诵《诗经·木瓜》《诗经·鹿鸣》《橘颂》。然后用投影播放音乐,并打出《诗经·木瓜》文字形式,让学生能够看着大屏幕进行吟诵,接着老师提问学生:"有没有愿意到讲台前给大家吟诵第一首诗歌《诗经·木瓜》?"同学们纷纷举手示意老师,老师随机找了一名男同学到讲台前吟诵《诗经·木瓜》,这名男同学面向同学和老师,大声的吟诵,声音高扬且配合音乐,带领其他同学跟着吟诵。仿佛把大家带到了另外一个世界。这名男同学吟诵后,大家给予热烈的掌声,以示鼓励。老师接着又说:"我们来看下一首《诗经·鹿鸣》,谁来给大家吟诵?"这次是一名女同学,她用稚嫩的声音吟诵《诗经·鹿鸣》,以同样的方式,感情饱满地带领大家一起吟诵,作为一个女孩,竟毫无紧张之意,让我们佩服,随后也是一阵热烈的掌声;接着老师说:"我们再来了找同学给大家吟诵最后一首《橘颂》。"找了一名男同学吟诵《橘颂》时,老师强调学生要在桌子上打出节奏,这样整个班级的学生全都动手,用双手在自己的桌子上打出节奏,老师也回到讲台前，在讲桌上用手击打着桌面，并且还跟着音乐吟诵，这样全班级的学生和老师组建一支乐队，边敲打边吟诵，整个场面，让人震撼，让人忘却身在哪里，只能静享其中。

教师教学的整个过程，始终是面带微笑地和学生一起吟诵，亲切地看着学生，并和学生一起打着节奏，这样的课堂导入形式充分地调动了学生的积极性，提高了学生主动学习的热情，这样顺其自然的就能够使学生带着这股热情走进这节课，为整个教学过程做了个良好的开端。

⏰ 成功细节

本案例中，教师通过回顾所学诗歌，用吟诵的方式展示学生平时的积累，这样既能检查学生学习的效果，又能调动学生学习的兴趣，不是说"兴趣是最好的老师"吗？这在这堂课的导入中得到了充分的体现，教师成功地把这些孩子带入了一个高涨的学习氛围中。日常的语文教学中注重听、说的训练，用吟诵的方式引入课堂，既保证课堂的质量，又使课堂的容量更饱满，教学效果更佳。

⏰ 功效评价

语言是表达感情的主要手段。在教学中，教师用优美、生动的语言，通过富有感情的吟诵，会把学生带进教学情境之中。日本心理学家泷泽武久用大量的实验结果表明：一旦学生对学习失去感情，则学生的思维理解、记忆等认识机能会受到压抑阻碍。强烈的情感，能提高学生学习效果。因此，语言感情对一堂课的导入是很重要的。教师在讲课之前用吟诵的方式先把学生带入一个古香古色的世界中，让学生有身临其境之感，才开始正式上课。用吟诵的方式进行教学诗歌，是学生能够通过朗读吟诵，对诗歌有自己深刻独到的见解，这样，有学生能自己感悟出诗歌的真正的含义，这样的吟诵真的能使诗歌"其义自现"。

⏰ 细节反思

课堂导入是课堂教学环节中的重要一环，是课堂教学的前奏，如同一出戏的"序幕"。好的导入能引起学生的注意，犹如一把开启学生兴趣大门的金钥匙，因此，课堂导入应追求艺术化，导入能为课堂教学整体艺术化创造一个良好开端。

教育学家第斯多惠说："教学的艺术不在于传授本领，而在于激励、唤醒、鼓舞"。导语奠定了整个课堂的基调，也是教学质量的重要保障。

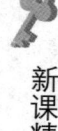

教师根据学生的心理特点，遵循教学规律，结合课文重点内容来设计导入，用吟诵的教学方式激发学生的学习兴趣，调动学生学习的热情，使课堂导入充分起到了应有的作用，发挥到了最佳效果。

优秀教师唐波《黄河母亲河》新课精彩导入

⏱ 案例14

语文课堂教学的实际操作要体现学生的自觉、主动、积极地学习过程，于知识能力培养中走进激情燃烧的课堂，懂得热爱生活，学会成长。"课堂小天地，天地大课堂"。生活就是语文学习的课堂，语文学习就在广阔的天地里，生命的成长中。

本课内容由于所处年代和环境与现实隔离久远，学生很难感受黄河的精神。结合已学诗歌《黄河颂》，课前预习时，建议每人办一份以黄河为主题的手抄报，班级以颂黄河为主题的黑板报，这样就可以让学生在通过资料收集、整理、选取、设计中，了解黄河的情况，积累知识，涵养文化。

走进新课前，创设情境。通过出示黄河视频资料，在黄河大背景和黄河钢琴曲的映衬下，一生导读，昂扬中体现一份奋进；一生领读，铿锵中体现一份斗志；全体诵读，齐心协力中体现对黄河精神的解读。

好一曲黄河的颂歌！情景铺垫，感性导入充分调动了学生的视觉和听觉，有强烈的直观感染力，再加之教师饱含激情的引导词，更是叩开了激情少年的心扉，增强了心灵的震撼力！

本节课在实际教学中，教师从《黄河颂》诵读导入，温故而知新，设计了导读、领读、齐读的方式，并配以雄壮的背景和音乐。孩子们在激情中真正走近母亲河，沉醉于文学的氛围中。书声琅琅，充满激情应是语文课堂独有的风景。在神采飞扬、声情并茂的朗读中，再现了诗人洋溢在字里行间的情感，体悟了诗文蕴含的情味、意境和神韵。

一曲黄河的赞歌也从这奏响。

激情的导入，激发了孩子们的内趋力，在走进课堂活动时更是激情澎湃。由此我认识到：抓住孩子们心灵的震颤对于一节成功的课来说，至关重要。点燃孩子们的激情，营造激情的氛围，是孩子们真正走进课堂的前提。创设有效的学习情境，激发孩子们的学习热情，也是一种教学艺术。

⏰ 成功细节

本案例中，教师通过旧知，抓住诵读作为切入点。通过黄河壮阔奔流的流动画面，给学生以巨大的视觉冲击。浩浩荡荡，一泻千里的黄河水，承载着中华民族的希望，体现了自强不息，百折不挠的黄河精神。或舒或缓的激昂乐曲，配以铿锵有力的诵读。使学生有所思，有所感。这节课的导入，教师已经是课堂的建构者、创造者、生发者，更是致力于语文素养形成和发展的教育者。激情朗诵，情境熏陶，是本节课导课中一道亮丽的风景线。

⏰ 功效评价

语文实际教学中，琅琅书声传课堂应是语文课堂独有的风景。聚焦黄河文化，重在黄河精神的感悟和培养。在声情并茂的诵读中，一种对黄河浓厚文化意味和深厚文化底蕴的解读与传承油然而生。"情到深处自成诗"。语文的教学是知识的教学，更是情感的教学，感性向理性的提升。培养学生语文的基本能力，实现了人文性与工具性的比翼齐飞。

通过这节课，教师真正感到：生活本身就是语文最好的题材，激情点燃，情景铺垫，感性导入，符合学生的实际学情。兴趣是最好的老师，让课堂走进生活，让每一次综合性学习都成为学生走近生活的媒介，成为点燃生活激情的星星之火，更成为孩子们通向文学殿堂的一条光辉大道，这正是肩负在教师身上的重担。

⏰ 细节反思

初一学生在课堂上乐于表现自己，课堂气氛会很热烈，但很多中学生，没有直接的视觉经验，在理解上有些难度。所以课前的预习组织和新课导入非常关键。综合性学习将学生对课外资料搜集与课内成果交流密切结合起来，一方面有力地调动了学生的学习积极性，另一方面也充分激发了学生的学习兴趣，使学生将资料收集和整理与语文学习有机地结合起来，改变了学生的学习方式。一节好课，良

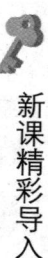

好的开端是对学生知识的引领,情感的熏陶,兴趣的点燃,激情的绽放和积极主动的参与。这种全新的教学形态点燃了孩子们学习的热情,营造了激情的情境氛围,是孩子们真正走进课堂,主体参与的前提。创设有效的学习情境,激发孩子们的学习热情,也是一种教学艺术。

优秀教师李培培《生命,生命》新课精彩导入

案例15

在讲授新课《生命,生命》时,一上课我就晃动着双手说:"同学们,今天我们来做一个小游戏好不好?"同学们用充满好奇的眼睛看着我,都不停地说着:"好!"同时,也都伸出了小手。我接着说:"把你的右手拿出来,放在你左手的手腕处。"同学们都兴高采烈地照着做。"你们感受到了什么?"

生1:"我感受到我胳膊上全都是肉,太胖了,我应该减肥了。"他的回答一下子把我和同学们都逗乐了,我看着他可爱的表情,说:"你真是一个聪明的好孩子,能看到自身的不足之处。你呀,是该减肥了,请记住注意健康很重要哦!那其他同学还有什么感受呢?"

生2:"我感受到了心脏的跳动。"

生3:"我感受到了脉搏的跳动。"

生4:"老师,我感受到了生命的存在。"

我紧接着进一步导入新课,"那有没有同学曾经算过人的一生到底有多少天?人的生命只有两万多天,而在座的各位你们已经用尽了生命力差不多九分之一的时间,我们不禁要深深叹息:人生是如此短暂!但是在如此短暂的人生中,我们可能面临许多选择,我们可能选择坚强、勇敢和快乐,也可能选择脆弱、逃避和悲伤,甚至是死亡。今天我要介绍的文章《生命,生命》,作者杏林子,她在12岁的时候就染上了风湿性关节炎,后来病情不断地恶化,差不多全身关节都损伤了,她的肉体和精神都受到极大的折磨,但她并没有因此荒废甚至放弃生命。为什么她

会如此强烈的呼喊"生命,生命呢!?"

⏰ 成功细节

在上课伊始,我利用游戏的方式吸引学生,唤起学生的学习兴趣,让他们把自己的右手拿出来,放在左手的手腕处,问他们的感受,让他们很快地融入到课堂中来。用感受脉搏跳动的方式,让学生感受生命的存在,唤醒学生的生命意识,对生命的独特感受,从而引出我所要教授的新课内容。

⏰ 功效评价

七年级学生刚由小学升入初中,他们还需要适应初中的授课方式,我要做好课程之间的衔接工作。这是七年级教材中的第二课,我结合学生年龄小的特点,抓住他们的心理特征,设计了让他们把自己的右手拿出来,放在左手的手腕处,问他们的感受这一环节。让学生感受生命的存在,唤醒学生的生命意识,对生命的独特感受,从而引出我所要教授的新课内容。我利用游戏的方式吸引学生,唤起学生的学习兴趣。让他们不仅能很快地融入到课堂中来,更让他们体会到学习语文的乐趣,从而,爱上我的语文课。

⏰ 细节反思

爱因斯坦有句名言:"兴趣是最好的老师";古人亦云:"知之者不如好之者,好知者不如乐之者";伟大的科学家爱因斯坦说"如果把学生的热情激发出来,那么学校所规定的功课就会被当作一种礼物来领受"。兴趣对学习有着神奇的内驱动作用,能变无效为有效,化低效为高效。独特新颖的导入可以创设一种的良好的氛围,从而引发学生浓厚的兴趣。而我们语文老师应该做的就是结合学生的特点,发挥自己的聪明才智,让学生在游戏中学习知识,爱上语文!

优秀教师马丽娜《智取生辰纲》新课精彩导入

🕐 **案例16**

老师在讲授《智取生辰纲》一课时，首先用多媒体展示一个通缉令：某人，男，32岁，似秀才打扮，戴一顶桶子样抹眉梁头巾，穿一领皂沿边麻布宽衫，腰系一条茶褐銮带，下面丝鞋净袜，使两条铜链，生得眉清目秀，面白须长。因劫取我府贵重物品，畏罪潜逃，如有提供重要线索或直接抓获罪犯送到官府者，可得赏钱一千贯。

师：这个人谁认识？谁能为官府捉拿要犯提供一些线索？

生1：根据外貌描写我判断是《水浒传》中的吴用。根据"劫取我府贵重物品"我猜这应该是吴用等人劫取生辰纲的情节。"

师：完全正确。那谁能结合《水浒》其他情节或以"我眼中的吴用"为题，结合有关情节说一说吴用是怎样一个人？

生2：我从吴用派时迁入东京偷甲，请徐宁上梁山看出他足智多谋。

生3：我也觉得他很有智谋。比如宋江第三次攻打祝家庄时，吴用利用双掌连环计攻克祝家庄。

生4：我眼中的吴用是一位讲义气、正直坦荡的人。体现在宋江在浔阳楼念反诗被捉，和戴宗一起被押赴刑场，快行斩时，吴用用计劫了法场，救了宋江、戴宗……

师：说到这里，我就不明白了既是正直之人，为什么会拿人家的东西呢？

生5：这也正是他们的正义之举之所在。当时宋朝社会黑暗，百姓生活困苦，梁山侠士更是囊中羞涩。常言道：哪里有压迫哪里就有反抗嘛。再说抢的十恶不赦的贪官污吏，不抢白不抢。我觉得就应该劫取！我力挺吴用！

师：你提醒老师提醒的好。老师还有个问题不甚懂，请你们帮忙指点。通缉令中的"劫取"换成"偷"、"抢"好不好？

生6：不好，"偷"趁人看不见拿。"抢"是夺，硬拿。而"劫取"，有抢劫取得之意。本通缉令强调的是东西已被人抢跑了。所以在这里取"劫取"更合适。

师：看来丢东西的人真的是痛恨吴用等人了。为什么呢？

生7：因为这物品太贵了。那是大名府梁中书送给他的岳父蔡太师的生日礼物。他们花大价钱悬赏捉拿要犯是因为去年的生辰纲也被劫了，到今年还没破案，岂不窝火憋屈羞恼羞成怒？

师：那吴用等人该不该劫取生辰纲呢？

生齐生回答：该。

师：吴用终于洗净冤屈了。那大家想不想回到故事中，找一找吴用是选在什么时间、什么地点，怎样"智"取生辰纲的呢？教师适当引导点拨，引出课文《智取生辰纲》。

⏰ 成功细节

本案例中，教师通过正话反说、投石激浪、设疑激趣的方式导入新课。通缉令的出现，形成强大的视觉冲击力，学生反响强烈，唤起了思维活动和知识积累，最大限度地把学生带入了心求通口欲言的境界中。教师循循善诱的引导，口头作文和品味语言的训练，不仅注重了学生的阅读体验和感受，还提升了学生语言运用能力和品析能力，使课堂逐渐升温。教师设疑引入新课，成功地与所要达成的目标相契合，既高起点的形成了一波才动万波随的效果，又高效率的保证了空船满载明月归的成功。学生有理有据的评价，让课堂一再流放异彩，也为学生创造性阅读和延展性阅读打好坚实的基础。小小导入，事半功倍。

⏰ 功效评价

课标的教学建议中明确指出"语文教学应激发学生的学习兴趣"，"为学生创设良好的自主学习情境"。著名特级教师于漪亦云：课的开始，其导入语就好比提琴家上弦，歌唱家定调。第一个音定准了，就为演奏或者歌唱奠定了良好的基础。的确，导入语虽短小，但不偏离教学目标的设计，体现了总体设计的教学观；教师的引路又潜移默化地实现了由"要我学"到"我要学"、"我乐学"、"我会学"的学习观念的转变。此导入创设了一种"到中流击水，浪遏飞舟"的氛围，拓展了学生思维的跨度，为下面环节中了解波澜迭起扣人心弦的故事情节，赏析刻画细腻入微的人物形象，欣赏逼真简练恰到好处的环境描写当好开台锣鼓。

细节反思

语文老师作为语文课的"总导演",一定要精心"导"好"开场白"。首先要认识到上课开始的三五分钟的导语设计,至关全局。它是教学流程的起点,也影响着课堂流程的落点,决定着课堂的最终走向,更关乎着课堂最终的效益。其次要明确好的导语应该建立在学生与文本之间的认知差距上,建立在文本所承载的教学目标上,所以教师必须依据学生的认知兴趣点、洞悉求知激发点,明确情感增长点,最终落实能力培养点。再次要根据教材的特点,结合学生的实际,努力寻找导入新课的方法,并在"精"、"新"、"奇"上下功夫,为课堂教学准确地定音、定调。这样才能引诱着听众渐入佳境,带领着学生登堂入室。本案例集知识性、艺术性、拓展性于一体,设计新奇,构思巧妙,导入效果好。

第二章 课堂精彩展开

优秀教师王江春《乡愁》课堂精彩展开

案例17

省级学科带头人王江春老师有一次做一节题为《乡愁》的公开课。

《乡愁》是台湾诗人余光中的一首思乡诗。诗作很短但内涵丰富，没有更多生活阅历的学生对诗歌的理解不见得能深入进去。于是在教学中王老师采用了以诗解诗的方式。诗歌的解读是这样展开的：

在学生朗读完诗歌后，王老师问："同学们，诗人常借助生活的某些事物来表达自己的情感，这个能表达诗人情感的事物就叫意象，这首诗里有哪几个意象？"学生回答：有"邮票""船票""坟墓""海峡"。

接下来教师引导学生就几个意象一一解读，在解读到"坟墓"这个意象时，通过朗读教师发现，学生对作者母亲去世内心悲伤的情感理解还不是很到位。于是教师说："同学们，想一想诗人是在什么时候什么情况下去的台湾？"有学生说："1949年"，教师说："对，诗人是1949年随父母去的台湾，而他的母亲就再也没

有回到大陆来。俗话说落叶归根，而客死在台湾的母亲就是这样带着遗憾离开人世的。为此余光中很痛苦，在母亲去世后，他写了一系列诗作表达对母亲的思念，也暗含着母亲归乡的愿望不能实现的遗憾。下面我们来阅读他的诗作《招魂的短笛》的部分诗句"体会一下这种情感：

招魂的短笛
余光中

魂兮归来，母亲啊，东方不可以久留，
诞生台风的热带海，
七月的北太平洋气压很低。
魂兮归来，母亲啊，南方不可以久留，
太阳火车的单行道
七月的赤道灸行人的脚心。
魂兮归来，母亲啊，北方不可以久留，
驯鹿的白色王国，
七月里没有安息夜，只有白昼。
魂兮归来，母亲啊，异国不可以久留。

小小的骨灰匣梦寐在落地窗畔，
伴着你手栽的小植物们。
归来啊，母亲，来守你火后的小城。
春天来时，我将踏湿冷的清明路，
葬你于故乡的一个小坟。
葬你于江南，江南的一个小镇。
垂柳的垂发直垂到你的坟上，
等春天来时，你要做一个女孩子的梦，
梦见你的母亲。

而清明的路上，母亲啊，我的足印将深深，
柳树的长发上滴着雨，母亲啊，滴着我的回忆，
魂兮归来，母亲啊，来守这四方的空城。

......

教师和学生声情并茂地朗读了这一部分，读后教师问："同学们通过这样的诗句你能读出诗人怎样的情感？"学生答："从这些诗句，可以看出母亲去世后作者的痛苦，更能看出作者希望母亲的魂灵能回到大陆，回到江南那个小镇。"教师问："这是一种怎样的痛苦？像这样的一生也没能圆了回乡梦的台湾人又有多少，同学们你们知道吗？你们通过其他渠道对此有过相关的了解吗？"学生甲答："老师我在'天涯共此时'的节目看到过通过广播电台寻找亲人的事情。"学生乙答："我看到过两岸沟通后有一个老者，回到大陆探亲，在长江的岸边，白发苍苍的他跪在水边，用瓶子装满一瓶故乡的水，那个情景很感人。"老师："非常好，同学们，试想一下诗人余光中如果也回到了大陆，他将怎样完成母亲的遗愿？"学生想象："在江南的一个小镇，一个穿着风衣的男子走在郊外，顶着淅淅沥沥的小雨，踏着湿湿的小路，他来到为母亲选择的墓地，将母亲的骨灰放入墓地中，此时，他流着泪说'母亲咱们回家了！'"（学生掌声起），到此时学生的情绪达到了一个高潮，这时再带领学生朗读这节诗，效果与之前有了完全的不同。

成功细节

在本案例中，教师采用的以诗解诗的拓展方式很自然地将学生带入了阅读的情境。这种方法让这小节是的内容变得丰厚，让诗人的思想和情怀通过这样的方式生动的展现出来。《乡愁》的第三小节，22个字，通过这样的拓展，学生了解了诗人那么丰富的内心世界和情感。学生对诗人失去母亲的痛苦有了深层的理解。《新课程标准》中关于阅读有这样的建议，"阅读教学应引导学生钻研文本，在主动积极的思维和情感活动中，加深理解和体验，有所感悟和思考，受到情感熏陶，获得思想启迪，享受审美乐趣。要珍视学生独特的感受、体验和理解。"而这种展开就是促进学生对作品理解感悟的最好方法，这样的展开也补充了学生对作者相关诗作的阅读，更全方位地展现了作者的思想，使学生的阅读增加了厚度。教师对资料占有多少，直接影响着学生对知识的占有量。

功效评价

作为一名教师要想让自己的课堂拥有文化含量，必须占有大量的相关资料，然而教师占有的资料要给学生多少，要在什么时候给学生很关键。一个恰到好处的拓展延伸，能达到既给学生拓展了知识，丰富了阅读内容，又能对作品和作者

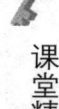

有进一步的解读。《新课标》中指出"阅读的评价，要综合考察学生阅读过程中的感受、体验和理解，要关注其阅读兴趣与价值取向、阅读方法与习惯，也要关注其阅读面和阅读量以及选择阅读材料的能力"。学生自我阅读有时，还很难做到适当的拓展，总是停留在一个很窄的阅读空间里，如果我们进行有效的课堂展开。学生在实现阅读目标方面会上升一个高度，也就慢慢学会了这种阅读方法。

细节反思

这节课的阅读展开，拓展了学生视野，丰富了学生的知识，也让教师对这种教学方法有一个更深的体会。诗歌的阅读教学较之散文、小说都有一定的难度。理解浅了达不到学习的目的，讲解深了学生的阅读水平不一定跟得上。本节课上，展开的几首诗都恰到好处地帮助学生解读本诗，而且还锻炼了学生的朗读能力培养了阅读兴趣。诗歌，是一种高度凝练的文学样式，要想读出它的内涵，必须占有大量的信息。在这节课的备课环节，教师就阅读关于作者的所有诗集，被作者的思乡情怀深深打动。授课时有一种把自己的阅读都拿来与学生共享的愿望。这种愿望使得教学讲解中自然而然的渗透了相关的阅读，结果是学生以一首为载体，学习了几首表现亲情思乡之情的诗作，还培养了学生的想象能力、分析能力。也促进他们去关心国家大事，关心民族命运等等。这样的教学方法教师和学生都有收获。今后我们还会在诗歌教学中做更多的尝试。

优秀教师孔令博《鱼我所欲也》课堂精彩展开

案例18

在学习《鱼我所欲也》一课时，孔老师是这样引导学生认识"舍生取义"这一主旨在今天的现实意义的：

一男生举手大声说：老师我不同意孟子的观点，在今天的社会，"舍生取义"已经失去了它的现实意义和指导性。

老师问：哪些同学也有与他同样的想法。应者芸芸。

老师笑答：很高兴同学们敢于质疑圣人的思想，就让我们通过今天的讨论赋予经典思想以全新的解读。让我们头脑中对生与义的取舍的理解与孟子舍生取义的思想进行成功的对接。

首先我要听听你们反对的理由。

A同学：俗话说"留得青山在，不怕没柴烧"生命是1，事业是0，1没了，就啥都没了。（很实在，现在流行的说法）

B同学：老师，保尔有句名言"人，最宝贵的是生命"。留得青山在不愁没柴烧。干吗要舍生取义啊！

同学发言中引用了许多当下社会反面的例子，从贪污犯，到肇事逃逸，逍遥法外者，甚至有的同学发言的口气明显透露了对这种思想的传承的不信任和不屑。我们都知道现在的同学们接触到社会反面的例子太多，又缺少一个客观又阳光的观点解读。潜意识里在否定着这个观点。

老师举例：如果你在上学路上不小心撞了一位耄耋老人，你有两个选择，看看前后没人，赶紧跑掉；二是扶起老人，问问伤势，再做选择，你们会怎么做？

C同学：没人还不赶紧跑？

"哎……"同学们一片嘘声！纷纷指责他的"天良"丧失。

老师：看来，你们原本善良啊！

老师：我再举一个更加直接一点的例子，如果你看到犯罪现象的发生，你有两个选择，一是视而不见，二是见义勇为。

D同学：老师，现在的中学生守则中已经将见义勇为，改为见义智为。因此，我们现在提倡的是取义不必舍生。

老师：说得非常好，有理有据，简洁明快！其实，我们对舍生取义，坚守正义道德的勇士、智者是由衷的赞叹，而对见利忘义，自私无德的人是发自内心的反感与鄙夷。不能否认一点，我们心底里一直有一个德，一个义的底线。那是我们生而为人的灵魂。没了它，我们就是行尸走肉。受万人唾弃，生不如死。当然，当下社会，当今中学生，传承这一思想就应该向D同学那样，守义不必舍生。

⏰ 成功细节

在本次案例中，教师通过学生的质疑提问，及时发现了学生内心对"舍生取义"这一传统思想的理解与认知的犹豫，营造与创设与教学内容相适应的具体场

景和氛围，恰到好处的引导更多的学生说出自己心中的看法，援引当下社会生活中的实际现象，引导学生做出尊重内心的取舍与判断，真正明白人人心中的善，人性中的善是值得我们每个人坚守的人生要义。完成我们今人思想与古人情怀的完美对接。实现课堂三维目标之情感百度。

功效评价

语文课堂许多的功效是意料之外的，虽然，学生们提出的问题是对孟子思想的一种拓展，虽然，学生们的认知没有按照预定的教学计划前行，虽然，我们都感受到了语文教学中面临的尴尬局面，但值得庆幸的是，最终的教育效果还是好的。语文的教学并不只是单纯的语文知识的教学，而是要灵活的渗透思想品德教育，灵活的与学生的社会生活实际接轨，能学有所用。作为教师，如果不断的唤醒这群孩子的良知，对于他们人生观世界观的形成产生更为深远的影响。

细节反思

《鱼我所欲也》是九年级教材中的课文，在中考压力下，这样的经典篇目的讲授，会被考试要点，中考成绩肢解得支离破碎，因此，课堂显得犹为谨慎，极少有大刀阔斧，精研细琢的时候，而往往也是在这时候却发现自己甚至学生一同身陷囹圄，失却了很多精彩的对话、瞬间的灵丝、拓展的深度，而课堂的"生存"活力在这种种的考试"意义"下变得很是无奈与苍白；同时兼之文本的否定与层递写作特色，使得知识的堆砌高筑学生的厌倦心理，因此《鱼我所欲》成为"非我所欲"。哪里还会发现学生头脑中灵光闪烁的珍贵。舍得出气力调整课堂知识与情感的"取舍"，保证文本解读的有效度，去决定屏弃之前的教学模式，以"教学生存"为生发基点，以"中考意义"为辅助准点，大刀阔斧在文本落实与课堂效益二者不得兼的情况下更好实现取舍的关系。

优秀教师侯岩峰《诗词诵读》课堂精彩展开

📖 案例19

侯岩峰老师上诗词诵读课,课上请一个学生读了一遍《长干曲》这首诗,学生读得很流利,但没有诵读的感觉,每个人都懒洋洋的样子没有什么精神。

长干曲

崔颢

君家/何处/住？妾住/在/横塘。
停船/暂/借问,或恐/是/同乡。
家临/九江/水,来去/九江/侧。
同是/长干/人,生小/不/相识。

侯岩峰老师说:"咱们来唱这首诗怎么样？"学生们兴奋地喊着说好。侯老师就一句一句地教学生唱起了这首诗。"君——家/何——处/住~"学生高兴地跟唱着,很快就学会了,基本上都背诵了下来。在会唱的基础上侯老师开始引导学生来理解这首诗,体会诗歌的思想感情。

侯岩峰老师说:"这首诗很质朴,那我们能不能用音乐的形式表现一下我们所熟知的诗词呢？大家可以分组研究一下。"

经过讨论研究,有一组学生表示:"'人生自古伤离别',人们在分别的时候感情是相通的,所以我们用李叔同《送别》的曲调演唱了《送元二使安西》的诗。""渭——城——朝——雨/浥——轻——尘……"唱完之后全班同学给他们鼓掌。

另外一组同学自己表示:"我们想表演《清明》这首诗,清明节刚刚过去,这个节日是我们缅怀先辈的日子,一个在外漂泊的人在清明节就会更加思念家乡。"学生当即创作了曲调,并结合《清明》一诗的思想情感,配合乐器现场奏唱了这首诗。

成功细节

侯岩峰老师把诵读分成了四种,即诵、吟、歌、唱四种。诵:用深切感情、顿挫断句的技巧,依据平仄、节奏的规律来读叫做诵;吟:声音在喉咙里轻轻吟哦出来叫作吟;歌:缩短了节奏、淡化平仄、展喉发声叫做歌;唱:运用现代音乐手段表现诗歌叫作唱。四种不同的诵读方式也有相同之处,如停顿、语调、重音等等是相通的。诵是传统的古诗词教学所采取的方式,师生都普遍接受,课堂容易把握;吟是古人诵读诗词的一种带有地域色彩的方式,年代久远、方言色彩浓厚,学生不容易掌握。能够用自己的方式把诗词唱出来,学生感觉很新鲜,又结合了自身特长,所以很有热情,都非常主动地探究诗词的音乐表现形式,这样能够让学生在兴趣的驱使下更深入地理解这首诗,很有实效。

功效评价

传统的诗词诵读只注重了学生的读,因为学生在读的基础上能更好地理解诗词。但久而久之学生会产生厌倦的思想。侯岩峰老师执教的这个班级是音乐班,班级每个同学都学习了一门乐器。著名特级教师李希贵说:"每一位学生都有与众不同的兴趣、特长,尊重了孩子的个性、特长,就意味着为孩子提供了自由广阔的发展空间,也就意味着孩子的精神生命能够自由呼吸。"对于演唱诗词,音乐班的同学比较喜欢,这样就更容易让学生了解诗词的意境和内涵。唱是以人的声音为主导的。而歌是以乐器的声音为主导的。这样学生就自然而然地想到他们自己擅长的音乐,用自己的特长来主导诗词的学习方式很新颖,学生在好奇心的驱使下能更好地投入到学习中来。

细节反思

满足诗歌的音乐性,这是诗歌用韵的主要目的。反之,音乐对古诗词教学也起了催化作用。文字是为了表现人的思想情感,如果有了音乐的点缀则充满了灵性,两者水乳交融定能到达一个完美的境界。在课堂上能用音乐的形式表现诗词,不但增加了诗词本身的美感,也增强了诗词诵读课的美感。让学生在乐感之中感受诗词能使学习收到事半功倍的效果。但诗词的"读"是必不可少的,一定在读中体会到诗词的韵律之美,在歌唱之后再去诵读诗词能使学生更好的理解诗词。

优秀教师王烁《观沧海》课堂精彩展开

案例20

在《观沧海》的授课过程中,我让学生们寻找诗歌中的意象,并对意象的特征进行分析,想通过这样的方法来让学生们把握住作者创作时要传递出的情感。本以为应该畅所欲言很活跃的场面,可是出乎我的意料,学生们对这些意象毫无感觉。我问道:大家为什么说不出来这些意象的特征呢?有一个孩子很坦诚地告诉我说:因为作者只是用了例如"澹澹"、"竦峙"、"萧瑟"这些词语,而词语所传递出来的情境我们没有亲身的感受,所以无法理解。我立刻明白过来,因为他们没有这样的实际生活认知,所以才出现这样的情况。我立刻在黑板上对这几个字从构成的角度进行了讲解,以帮助他们的认知。

例如:

①澹:从言从八从厂。厂,高也;八,分也,多故可分也。说话烦琐,喋喋不休的样子。通过这个字本字的理解,我们会明白,澹澹实际上是水波纤缓的样子。

②竦:左侧,像一人正面立地之形。本义:笔直地站立。右侧,在木上加圈,像用绳索把木柴捆起来。本义:捆绑。引申为束缚。一个人束缚地站着。为什么?因为心存畏惧和恭敬。

③萧：⿴ 从会意的角度来看，一个人手持拐杖，在杂草丛生的湍急河流上经过，战战兢兢，有心存敬畏之意。

当讲完这些的时候，学生们的眼前耳中不仅仅浮现出的是那个景物或者声音，更多的还是这个画面传递出来的作者心情。学生听起来也饶有兴致。很好地落实了诗歌教学关于意境展现的这个教学难点。

⏰ 成功细节

诗歌是化抽象的情感为具体的意象，借助具体的意象来表达自己抽象的情感。而针对古文字能会意和象形的特征，以字构成的方式来帮助学生理解作者创作情感，是本节课中的一个亮点。每一个语文教师都熟知："语文课程注重工具性与人文性的统一，就是要在课程实施过程中既培养学生语文能力，同时使学生受到文化、文学、思想、情感的熏陶。"这样的文字教学，恰恰能把语文的工具性和人文性统一起来。同时也缓解了文字教学和创设情境矛盾的冲突，更是让学生在理解字义的基础上去记忆，减少出现错别字的情况，一举多得。

⏰ 功效评价

学生的生活都集中在学校和家庭，接触自然的机会很少。而诗歌的意境感染往往需要的就是对自然的观察和心的感受。我们也许无力改变他们这样的生活。所以我想到了通过文字的构成来帮助学生理解词语意境美的这种方法。因为中国的文字以象形或者会意组成，要是能让学生理解每个字的意思，之后进行组合，联想和想象，那么这样就可以从感性的角度帮助学生理解抽象的情感，并也可以对中国文字产生浓厚的兴趣。这样的诗歌教学需要教师做好大量的备课工作，包括甲骨文、小篆以及汉字字义的演变过程。但所谓教学相长，在不断的积累过程中，教师和学生都是一个很大的提升。

⏰ 细节反思

在进行古文字构成和会意教学的过程中，让我越来越觉得繁体字教学和诗词填写教学在古典诗词教学中的重要意义。繁体字因比划繁琐而被人们逐渐淡忘，但是它是简体汉字的根本，是帮助我们了解文字含义的很好途径，也是让学生最大限度少写错别字的方法。同时，意境的诗词填写创作训练也可以作为一个有益的补充，让学生在体会古典诗词语言精练性的同时，也能做到字斟句酌，锤炼心性。

优秀教师蒋艳梅《天净沙·秋思》课堂精彩展开

案例21

蒋艳梅老师教学《天净沙·秋思》时，在学生反复诵读诗歌之后，她让学生"以画解诗，品析意境"。这是初步品读诗歌，让学生结合诗中意象想象画面，体会景物特点，感受情境氛围。特别是问到"如果你作画，会选用什么色彩？"这一问题的时候，很多学生纷纷举手，谈得头头是道，他们不但充分发挥了想象，而且沉浸其中，在分析中领悟了诗中的情感。紧接着她又引导学生"以乐解诗，品析情韵"。"如果这首诗是一首乐曲，应是怎样的曲调？你认为最好用什么乐器来演奏？"可谓一石激起千层浪，他们跃跃欲试，每个发言的学生都将自己对乐器的了解与这首诗的主题思想紧紧地联系在一起。

蒋老师又趁热打铁，启发学生"以文解诗，品读心声"。让学生在前面基础上，用生动细致的描述再现诗中情景，发挥想象，倾诉游子心声。一些思维敏捷的同学站到前面，声情并茂地描述画面，展现游子心曲，情景交融，如泣如诉，令人赞叹不已。

将整节课推向高潮的是"为画配诗，拓展意境"这最后的一个环节。当课件中出现了她事先下载的与此诗意境相似的画面时，她请学生们即兴创作，为画面配上一句或几句小诗。"天阴树影单，荒溪游子行。""昏时鸦归巢，游子见凄凉。""老树孤立寒，游子思乡情。""枯藤自有老树伴，夕阳还有彩霞陪。""瘦马嶙峋，游子思乡苦。"蒋老师让这些学生将自创的诗句写在黑板上，大家共同高声地诵读，一如诵读名家的诗句，热情高涨。蒋老师也受到了深深的触动，于是迫不及待地与学生们分享自己为画面配上的诗句"独自徘徊在荒凉的古道／任昏鸦哀鸣／迷失了惆怅的梦／天地苍茫／何处是归程／一把荒草一片霜／一抹斜阳一滴泪／诉不尽天涯漂泊苦"。

🕐 成功细节

在本案例中，教师深谙"它山之石，可以攻玉"的道理，抓住元曲《天净沙·秋思》的音韵美和画面美，运用了富有创意的教学方法，问题设计新颖独特，几个教学板块令人耳目一新，大大激发了学生学习古典诗词的兴趣。"以画解诗，品析意境"侧重引导学生结合诗中意象想象画面，体会景物特点，感受情境氛围。"以乐解诗，品析情韵"可谓一石激起千层浪，学生们跃跃欲试，每个发言的学生都将自己对乐器的了解与这首诗的主题思想紧紧地联系在一起，收到了极好的教学效果。以文解诗，化诗为文，这不仅培养了学生的想象力和创造力，而且也促进了学生理解力和写作能力的提高。

🕐 功效评价

卢梭在《爱弥尔》一书中说："教育的艺术是使学生喜欢你所教的东西。"教师应不失时机地点燃学生思维的火花，激发学生的兴趣，改变学生被动、消极的"要我学"为积极主动的"我要学"，从而收到事半功倍的学习效果。一堂成功的语文课，教学设计要独具匠心，教师应根据学生的年龄特点和课文的特点，运用自己的智慧，精心推敲教学细节，以富有创意的设计点燃学生的思维，让学生积极思考，入情入境，始终保持浓厚的兴趣和强烈的好奇心，展开丰富的想象，沉浸在课堂创作与探究的喜悦之中。这样就大大提高了课堂的效率，让课堂焕发光彩。

🕐 细节反思

中学生的思维最活跃，想象力最丰富，他们求知欲强，喜欢标新立异，具有较强的独立思考和创新能力。因此，作为课堂的组织者和引导者，不仅要熟悉思维运动的几种具体形式，还要善于精心设计，巧妙点拨与引导，这样才能使学生对所探究的学习内容发生兴趣，从而进入积极思考的状态，为"于无声处听惊雷"的课堂精彩做充分准备。教师在教学中要精心设计，瞅准时机，正确引导学生的思维形式，点燃学生思维的火花，这样探究才会有方向、有目标、有成效。"以画解诗，品析意境"、"以乐解诗，品析情韵"、"以文解诗，品读心声"、"为画配诗，拓展意境"这几个板块层层深入，激发学生对古典诗词的喜爱之情，从各个方面入手去赏析古诗词，谈出自己的独特感悟与见解。不过，时间安排上略显紧张，内容过多，也容易造成每个板块都没有得到更为充分的展现。

优秀教师邵丽平《孔乙己》课堂精彩展开

案例22

邵老师讲授《孔乙己》一文,让学生自读课文,当学生读到孔乙己教人茴香豆的"茴"字的多种写法时,竟然笑出了声。邵老师与学生探究文本的过程中,顺势提到了这位同学的笑,邵老师说道:"刚才读课文的时候,有同学笑得很灿烂,都说笑是人类最美的表情,我们今天不妨就来探究一下文中的笑。"在与学生交流的过程中,逐渐明确了课文共有四处写到众人的哄笑,分别是在第四、六、八和十一段。其中短衣帮是麻木不仁的笑,掌柜是自私卑劣的笑,小伙计是解脱的笑,小孩是天真无邪的笑。短衣帮和孔乙己同是封建秩序中备受压迫的社会底层,同样可怜可悲,但在封建思想和封建等级观念的愚弄下,民众的同情心被扼杀,变得麻木自私。既然是"学而优则仕",那么连半个秀才也没捞到的孔乙己当然是劣货,只值得奚落和取笑,他们对孔乙己这样一个不幸者的哄笑是麻木的笑。作者以乐写哀,使孔乙己的悲剧更笼上一层令人窒息的悲凉意味,表示这不只是个人的悲剧,而是社会的悲剧。作者反封建的意味更加深刻。

成功细节

在本案例中,邵老师抓住课堂生成点,采用了由表及里的探究方法,这种探究方法是以生活中很多表层的事物为基点,逐层深入,进入到事物的内在,发现其内在机理的授课方法。这种探究方法应该属于情境探究的范畴,情境探究法要求教师要创设探究性学习的情境,创造一种宽松、自主的学习环境,让学生在民主的、和谐的、平等的情感化学习氛围中进行深究性学习。只有把学生探索的欲望激发出来,才能激发学生浓厚的学习兴趣。心理学研究表明:良好的心境可以使人联想活跃、思维敏捷、激情勃发。浓郁的激情能充分有效地调动智力因素,释放巨大的学习潜能,极大地激发创新积极性。本文教学中,正是因为邵老师智慧地抓住

了"笑"这一个课堂生成点，准确地利用才激发出了学生的探究热情，并能够在由表及里的深入探究中，获得深刻理解文本的成就感。

⏰ 功效评价

　　一堂好课，不仅要有明确的教学目标，有精巧的教学设计，还应该有智慧的教学生成点，有思维的深度训练。教师应该有能力把握住这些充满智慧的教学灵光，引领学生向文本更深处漫溯。课堂教学是一首流动的诗，随时都会有不确定的因素带来新生成的音符。尤其是语文学科是一门充满灵性的人文学科，最具有情意性和模糊性，容易触及学生的知识经验和情感心志，激发学生在课堂上的惊人之举，奇妙之言，往往更带有不可控性。因而，语文教师更要学会随机应变，讲究教学机智，方能在课堂教学中游刃有余，创造出最佳的教学境界。教学机智是教师的教学理论修养与教学实践经验的融合，是教师优良心理品质和高超教学艺术的集中体现。如果在我们的课堂上能多一些这样的教学机智就会获得更多"无法预约的精彩"。

⏰ 细节反思

　　语文教学，要能够灵活运用课堂进行中出现的一些细节来调动学生的探究兴趣，引领学生由表及里，深入探究，以锻炼其阅读思维能力。也就是说，语文老师要具有课堂教学机智。课堂教学机智是指在教学过程中面对千变万化的教学情景，迅速、敏捷、灵活、准确地做出判断、处理，保持课堂平衡的一种心理能力。它是教师智能的灵活性与机敏性的统一，是一种"应急"的智力活动过程。它要求教师运用教学机智，针对偶然事件的干扰，立即改变教学信息传递系统既定的传输程序（如教学计划、教案），重新拟定教学的传输程序，维持教学系统的动态平衡，保证教学过程的顺利进行。

　　教学机智要求教师要有深厚的文化底蕴，有敏锐的观察能力、准确的判断能力、精深的思维能力、敏捷的反应能力，还要求教师有乐观的情趣、开朗的胸襟、幽默的性格、丰富的阅历。这其中很重要的是教师要有强烈的事业心，不断地在实践中学习、摸索、思考、积淀，不断地充实自我，追寻个性，构建风格，提高自身的综合素质。

优秀教师李春梅《三峡》课堂精彩展开

案例23

郦道元的《三峡》一文，出自其地理学著作《水经注》。学习本文时，重点与学生品赏了三峡山水之景及四季特色。其中读到秋之三峡时，师生共同朗读了文章结尾处引用的渔歌"巴东三峡巫峡长，猿鸣三声泪沾裳！"，学生结合前面霜、林、涧等景物特点总结秋之三峡凄凉、肃杀的特点，进一步体会秋之韵味。这时一个学生提出问题："老师，人们常说'一切景语皆情语'，我觉得作者在文中写秋之悲凉，一定是心里也有什么不高兴的事有感而发。"我说："你的思考是有价值的。创作者的情感态度、价值观在一定程度上决定了作品的情感倾向。"有学生马上联想到了自古文人悲愁之传统，更有学生说："我课前预习中查到郦道元曾经为官，为人公正不阿，却处处遭到小人的排挤，最后被陷害致死。"我说："创作心情及经历常常决定了作品的情感态度。也许写秋之三峡与作者仕途不顺并无太大关联，但是你能通过课前的预习了解到了作者的人生经历，并以此作为分析的依据，这样的学习方法值得借鉴。"我又引导学生继续在文本中寻找融情于景之句。学生通过回读第二段夏之三峡，王命急宣之时人们不顾水流湍急、甚至可能藏身水涯之险而朝发暮至，也体会到了作者对当地人民生存之艰的同情。我也与学生分享阅读《水经注》原文的体会：本段之后便有"其水峻急奔暴，鱼鳖所不能游，行者常苦之"；另外在《水经注·江水注》中有对秦代李冰的各种水利建设的歌颂，《河水注》中对秦始皇筑长城造成的人民"冤痛"的同情，可见，这虽是一部地理学专著，但是看得出他关注到了民生疾苦。这时有的对地理感兴趣的学生还提出三峡地区各种灾害频繁发生，威胁着人们的生活。经过这样的一番讨论，学生不仅进一步体会文中唱渔歌之打鱼的人生活之悲苦，更进一步感悟秋之三峡的特点，也是与作者情感的一次碰撞交流。

⏰ 成功细节

《水经注》是一本地理学著作,《三峡》节选于此。这段选文是表现三峡地区的水纹地貌特征,即山势决定水势,山水相间,形成别具一格的壮丽图景。讲授本文重点是在写景的语言、山水特色等方面。但对于课堂上学生提出的字里行间流露的情感问题,教师悉心引导,探讨文本中流露出的情感,甚至结合作者经历、当地的地理特点与人民生活等诸多因素进行探究,进一步体会了三峡地区的地貌特征,也了解了作者写作的情感倾向,体会本文"抓住具有代表性的景物进行细致的描写,在描写中传情达意"是本文虽为学术著作,又被后人称之为文学篇章的原因。

⏰ 功效评价

讲《三峡》,探讨其文字间的情感,看似宕开一笔,实则可贵。老师的这种做法,既肯定了学生的这种求知精神,同时也进行了相应引导,更引领学生做进一步深入探究学习,了解作者如何将自己的情感态度融入景物描写之中。抓住学生有价值的思考方向,拓展了思考的空间,提升了探究能力。这样,学生真正做到以阅读为主体,在"主动阅读"中,有"学"有"思",通过探究有"思"有"得",学生在学与思中感悟到我国古代语言文字艺术之美,并在合作探究中产生成就感,提高学习兴趣。这也要求教师在平时备课中,不能只局限于课本内的知识,教师的阅读视野、研究问题的深度决定了学生探究的能力。

⏰ 细节反思

语文教学,很重要的一个目标,即审美。在语言文字中体会景物及人情之美,感受情感的力量。比如,司马迁的《史记》虽然是一本史书,但是其字里行间流露出的作者的价值观及情感倾向是非常明显的。如果只读出其中的"史",而忽略了文字以外的"情",则违背了"阅读是心灵之旅"的原则。林语堂曾说过:"一个人彻悟的程度,恰等于他所受痛苦的程度。"在阅读他人人生及阅历的过程中,体会别样的心路历程,恰是在阅读中成长的过程。

优秀教师陈晓东《说屏》课堂精彩展开

案例24

师：文艺性说明文，也必须要具有一般说明文的特点，那就是——准确。我们一起来看课后的补充材料，大家齐读。注意领会什么是说明文的准确性，怎么把握说明文的准确性。

我们大家仔细研读课文，看看这篇文章有没有不准确、不周全的地方？

老师先查了查字典，"屏"有这些意思：障；对着门的墙，照壁；屏风。

生：文章的开篇就说："屏，我们一般都称为'屏风'。"显然，它与老师说的有矛盾。

师：这个问题提得很好。从文章的题目就可以看出作者想说一说屏，而不仅仅是说一说屏风。屏与屏风是两个概念。正像作者所说，屏有室内外之别。也就是有设置于院子、天井中的"屏"，其实叫照壁，或者叫影壁。这种屏，其实就是一堵墙。比如《汉书淮南王刘揖传》中就说："天子外屏，不欲见外。"古人有云"入屏不趋"，就是说过了屏就是进入院内，不要快跑。这是一种礼节，设置于寝室之内的"屏"，才叫屏风，其设置目的，起初就是为了"屏、障风也。"所以，不分内外，统称屏风是错误的。

不但第一句关于屏的解释错了，而且文章题目既然是《说"屏"》，而屏又有室内外之分，说明室内室外"屏"的内容就应该都作为说明重点，按照这一点来说，这篇文章很自然又出现了第二大疏漏之处——

生：室外之屏蜻蜓点水，一掠而过，详略严重失当。

师：文章已经涉及到了"院子或天井"中的"屏"，但是作者并没有就此有所交代，仅仅是一句就滑过去了，并且用大量的篇幅来说"室内"之屏，即"屏风"，这与标题《说"屏"》不相匹配。因此，这篇文章作为一篇说明文，少了说明文的准

确性、客观性。严格地说,陈从周写的《说"屏"》应该叫《说"屏风"》,它对建筑美无用,更准确地说是对室内装饰有用。看来陈从周考虑的并不周全啊!(生笑)

成功细节

古人云:"学贵有疑""学则须疑",疑是思之源,思是智之本。质疑求异是探求新知识的不竭之源。而课堂教学又是实施素质教育的主阵地,是培养学生质疑能力和创新能力的主要途径。虽然不少教师已由传统的"填鸭式"教学模式向重启发、重技能教学迈出了可喜的一步,但对学生的情感,尤其对创新精神和创新能力却缺乏足够的关心、理解和支持。陈老师善于利用师生情感交流,创设问题情境,激发他们的好奇心和探求问题兴趣。强烈的好奇心会增强学生对信息的敏感性,对新出现情况和就发生的变化及时做出反应,发现问题,激发思考。而兴趣又能有效地引发学生思维,使学生积极思考,善于思考,乐于提问。因此应巧妙创设问题情境,强化问题意识。设置问题的情境应使学生的原有知识与需要掌握的新知识发生碰撞,使学生意识中的矛盾激化从而引发学生强烈的求知欲,激活学生思维,使之"生疑"、"困惑",进而使之勤思好问。

功效评价

讲授这篇文章,陈老师明确了以下两个问题:一、"屏"之所以为"屏"的根本点是什么?二、引领学生质疑这篇说明文的准确性并尝试改写。

正所谓,一石激起千层浪。教师的思维转变直接带动起学生思考的热情。在学生阅读课文后,讨论第一个问题,"屏"之为"屏"的根本点是什么,学生虽然一时不能理解,但开始主动思考了,有了求知的渴望。在老师的引导下,学生从文中提取到了屏风的相关知识,随后,我们师生共同从"屏"的构成材料、"屏"的设置位置、"屏"的装饰及"屏"的形态探讨了"屏之为屏"的根本点。学生的思维层次上升到了一个新高度。在接下来的讨论中,学生引用了从字典、网络查阅的各种资料,分析了《说"屏"》与《说"屏风"》的区别,对原文本进行了质疑。学生认识到,如果题目继续沿用"说屏",那么就要在文中更多加入对室外之屏(影壁、照壁)的说明性文字,使之与对室内之屏(屏风)的说明相对称,共同成为说"屏"的两翼。

⏰ 细节反思

教师的根本任务是"教"学生学会学习，挖掘学生学习的潜能，培养学生的观察力、发现力、想象力、思维力和实践力，教师只能"会教"才能教会。因此教师在教学中要突出对学生在学习中主体地位的重视和对学生主体性培养的关注，只有当学生能质疑、会质疑后，创造性学习才能有实现的可能性，学生只有"会学"才能学好。而有些学生对学习有着浓厚的兴趣，对一些理论和现象也想提出自己的问题，但缺乏相应的思维方法，有时想提问却不知怎样提问；提出问题可能与教学内容联系不紧密等。这就要求教师积极引导学生思维，变单纯知识传授为启发学生动脑思考，教给学生提出问题的方法与技能。

优秀教师郭初阳《远和近》课堂精彩展开

🔑 案例25

师：老师为大家朗读一下这首诗：

你
一会看我
一会看云
我觉得
你看我时很远
你看云时很近

师：老师读完了，请大家自由朗读这首诗。

（学生自由朗读）

师：请同学给这首诗拟一个最有创意的标题。大家分小组讨论，然后把你认为

最精彩的标题写到黑板上。

共九组九个标题,同组同学解释为什么是这个标题。其中两组是"距离",有一组同学看来对诗标题的感觉不对,拟了一个很长的题"看起来很近其实很遥远",也是"距离"的意思。其他组的标题分别是"障碍"、"自然"、"优美"等。

生:先讨论"距离",黑板上的三角形是物理的距离,而诗中表现的是"心灵的距离"——我觉得这三个似乎很平常的字,很有诗的意味。

再讨论"障碍"。

生:这两个人有问题哎!

师:是两个什么人?男生还是女生?

生:一个男生,一个女生。

师:"我"是男生还是女生?

生:男生!

师:是个什么样的男生?

生(杂然):"内向"、"敏感"……

师:同学们读出了诗歌抒情主人公的形象。

接着讨论"自然",那组同学表达了两层意思:

生:第一,这首诗写得很自然。第二,这首诗是在大自然里写成的。可以静静地看云而不被打扰,那一定是幽静的地方,风景优美的地方。

师:那你们认为这首诗是实写还是虚写?

生:应该是实写,而且是现场写出来的。

师:歪打正着,你们读出了这首诗的背景。

最后讨论"优美",理由也是两个:

生:第一,这首诗读起来很优美。第二,这首诗的意境很优美。

师:读起来很优美,看起来是对诗歌节奏的语感的把握很好。

师总结:同学们能在讨论中谈论自己的阅读感受,而且是多角度多侧面的谈论,这很好,下面老师谈谈这首诗。

接着出示顾城的图片,介绍评论家对顾城诗歌的赞赏。

成功细节

这是一首"朦胧诗",朦胧诗的阅读,重心是打开诗歌丰富的内涵。学生分组拟标题,就有可能打开这首诗的种种侧面,揭示出诗歌的意义和意味。尽管由于学生人生经验和语文经验的制约,这首诗所蕴含的一些意味,他们目前无法感知,但是,由于诗歌多元理解的空间较大,学生们依据自己的经验,在交流和分享中,能够读出他们能读出的东西来,甚至读出了成年读者读不出来的意味——曾经多次问语文教师,他们的直觉"我"是一个女生,这就是阅读视野的差异。总之,通过郭老师精心组织的"拟标题"活动,学生们对这首诗的理解和感受,加深了、丰厚了,也或多或少地学到了如何阅读诗歌、如何阅读现代诗、如何阅读朦胧诗的方法与策略。

⏰ 功效评价

语言是一种符号,而语言的符号系统一旦复杂起来,比如出倒装句、无标点句以及一些为了达到陌生化效果而刻意造出的特殊句等等,学生就比较容易跌进语言符号的迷宫,找不到真正的意思、意味,读不出真正的感觉、滋味。虽说"诗无达诂",但作为教学,我们还是有必要尽量在意思的弹性中找出弹性的范畴,在语句的多义中消除明显的歧义。郭老师引导学生以拟题为切入点,多角度多层面的理解朦胧诗,使学生们对读诗产生了兴趣,对诗歌意境、语言、背景等要素进行了分析,提出自己的看法,这对引导学生们读诗,爱诗甚至创作诗歌有着重要的作用。

⏰ 细节反思

新课标中要求学生欣赏文学作品,能有自己的情感体验,初步领悟作品的内涵,从中获得对自然、社会、人生的有益启示,能初步理解、鉴赏文学作品,受到高尚情操与趣味的熏陶,发展个性,丰富自己的精神世界。朦胧诗是文学作品中重要的一页,而赏析朦胧诗中的意象是提高艺术修养的最佳途径。郭老师引导学生多角度解读文本,文本作为语文教学与学习的载体,承载着来自多方面的信息,而且各自相互影响、相辅相成、环环相扣。新课程标准中提出了"全面提高学生的语文素养"的基本理念,并从这个基本理念出发,从"知识和能力""过程和方法""情感、态度和价值观"这三个维度提出了语文教学目标。因此,在对文本的多元解读时,都要紧紧围绕提高学生语文素养的目标。

优秀教师孙海燕《乡愁》课堂精彩展开

案例26

孙老师在讲授归有光的《寒花葬志》一文时提出一个难点问题:"这是一篇悼念寒花的文章,为何文中两次写到了魏孺人的笑?这是否是闲来之笔?"学生们思索片刻后所给答案不尽相同,有的说连女主人都容忍寒花的调皮,可见寒花可爱伶俐;有的说寒花是魏孺人陪嫁的婢女,两人感情一定很深,悼念寒花自然会提及女主人;有的学生体会到魏孺人性格宽厚善良,主仆关系融洽。

孙老师继续补充魏孺人在归家的故事:魏孺人是归有光的第一位妻子,归氏家道中落,物质生活比较清贫,但魏孺人从未有怨言,而是"甘淡薄,亲自操作"。魏孺人生性贤惠,主仆之间的感情十分融洽,没有半点隔阂,因此归有光盛赞她是"闺门内外大小之人,无不得其欢"。魏儒人除了十分贤惠,更因为家学渊源,颇通文字,也十分好学,还时时勉励归有光:"吾日观君,殆非今世人。丈夫当自立,何忧目前贫困乎?"封建社会中,婚姻都是由"父母之命,媒妁之言"决定的,娶一个三从四德,相敬如宾的妻子并不难,难的却是心灵相通的知己。魏孺人不但德才兼备,更有良好的文学素质,与归有光珠联璧合,相得益彰。但可惜她突遭病故,韶华早逝。孙老师又适时地介绍了归有光的另外一篇散文《项脊轩志》中有关妻子的回忆,重点解读文章的末句"庭有枇杷树,吾妻死之年所手植也,今已亭亭如盖矣。"

"那么作者写魏孺人的两次笑有何深意?"针对老师的这次提问学生们统一了意见:魏孺人的笑体现主仆关系融洽,家庭氛围和睦。作者勾勒妻子的两次笑容,就会回忆起他们往日的幸福生活。但如今主仆二人都离自己而去,幸福生活也随之而逝。作者不仅仅悼念寒花,更表达了对亡妻的深深怀念。

教师的下一个问题应运而生:"你还知道哪些文人用手中的笔书写了对亡妻

的思念？并为大家讲一讲你的理解。"

生1："纳兰性德为已去世的妻子创作了《浣溪沙》：谁念西风独自凉，萧萧黄叶闭疏窗，沉思往事立残阳……"

生2："还有苏轼的《江城子》：十年生死两茫茫，不思量，自难忘……"

⏰ 成功细节

本案例中针对教学中的难点教师采用旁征博引、内外沟通的迁移方法，启发、引导学生突破认知水平和学力所不及的地方。阅读理解需要教师架桥铺路，当学生们遇到困惑：作者为何要写魏孺人的两次笑？教师将与课文相关的背景材料、作者的其他文章进行呈现，在印证理解中学生们茅塞顿开；学生们虽感知到作者对亡妻的思念，但他们并没有这种体验，引入其他文人类似情感的诗词并谈体会、理解，也培养了学生举一反三、触类旁通的学习习惯。这种方法既不脱离课文，又不拘泥于课本，通过教师对相关知识的迁移，引导学生进行由此及彼的合理联想，通过寻找知识点之间的内在联系，探求它们之间的相似性，从而获得新的认知，学生不仅知其然，而且知其所以然。

⏰ 功效评价

语文教学的一条基本规律是：由已知导向未知。当学生无法突破自己认知水平无法独立解决疑难问题时，运用旁征博引、内外沟通的迁移方法，通过对相关知识点做横向纵向联想和比较，引导学生在短时间内快速建立知识之间的沟通与内在联系，在已知和新知之间架上桥梁，激发学生的思维，促使学生"顿悟"。这样既能加深对所学作品的理解，提高文学欣赏的水平，又增加了课堂的容量和学生的阅读量，拓宽了学生的知识面，可谓一举多得，事半功倍。

⏰ 细节反思

把课堂设计得更开放，把获得的知识、信息往更广的空间迁移，是语文教师应具备的一种教学素质。在教学过程中，处于组织者、促进者地位的教师不再是知识简单的传递者，而在于协助学生"转化智慧"、"培养能力"。古人云："授人以鱼"不如"授人以渔"，学生具备学习的能力，才能达到促进每个学生都能充分发展的目的。要想学生树立迁移的意识，培养迁移的能力，教师必须先具有这方面的意识和能力。这就要求教师在处理教材时，要根据课文特定内容选好切入口，设置好作

课堂精彩展开

为思维发散的辐射点,对教材纵横采撷,优化组合,进行横向纵向的联想比较,让学生在教师搭建的脚手架上灵活地闪越挪腾,从而使学习全过程保持积极的状态,使学生提高解决问题的能力。当然,迁移拓展之前,要给学生搭建平台,而且要注意迁移的关联性和适度性。

优秀教师高梅《〈论语〉九则》课堂精彩展开

案例27

高老师在讲解《〈论语〉九则》"父母在,不远游,游必有方"这则语录时,让学生默读涵泳,但学生们只是局限在文字的表面,泛泛而读,没有深入地思考,却都以为自己读懂了。高老师趁机提示到:"读《论语》,'读通了'我们可以说,'读懂了'不要轻易说。"于是高老师开始带领学生"咬文嚼字""含英咀华"。引领学生于文本中进进出出之后,终领略文字背后的深意。

师:"父母在,不远游,游必有方"这里的"远"到底有多远?二里地?千里之外?

生:我认为千里之遥是很远的。

生:就是离开家乡。

师:对"远"字的理解需要和交通工具联系起来。请你想一想,孔子生活的时代乃春秋时期,只有达官贵人才能坐车,普通人基本靠走。在交通基本靠走的年代,离开家乡就算"远"了,离开家乡就不能及时行孝了。那么,"父母在,不远游"这则语录寄托了孔子什么思想?他希望子女如何尽孝?

生:承膝下之欢,享天伦之乐。在床前端汤送水。

师:孔子自身做到了吗?孔子远游没有?我们一起来回顾孔子的生平,孔子的生平有一个重要的经历——周游列国。走了五六年,去了十几个国家,陈说自己的主张。因为他出游了,所以才提出了四个字——游必有方。这里面有一个字很重要,指明了如果你出游,必须要这样做。这个字是?

生:方——

师:"方"是什么意思?

生:有一定的去向。当时春秋战乱纷争,有了去向才能不让父母担心。

师:孔子的态度上,有一个字就是"必"。这个"必"就是孔子谆谆教诲自己的学生,远离了父母一定要让父母知道自己的去向,这是你能做到的,也是应该并且必须做到的。所以通过这我们知道了,离家在外告诉去向就是行孝。现在通讯工具这么发达,我们发个短信,发个Email,告知自己在哪里,这很方便啊。这样做就是行孝了,对吗?

生:还是应该当面说一下。你要走的时候,应该和父母见一面,打个招呼。

生:还要抽出时间常回家看看,同时多报告自己现在的情况。

师:是啊,父母有着意恐迟迟归的思念,难得的是子女对他们一声真诚的问候。捧得一颗心来,不带一棵草去,要时时关心,及时行孝。在现今社会我们应该有更深入的理解……

⏰ 成功细节

本课例中,"父母在,不远游,游必有方"这几个文字看似浅易直白,很容易轻易地在学生眼前掠过,甚至令一些为师者熟视无睹,让一些关键的文字从眼下溜掉了,这样的课也就丧失了语文学科的本位——对语言的玩味与感悟。品味语言应该是教师引领学生钻进语言的内核,引导学生细细品味的过程,最终穿透语言的表层直抵内核。

本课例讲课教师采用了"披文入情"之法,层层深入,直指文心。刘勰在《文心雕龙·知音》中有这样一句话:"观文者披文以入情,沿波讨源,虽幽必显"。"披"是"拨开"的意思,"披文入情"就是要拨开表面的文字深入到作者的心灵世界。"沿波讨源"意思是要沿着水流的方向去探索源头。所以要想让学生咀嚼文字,品出味道,教师读文必先要"沉浸浓郁,含英咀华"。只有这样,文言文阅读教学中,疏通文意的环节才不会仅仅停留在简单的"串讲"上。

⏰ 功效评价

古人的文字离我们实在太久远了,这样的文字进入我们的课程课堂的意义何在?对孩子素养的发展、对孩子精神成长意义何在?这是语文教师应该思考的问

题。我们不仅要从文字的层面上寻找古今汉语之间的那种微妙的差异和精致的意蕴，更应该在文学的层面上让孩子们感受经典的魅力，文化的力量，这是语文老师应该尽到的一份责任。

经典的无穷魅力在于可以不断地创建。有创见的解读不可能是教师自己独自钻研的结果，更应该是来自于学生的提问，师生的交流和对话。所以课堂教学需要发掘学生资源，在师生探究中形成"面朝大海，春暖花开"的解读氛围。

细节反思

即使是经典，也不应该由教师去给予，去填喂，而是让学生自己去品尝，这应该是一个水到渠成的过程。这节课给我们提供了一个范例。我们要放弃一种习惯，习惯于文本中"提炼"或"压榨"出所谓的"主题思想"、"社会意义"给学生。我们要寻找，寻得的不是一潭死水，我们要寻得的是汩汩流淌的泉源，是审美情感上的共鸣，是精神世界的提升，是"陶冶性灵，使之同进高尚"解读境界。

学生们面对文字经常呈现出"无问题"状态，所以想让学生成为"发现者"老师应该首先成为"发现者"。发现就是不停留在文本意义的理解，发现就是让学生去深入地体验生活中的美，发现就是要讨得生活的真谛。

优秀教师李云超《名二子说》课堂精彩展开

案例28

李老师在讲宋朝的文学家苏洵的《名二子说》，这篇文言文的教学目的是让学生明白一位父亲的拳拳爱子之心，主要了解他给两个儿子起名为"轼"和"辙"的原因及其蕴含的深义，分析后李老师用对偶的两句话来总结了文章的内容：轼也，车厢之扶手横木也，父之劝诫要甘为人扶，韬光养晦；辙也，车轮之碾压痕迹也，父之希望要甘居人后，仿效依循。李老师以此为契机，让学生为自己起一个笔名，或是表志向，或是表情感，或是表兴趣。李老师首先抛砖引玉，先说自己的笔名：

暗香浮动，暗香者，内秀也；浮动者，热情也。老师想做一个有内涵而且对生活有热情的人。同学们自由地畅想，为自己起一个与众不同的笔名。

学生1：爱嵩——许言若是空闲话，嵩山独坐又何妨。我喜欢歌手许嵩，希望可以做一个像他一样虽貌不惊人，但却才华横溢的人。

学生2：涵冰——亲朋师友如相问，一片冰心在玉壶。我的名字中有涵，又喜欢音乐，我想坚持我的梦想，让我的生命无悔。

学生3：碎片——无数悲伤的碎片填充了人的一生，无数快乐的碎片璀璨了生命的夜空，只有将无数碎片拼图般组合在一起，才有拥有完整的人生。

成功细节

本案例中教师采用"自主、探究"的课堂学习方式，充分调动、发挥学生主体性的探究式学习方式，让学生很好地进行自主探索，让他们直接面对问题情景，去进行大胆尝试。名字只是一个代号，但是他们却承载着父母的期许和愿望，作为父亲的深情厚谊已经在课文中有所渗透，但是有的孩子未必真的满意自己的名字，既然已经无法改变既定的事实，那就给自己的起个笔名，既能激发他们创作的欲望，又给了他们展示自己文学功底的机会，让他们"言为心声，名为情生"。

功效评价

教学的精彩展开不在于传授本领，而在于激励、唤醒和鼓舞。我认为语文教学的展开，是对文本解读的深化，是依据课本资源进行再创作。学生在进行自己笔名创作的过程中，也能更加深刻体会父母给他们起名字的心意和情感。我想这也是学习这篇文言文的目的。语文教学的展开可以针对文章某一点发散思维，联系生活实际，或是迁移其他文章内容，也可以根据一个线索串联起文章内容，让文章各部分内容形成一个完整的整体。内容展开的方式可以在设疑辨议中展开，可以在启发联想中展开，可以在自主探究中展开，可以在观察思索中展开，可以在随堂练习中展开，可以在深入体验中展开，这样的教学展开才更利于学生理解文章内容和作者的情感，也能提高他们的语言驾驭能力。

细节反思

语文课的展开是在文本内容理解基础上进行再次解读，展开的内容要契合课堂教学内容，不能生搬硬套，既要符合学生学习的主动性，也要注意展开内容的

时机,做到水到渠成,采取的方式也要灵活多样,可以选取任何一种让学生接受的方式,让学生更好地了解文本。本堂课选择了在"读写结合"中让学生自主探究,既激发了他们创作的欲望,也让学生更能体会作者的深意,当然这种展开也是有预设性的,但是课堂是不可预见的美妙世界,如果能够根据具体情况进行内容的展开,也许更考验一个教师的应变能力。

优秀教师王丽梅《听泉》课堂精彩展开

案例29

王老师在市级优质课竞赛中讲了日本作家东山魁夷的散文《听泉》一课。在进行有关课文的整体把握的时候,她采用启发联想的方式,与学生一起进行了关于文章写法的探究。

师:一篇优美的文章,可以拨动我们的心弦,触动我们的思想,丰富我们的头脑,提高我们的写作能力。尤其是《听泉》一课,无论是主题、结构、写法、语言风格、还是句子,都值得我们研究借鉴。哪位同学能在课前合作探究的基础上,选择一个方面,谈一谈自己的理解、感悟或者收获呢?

生A:这篇文章先写了鸟儿不停地飞过原野,接着写鸟儿在休憩时倾听到泉水的声音,进而写人在忙碌中要倾听心灵泉水的声音。

师:A同学谈的是文章的结构。确实是这样,作者层层蓄势,使文章自然流畅,水到渠成。这种结构,在欧阳修的《醉翁亭记》中体现出来。希望同学们写作文的时候,也能熟练掌握这种写法。

生B:我认为文中的鸟儿不仅指鸟儿本身,还指人。

师:B同学谈到了象征的写法。用具体形象的事物表达抽象的思想、感情、概念的一种表现手法,我们把它叫作象征。我们可以把鸟叫作象征体,把人看作是象征本体。象征的使用是本文最突出的写法。除了鸟象征人类外,文中还有别的象征体吗?(学生:有)泉水象征什么?(学生:神秘的大自然)心泉象征什么?(学生:

心灵的泉水，即人的良知）大家回忆一下，我们在现代文阅读中还学过哪些运用象征手法的文章？（学生：矛盾的《白杨礼赞》、冰心的《小桔灯》、洪波的《夜幕笼罩下的大街》）

生C：从文章的结尾来看，作者采用卒章显志的手法，由鸟儿倾听自然的泉水自然而然揭示出人们在忙碌中要学会倾听心灵的泉水声，学会自省。

师：非常好。对于卒章显志的手法，我们并不陌生。能不能举出其他运用卒章显志手法的文章来？（学生：古诗中较为常见，如文天祥的《过零丁洋》"人生自古谁无死，留取丹心照汗青"；杜甫的《望岳》中的"会当凌绝顶，一览众山小"；李白《行路难》中的"长风破浪会有时，直挂云帆济沧海"等等。文章有金马的《蝼蚁壮歌》、王蒙的《明朗的航行》等）

成功细节

本案例中教师采用了启发联想的方法及时进行了教学展开。所谓的启发联想是指教师在教学中采用引疑、激疑、质疑的方法，有效地引导学生观察、思考和联想，发现知识的内在联系。阅读教学的重点是培养学生具有感受、理解、欣赏和评价的能力。在教学中，学以致用非常重要。将所学会的知识做到融会贯通，既可以提升学生自身对知识的消化理解，又可以将知识外引内联，增强思维的深度和广度。这里教师借助本篇课文的平台，有效调动了学生对于文体知识的良好的掌握，在解读文本的过程中，引导学生认识了解层层蓄势的结构、象征的手法和卒章显志的作用。处理文本，避免程式化的解读，而是让学生根据自己的阅读能力来讨论分析文章的具体写作，这无疑是对当前一些教师认为阅读文章可以淡化文体知识，甚至忽视文章本身写作的技法，而只追求学生对文章思想方面的理解的一种有力反驳。

功效评价

语文课堂教学的展开植根于以往的基础教学。没有前面的广泛阅读，没有以往的知识讲解，师生很难在课堂上进行这种教学的展开。这里不但考察学生对文章技法的了解程度，更主要的提升了学生对于技法在文本中运用的分析能力。这种教学展开，将知识的平面更好的铺展开来，构建起学生自己的知识体系：文章结构的方式多种多样，层层蓄势使文章结构严谨，行文一气呵成；象征是一种文学创作手法，能够使文章气势恢宏，隽永深刻；卒章显志作为常见的作文创作手法，画龙点睛，深化中心。教师在此基础上，指导学生在作文写作中巧妙运用自己建构的知识，才能将读写结合，把作文写作完成的更好。

细节反思

　　语文课堂教学的展开与文本教学之间密切相关。课堂展开要恰当好处，否则就会画蛇添足，喧宾夺主。展开内容的生成性、展开内容的互动性、展开内容的探究性等都要求教师对展开的内容有很好的把握。语文课堂教学的展开与文本解读的过程的一致性，决定了展开的维度选择要科学，既可以是在同一知识层面上的广度延展，也可以是不同层次上的深度挖掘。本案例中的展开就是在深入解读文本的基础之上，调动学生的知识积累中完成的。

优秀教师张立洋《宣州谢朓楼饯别校书叔云》课堂精彩展开

案例30

　　张老师有一次做公开课，讲李白的《宣州谢朓楼饯别校书叔云》，讲完后让学生看书，提问题。一位同学站起来问："李白是诗仙，杜甫是诗圣，老师，他们两个何以获得如此雅号？"一石激起千层浪，同学们都争先恐后地抢着要回答。张老师觉得这是个鼓励主动探究的好机会，于是肯定了该同学的问题很有价值，并鼓励其他学生回答。

　　生1答："这也许是约定俗成的。"老师点拨："即使是这样，也应当有理由，请注意'仙'和'圣'的区别。"

　　生2答："诗狂贺知章曾经赞美李白是'谪仙人'，而杜甫出生于奉儒守官的诗礼之家，有圣人品格。"

　　老师看时机已到，水到渠成，高兴地总结道："这位同学说得太好了。李白性格豪放不羁，才华横溢，有着飘飘然神仙之概，自有一番仙风道骨，超凡脱俗，是谓'仙'；而杜甫少年时胸怀大志，中老年时虽穷困潦倒，但始终悲天悯人，穷达都兼济天下，是一位苦行僧一样的圣人，斯为'圣'。他超凡入俗，是有着人间烟火气，人情味的圣人，总而言之，李杜共同照亮唐代诗歌的天空，是毫无争议的诗歌星空的SUPER STAR！"

成功细节

在本案例中，教师采用激疑，答疑的结课方法。这种结课方法在新内容讲完后，让学生提出问题，教师和学生一起回答问题，然后采用启发诱导的方式，帮助学生理解和解决问题。让学生提问是激疑，鼓励学生回答问题是启发诱导，老师的总结是画龙点睛，总结升华，因势利导。

功效评价

一堂好课，不仅应当有良好的开端，还应该有耐人寻味的结尾，做到善始善终，给课堂教学画上完整的句号。结课技能是师能的重要组成部分。能对课堂内容巩固、概括、运用产生至关重要的影响，并且力求让认知结构系统化，并为以后的教学预设伏笔，做好铺垫。因此结课要简洁、有力有法，不拖沓、把握重点难点。好的结课是事半功倍地帮助学生掌握知识的风帆和助力器，其妙无穷。

细节反思

一节课的结束语如编筐窝篓的收口一关。是功亏一篑，还是四两拨千斤，有一个完美的收稍，这一道程序是至关重要的。它需要简洁凝练、切中肯綮、高度浓缩、画龙点睛，切忌繁冗长、拖泥带水。总之，结束语是结课前的黄金几分钟，如果把握好，就能使学生对课堂所学的知识有一个清晰完整又主题鲜明的认识。

人们常说文无定法，同样的，结语也无定法，这就要求我们教师匠心独运，巧妙构思，相时而动，把握时机，科学有趣味地设计新颖别致的结课形式，做到给学生以启发，以激起他们的求知的积极性，不可千篇一律，争取常结常新。

优秀教师马骁《晏子使楚》课堂精彩展开

🕐 案例31

教师在梳理课文内容的环节问道：作为使臣，晏婴担负着与楚国交好、结盟及一探楚国国力虚实的重大使命；作为使节，来到楚国的他理应受到礼遇和尊重，那他遭遇到了什么？用一个词来形容。在教师的鼓励引导下，学生们纷纷回答：难堪、侮辱、捉弄、戏弄、刁难……教师继续问：请在文中找到依据。

生1：吾欲辱之，何以也？

师：可见以楚王为首的楚人做事不仗义，那他们用了什么办法呢？

生2：设了一个圈套。

生3：演了一出戏。那我们可否也演绎一下。（接下来学生们演课本剧，师生评价）

师：楚王有意图，手下有主意，那设下这样一个圈套的目的无非是……

生4：设圈套影射甚至是诬陷齐人善盗。

师：也就是污蔑齐国的社会风气不好，进而贬损齐国。主动出击，打压对手，不仅是检验印证晏子的"习辞"和智慧，还有什么，不妨设想。

生5：显我楚国大国的威风和实力。

生6：给使节一个下马威。

师：故事开始于楚王向近侍问计，打算侮辱来使。以楚王为主语用两个四字短语概括来概括第一段，怎么讲？

生7：问计近侍欲辱来使。（板书：出使前问计近侍欲辱来使）

师：那晏子知道吗，当然不知晓。楚人的做法可以说是……

学生们：居心叵测、处心积虑、用心不良、蓄谋已久……

师：哪个词能说明？

生8："将"。

师：看来语文的学习要像贾岛一样字字计较、词词研究与推敲。（读第一段）

师：大家知道最终结果是楚王的目的没有达到，用文中楚王的话讲，反倒……

生9：反取病焉。

师：楚王的话意味着他……

生10：服输。

生11：甘拜下风。

师：本来打算羞辱别人，不想却自取其辱，用句俗语怎么讲？

生12：搬起石头砸自己的脚。

生13：偷鸡不成蚀把米。

生14：聪明反被聪明误。

生15：打不着狐狸惹了一身骚。

生16：哑巴吃黄连有苦说不出。

师：再品他此时的笑，"王笑曰"是什么样的笑？

生17：尴尬、无地自容、不好意思。

生18：无奈、窘迫、难看。

师：可见晏子最终不辱使命。（板书：出使结果：不辱使命）接下来的悬念就是：一场鸿门宴摆在眼前，处于被动状态的晏子是如何应对刁难，反击楚王取得成功，最后顺利完成了使命的？他用了什么办法？接下来小组研讨开始。

小组1汇报：晏子讲齐国人在齐不偷，入楚则盗的现象与淮南产橘，淮北产枳的现象一样，都是水土的问题。

师：如何理解文中的两个"水土"的意思？

小组2汇报：第二个"水土"反讽楚国风气不好。

小组3汇报：淮南的柑橘又大又甜，因为气候、土壤等条件好；淮北的橘树只能结又小又苦的枳，因为气候、土壤等条件不好，从而理解第一个"水土"是指"气候、土壤等条件"。同样道理得出，齐国人在齐国能安居乐业，好好地劳动，说明齐国社会环境、社会风气好；齐国人一到楚国，就做起盗贼来了，说明楚国社会环境、社会风气不好，从而理解第二个"水土"是"社会环境、社会风气"的意思。

师：大家说得很对也很好，那这种方式是把同类事物进行了联系比较，叫作类比推理，也是打比方。（板书：类比推理）这种方法很巧妙，使得楚王哑口无言，

再无他策。（读第二段）

本文是通过对话的方式展开的，除此还有晏子的动作描写，就两个人物的表现，我们来评价一下他们怎么样？然后教学环节进入对人物性格及形象的分析研讨。最后结合学生的评价：晏子作为一名使者，是作者着力塑造的理想人物，他以国家利益为重，头脑灵活，机智过人，善于辞令，言行有节。面对楚国君臣的蓄意刁难、侮辱，若晏子翻脸，意气用事，不能克制，既显出使者笨拙无能，缺少风度，又会使两国关系形势紧张，结果难测。因此，晏子从容镇定，不愠不火，不卑不亢，机警而精妙设喻，使楚王自讨没趣，处于尴尬境地。而晏子的对答措辞委婉，柔中有刚，充满智慧，表现大度，充分表现了他卓越的政治才能、过人的胆识及出众的辩才。可谓有胆有识，智勇双全，临危不惧。而楚王则是以盛气凌人、傲慢无礼、妄自尊大、目中无人出场出击，最后理屈词穷、尴尬收场，好不愚蠢！

成功细节

本案例中，教师在吃透教材、掌握了学情的前提下，明确教学目标、重难点，有计划、有目的、有针对性地设计了一系列的问题，以问解文，环环相扣，步步为营，层层递进，不断深入，一追到底。此为其一；其二，在对文本内容的梳理和对人物的评析上，对词语的扩展学习和积累极大地调动了学生积累词语的兴趣，使得课堂充盈丰富了，也凸显了语文学科的特点。

功效评价

在语文课堂上，学生语感的培养是从读开始的，思维的培养是从问开始的。而有效的教学提问是将文本、教师、学生这最重要的三要素，很好地联系在一起的纽带。本案例中，教师对文本的提问既有分析、概括性的提问，又有理解性提问。且问题设置紧密，难易适中，这样，由此及彼，拓宽思路，三维目标在教学过程中得到了整合与落实，体现了以生为本的教学观。教师的成功引导对学生的阅读思维、分析理解、全面深刻地认识问题等能力的培养都起到了促进作用。

俗话说："不积跬步，无以至千里；不积细流，无以成江海。"足见积累的重要和需要、必要；"字不离词，词不离句，句不离文"，足见语文教学万不可忽视对字词的积累。"课程的基本理念"中指出，要"丰富语言的积累，培养语感，发展思维"，在"总目标"中又提出语文教学应让学生"具有独立阅读的能力，注重情感体验，有较丰富的积累，形成良好的语感"。"积累"是语文教学重要的目标之一，是提高学生阅读能力,实现全面提高语文素养的基本途径。尤其是对字词的积累是解决学生语言表达能力差,写作时词难达意或窘于做"无米之炊"的最基本的方法,也是初中语文字词教学最基本的要求,本案例中词语涉及的非常多,丰盈了课堂,体现了语文课姓"语"的这一戏语,虽然学生不见得都能识记,但它们在具体的语言环境中产生,也必定能为记忆提供一定的线索。

细节反思

本课对文本的梳理分析是以问题的设置展开的。有效的课堂提问是师生交流的重要形式,是实现教学目标整合的重要手段。本课教师发挥主导的作用,极大地激发学生参与的热情,带动学生的思考。教师备课充分,周密预设,因"胸有丘壑"才布疑得法。问题的设置具启发性、难易适中、问法适宜、广狭有度,面向全体学生。以合作探究的方式突破难点。教学过程如行云流水,顺畅轻松,张弛有度。但这样的课,又会让人感觉到学生似乎完全处于被教师牵着走的境地。有教师的问,学生也该有问。

优秀教师栾海燕《我在》课堂精彩展开

案例32

在讲授台湾散文家张晓风的《我在》一课时,我是这样引导学生们品词摩句的:每遇到一个精美的用词或是修辞,我都会努力启发学生结合实际生活来感悟它。

讲到"他一时尚未醒透"这个句子中的"尚未醒透"这个短语时,我引导学生把眼睛做困倦状努力地上下眨巴,就在惺忪的睡眼仍在苦苦挣扎时,学生们一下子就感受到了:那个睡意蒙眬的男人对床榻的温暖是多么依恋啊!讲到"有一种小花,白色的,匍伏在地上"这个句子中的"匍伏"一词时,我亲自带领学生把手掌放在桌面上反复摩挲,就在手掌与桌面的近距离接触中,学生们一下子就领悟

到了：那株状如婴孩的小花该是多么憨态可掬啊！

讲到比喻、拟人、夸张等修辞在文中的妙用时，我仍把那些用了修辞的句子全都放到现实的生活中来理解，让学生们跟着他的引导迅速走进生活。于是，"憨憨白白的胖萝卜"就成了白白胖胖可爱的小孩子，原本素色的野花就变成了"刚断奶的孩子"，甚至还会露出孩童一般天真烂漫的笑。张晓风把文章写活了，我也把修辞给讲活了！

生1："横行霸道"这个成语用在蟹爪兰这种花身上，首先是一种拟人的修辞手法。在我们的生活当中，横行霸道往往是肆无忌惮、蛮不讲理的意思。如果说这花开得"横行霸道"，就充分表明这花开得有多么绚烂！

生2：通过"毫无章法的乱开一气"一句，作者把野花生动形象地写成了一个淘气的小孩子；小孩子淘气地跑来跑去，野花漫山遍野地开来开去，既可爱，又美丽。

生3："把整座山的丰富密密实实地塞在背袋里"一句的"塞"字，让我们感觉那个包已经装得非常满，还要把山的美景塞进包里，足见作者是多么喜爱这山、这自然的美景，还怕整个包装不下呢！

……

成功细节

台湾散文家张晓风的《我在》写得波澜不惊，我的课堂处理更是炉火纯青。无论是参与课堂的学生们，还是从旁听课的老师们，都在我恰到好处地引导下，自然而然地领悟到：发掘行文的细微之妙，你就会走进那些潜藏在字里行间的心跳！

对于"枯坐"、"尚未醒透"、"匍伏"、"欣喜若狂"、"横行霸道"等词语细腻到骨子里的赏析，让学生深切地感受到"炼字"对于一篇美文该有多么重要！

着眼细微，也在于一些修辞手法的妙用。我们都知道比喻、拟人、夸张等修辞能有效地增加语言的感染力，但是对于它们的赏析我们常常浮于表面，并不能让学生真切地感受到它们的魅力。我却把那些用了修辞的句子全都放到现实的生活中来理解，让学生们跟着我的引导迅速走进生活。于是，萝卜白白胖胖就成了可爱的小孩子，原本素色的野花也会有孩童般天真烂漫的笑。

功效评价

美国教育家华特指出："语文的外延与生活的外延相等"。此话告诉我们：教学活动是人类生活中的一部分,离开生活的教学活动是不存在的,而语文教学更离不开生活。

我就是在自然不自然中,渗透着我"让语文学习与现实生活有效接轨"的教学理念。有效引导学生走进生活,感悟生活,学生们的语文学习才会化生硬为灵活,学生们的语文学习才会有声有色!

我在语文教学中渗透现实生活,走的是一条语文教学生活化的道路。语文教学回归生活了,语文教学的魅力自然就得以凸显了。

细节反思

由于现行的考试制度,出现了很多语文老师都重视古诗文教学,而忽视现代文赏析的实际教学问题。学生们作文写不好,多多少少与语文老师的教学感情倾向有很大关系。其实,现代文不但要认真学习,还应努力去学好。细想我们语文学习的重要目标之一,就是在学习名家文章的同时学写自己的文章。现代文名篇中那些精美的语言、修辞,别致的写作手法,都是我们最应该去细细品读的地方。我在这些方面的引导处理上,就是我们最该努力去学习的榜样!

我的这节现代文赏析课,让我充分感受到:我们的语文课只有与现实生活接轨,着眼于细微,才能有力地发掘出蕴于文字中点点滴滴的精妙!

优秀教师罗秀艳《再别康桥》课堂精彩展开

案例33

本节教学我经过认真思考后,确定了自己的教学思路:以读代讲法。即:初读、赏读、美读三步教学。首先是学生的初读。"检查一下大家预习的结果,哪位同学能自告奋勇读一下?"以鼓励法引导学生初读前,我首先引导学生们回忆在老师布置预习时提出的三点要求:第一,读准字音;第二,读清句读,也就是说读出节奏和停顿来;第三,能初步地传情达意。在同学朗读后,其他同学给予评价。然后

是教师的范读。"下面老师尝试着读一读这首诗,请同学们闭上眼睛,专心地听。老师没有配音乐,但我希望每一位同学的耳畔回旋着音乐的旋律;老师也没有做课件,没有为大家准备漂亮的图片,但同学们的眼前应该浮现出一幅幅优美的画卷。老师读完后,同学们结合预习时对这首诗的理解,不妨想一想这首诗给你留下一种怎样的感觉,并把这种感觉用一个很形象的比喻句表达出来。"声情并茂地范读后,我请同学们说说听读后的感受。并恰当地评价和引导。

生:我的感觉是像在欣赏一幅优美的画,被这幅画深深地吸引,让我长久地驻足。

师:那么这幅画面都有什么?

生:这幅画面中有云彩,有夕阳,有绿柳,还有软泥上的青荇等等,非常的美。

师:很好,很新颖的比喻。在这样的一幅画面前,谁都会长久驻足,流连忘返。还有哪位同学要说?

生:我的感觉是微风拂面,泛舟水上,从水畔的草地上传来优美的小提琴声,小舟随着清澈的河水飘飘荡荡,一株株柳树在风中轻轻摆动,好似在向我招手。

师:好,有声有色。

生:我的感觉就仿佛有一股清泉在我心头流过。仿佛是躺在一片青草地上,看天上流云飘过,静听天籁,嗅到青草与野花的淡淡香味。

师:非常新颖的比喻。借助视觉、听觉、嗅觉多角度地表述出读后的感觉。此时你的心情会怎样呢?整体感知是鉴赏诗歌的第一个环节,还要微观推敲。下面,我们进入赏读阶段。大家默读同时思考你认为哪一节写得最精彩?或者说,你最喜欢哪一节?

如此的总结并提出新的思考问题,引导学生带着问题继续赏读诗歌,自然流畅,如风行水上,月华无痕地过渡到后两个教学环节的教学:赏读、美读。

🕰 成功细节

本案例教学中,我的"清水芙蓉"讲解法尤为令人称道。放弃了漂亮的图片,优美的音乐。去掉了如许多的"雕饰",只是"天然"而巧妙地去和学生们共同走近诗意的康桥,走进诗人的内心世界。我有感情地示范朗读,让学生在抑扬顿挫的声调中感受诗歌所要表达的情感,这本身就是一种美的感染与熏陶。真正起到了对学生的引导和激励作用。在整体感知环节,我鼓励学生读出自己内心的诗,并在听读之后以比喻句的形式谈感受。以学生的阅读体会代替了教师的串讲灌输。这种引导学生主动的学习，让学生们对诗中蕴含的情感体会更加深刻。

功效评价

诗歌是诗人强烈情感的流露。诗歌教学要引导学生体会诗中表达的作者的强烈情感，更要借助诵读的形式抓住文本。绝对不能以教师的理解代替学生的体验。诵读的过程正是理解诗歌的过程，每一字每一句的轻重缓急、抑扬顿挫都是体现诗人情感的媒介。读顺了才能领会到个中的滋味，读懂了才能感受到诗歌的魅力。我的本节诗歌教学课的主导思想是：以读促讲法。当然这一过程也并不是单纯的读课文，而是在教师的要求下和引导下，学生完成各个环节的思考和任务。初读后，以比喻句的形式谈感受，引导学生对本诗有整体的感知。赏读，引导学生细致推敲语句，细心的揣摩重点字句，感受其中的内涵。细致的深究文本。学习语文重在推敲语句，每一个句子、每一个字都要细读，只有在细心地咀嚼中才能感受到其中的韵味，才能细致地深究文本。美读，让学生读出诗中饱含的深情，让学生真正为之感动。好诗不厌百回读，熟读深思子自知。读是语文的根本。

细节反思

以往也有许多老师讲徐志摩的《再别康桥》，多是选择优美的康河风光图片，配以清雅悠扬的钢琴名曲或小提琴曲。课件的确实赏心悦目，对本诗教学起到了一定的辅助作用。当今，有许多的讲课大赛中，有无课件成为衡量一个老师分数的标准之一。但让学生感受诗歌之美从而喜欢诗歌，唤醒学生的真情，完成心灵的洗涤，课件是必需的吗？文字之美如何体会？过于频繁把大量的精力用在课件上，而忽视主题语言和情感的投入，是否得不偿失呢？！在此提出此问，并不是对课件使用的全盘否定，但如何使用，确实值得深思。

有的教师在课堂教学中对自己的朗读水平不自信——怕示范不好弄巧成拙而放弃范读。其实，教师的示范朗读环节不仅仅是教师在读，更深刻的含义是挑战自我。而且更能够充分调动起学生的听觉、视觉及心灵。榜样的力量是无穷的。正是有了这种良好的氛围基础，这种真实的感染与熏陶，胜过任何煽情与鼓动。学生们才能够全身心地跟着老师投入到学习中去。所谓："无招胜有招。"

优秀教师曲凤琴《醉翁亭记》课堂精彩展开

案例34

曲老师在讲欧阳修的《醉翁亭记》一文时，分析文章时，提出一个建议，要求同学们转换角色，把自己从一个课堂中的学生变成一个摄影师兼导演。把自己看到的景致，体会到的情感用镜头展示出来，激发了学生的兴趣，收到很好的效果。

师：现在请同学们进行一次模拟拍摄，你就是导演兼摄影师，可以调动所有的摄影技术（只要你想得到就可以），发挥你的想象，把《醉翁亭记》拍成纪实片或故事片都可以。可以小组共同完成。

学生交流：

生1：我们小组决定采用多角度的拍摄，先采用高空拍摄，把滁州四面环山特点表现出来，然后镜头拉向西南方向，并在此方向上定格。然后镜头对准琅琊山，转换为近距离拍摄，顺着山路走，一路走一路拍摄，然后出现水声，拍摄到出现在眼前的酿泉，镜头再不停地随着路转而转，镜头中出现了一个亭子，在这时候需要有个特写，就是拍到亭子的四角，体现它的特点。在这期间，有解说词补充，就可以把醉翁亭的方位及特点表现出来了。

师：很好，同学们有没有发现，在你们的拍摄过程中，你注意到了什么？

生：在展现醉翁亭的时候，采用了移步换景的方式以及特写。我们模仿的是发现小石潭的方式。

生2：我们小组挑战第二段的拍摄，我们将用一年的时间去完成，需要我们抓住的细节部分有，早晨的雾气，傍晚的烟云。变化要拍好，春天，镜头对准野花，小小的花，颜色不一定有多新鲜，可是一定要感受到春天的气息，仿佛可以闻到花的香气；夏天主要拍摄树木的茂盛高大；秋天，风霜高洁，镜头里一定展现天高气爽的感觉；冬天把镜头拉向水位下降的河流，有石头凸显的特写。总之，我们的镜头里会有很多细节来表现琅琊山的特征。

师：不错，注意到了抓景物主要特征来拍。我们在写作中也需要这样的方式。

生3：我们小组拍摄第三段表现的内容。我们主要想表现的是人的快乐，所以首先，人物的神态将是我们选定的主要方向。比如我们拍摄者，一定要拍到他们在歌唱，行者，一定脸上挂着笑容。前面的人在喊，后面的人在回应，应当有愉快的声音出现，可以想象面部表情的灿烂。老人的欣慰，孩子的开心都将是我们捕捉的角度。其次，我们在选择拍摄宴会的细节时，我们将把鱼肥，酒清，各种野菜作为背景，主要拍人的快乐，喝酒的，下棋的，投壶的等等，把人的表情作为特写，表现众人的快乐，和太守的陶醉。

对醉翁亭的描写用拍摄的方式展开，学生不仅理解了作者在文章中移步换景的空间顺序，以及朝暮，四季的时间转换，而且知道通过细节表现中心，关键是，他们很开心，很有成就感。

成功细节

本案例中，教师巧妙地采用了角色转换的方式，激发了学生的积极性，在再创作过程中抓住文本的主要内容，发挥自己的想象，让文中景物，人物活动再现，并很好地理解了作者思想。乐在其中，与民同乐。老师精心的设计使教学多了一份活力，把孩子的热情充分调动起来。本案例中，学生的拍摄都与课文密不可分，使他们在阅读的过程中多了一份细心，多了一份想象，多了一份理解，甚至在镜头里会出现老人孩子的神态，出现醉翁陶醉的眼神。老师此时只需要略做点拨，写作方法，情感辐射便迎刃而解。

兴趣是最好的老师，学生们认真去琢磨，远比老师细细的分析，效果好得多。

功效评价

叶圣陶先生说："教师之为教不在全盘授予，而在相机诱导。必令学生运其才智，勤其练习，领悟之源广开，纯熟之功弥深，乃为善教也。"语文教学充满教育智慧。学生在无尽的学学学中，忽然可以转换身份，去做一件"很大"的事情，往往会激发他们的创作欲望来展示他们的才华，把文本和生活联系在一起，让学生去发现，去分析，去展示，给他们一个舞台，便可以轻松地看到课堂别样的精彩。本案例中，学生们对文本的解读，细节的注意，对主要特点的把握，对情感的体验，技法的认知都在轻松愉快中完成。也许换一种阅读方式会让学生有别样的体会，

教师有别样的收获，课堂有别样的气氛，教学有别样的生成。语文课堂真的应该是开放的立体的个性化的艺术课堂，是想像创造的天地。

细节反思

语文课堂展开与文本教学之间的契合，主要来自于一个精心的设计，使学生在兴趣中读书感悟，使学生在展示中取得成就感，使学生在研读文本中有了新的感悟。因为他们是在再创作，有固定的东西在，更有新的事物诞生。教师应该把课堂还给学生，让学生的创造无处不在，让他们的想象飞起来，这才能让课堂充满活力。本案例的主要展开都来自学生的分析探讨，理解操作。而老师就做个观众也无妨。在设计过程中，也存在着一些不足，例如学生对摄影的了解还仅限于在影视中看到的，和想象中的拍摄过程，一些技巧性的方式无法在课堂上展现，更多的是文本再现，希望可以通过这样一节课，引发他们对其他领域的兴趣，获得更多的知识和感悟。

第三章 课堂精彩提问

优秀教师娄爽《老王》课堂精彩提问

案例35

娄爽老师有一次上全国观摩课,讲授人教版教材八年级上册第二单元的《老王》一文。她把分析"愧怍"一词的深刻含义作为整堂课的线索,在学生初步了解了老王的不幸后,让学生通过查字典明确"愧怍"一词的深刻含义,即因为自己有缺点,做错了事或未能尽到责任而感到不安。由此引导学生分析杨绛为老王所做之事,着实很难看出作者杨绛对老王做了什么出格的事儿,进而让她多年后产生愧怍之情。这时,学生心中就已经产生了疑团,而解开这个疑团无疑成为解读这篇文章的关键。娄老师顺势提出问题:"杨绛和老王一路上说着闲话,请问他们的谈话是在哪儿进行的?"学生马上回答出:"在老王的破三轮上"。娄老师接着引导:"那我就不明白了,文章开篇写'我常坐老王的三轮',后面却写道'我自己不敢乘三轮'这两句话是不是矛盾?'常坐'与'不敢'之间到底发生了什么?"学生

一下子就关注到文中的"'文化大革命'开始"，娄老师巧妙地由此引入对文革时代背景的介绍，声情并茂，让学生真切地感受到杨绛一家在文革时的遭遇。在这样的情况下，他们还一如既往地关心老王，让人感受到了乱世中的柔情和温暖。课程进行到这儿，学生心中的疑问更大了，杨绛做得如此好，为何还会产生"愧怍"之情呢？那就要看看老王为杨绛做了什么。分析老王所做的三件事就成为下一步重点要解决的问题。在解读老王临死前送香油和鸡蛋的事时，娄老师巧妙地利用了教科书中的插图。分析人物形象时，让学生结合插图提问题。有一位学生说："老师，我觉得书中的插图画得不准确，没能真实地反映出老王临死前的样子。""你能结合相关语句具体说说原因吗？"这位学生答道："因为文中写老王拎着香油和鸡蛋来时，用的词语是'直僵僵'、'镶嵌在门框里'、像'僵尸'、'骷髅'，这些词语都说明老王这时身体是僵硬的、直挺的，只有行将就木的人才会这样，瘦干、僵硬应该是他的标志，而插图却把老王画成弓腰驼背，显然没有突出人物特征。"娄老师高度赞扬了这位同学的发言，并总结道："杨绛用平实、精准的语言不动声色地给了我们一种不祥的预感，让我们似乎嗅到了老王死亡的气息。由此可以看出，图画远不及文字有表现力，在这个读图时代，我们要细读文字本身，才能读出味道。"这时，小人物的光辉便显现出来，同时也训练了学生关注文本、解读细节的能力。

成功细节

在本案例中，娄爽老师精心设计的教学提问环节极大地促进了学生对课文的理解。整个问题的设置紧紧扣住文本，不偏离主线。在介绍背景知识这一环节，没有落入以往"作者、背景、读文、分析"四步走的俗套，而是抓住文中两处矛盾的语句，在分析过程中提出，恰到好处地交代了背景。这时的交代是有效的，更好地帮助学生理解文章，而不是形式上的，这是一处亮点。除此之外，娄爽老师还能关注到文章的细节，利用插图与文字的不统一，引导学生来提问。这一环节的设置，一方面引起学生阅读兴趣，同时也培养了学生分析文章重点语句的好习惯。一处问题由教师巧妙、适时提出，一处问题由教师引导学生提出，无论哪处，都可谓用心良苦，精彩非常。

功效评价

冲出形式化语文教学的樊篱，将语文课堂还原其本色，是评价一堂好课的重要标准。这个教学提问案例，充分体现了老师对学生的了解和尊重。整个问题的设置紧扣主线，每个提问环节都是为提高教学效果服务的。背景的交代可以穿插其中，文本的解读可以利用插图，这些都无疑和教师的个人素质与勤奋努力息息相关。在交代背景知识时，利用文章语句的矛盾提问，激发学生的求知欲和好奇心，起到事半功倍的效果。教者还能利用教材中插图的错误为切入点，据"言"寻"意"，由此来引发学生对重点语句的关注和兴趣，再进一步地听老王说，看老王做。可感受他对杨绛的敬重和感激，也能理解杨绛当时错愕惊异又幽微难言的心境。而此问题虽是教师引导，却是学生提出，可谓绝妙。语文教育名家杨再隋教授说过："忽视细节的教育实践是抽象的，粗疏的，迷茫的实践。"巧妙的教学提问设计，一定是在放眼整体的基础上，同时关注细节。通过对细节的不断打磨，使教学更有利于学生的发展，从而构建起有效的语文课堂。只有这样，我们才能点化疑难，释放简单。

⏰ 细节反思

一名优秀的语文教师，不仅要广泛阅读、踏实钻研，还要能巧妙利用教学资源，有一双善于发现细节的眼睛。细节虽小，只要把握和运用恰当，却似一把钥匙能开启一扇门而别有洞天。精心打造好课堂教学的每一个细节，能使我们的课堂精彩纷呈。备课时一方面要备教材，另一方面要备学生，更重要的是如何将二者巧妙地结合起来，那就是细节。教师精细备课，关注到文中的词句，关注到相关教学资源，才能有精巧问题的产生。课堂上的问题不在于多，而在于精，提问应起到一石激起千层浪的效果，可以通过教师提问与学生自问相结合的方式，大大提高课堂效率，让语文课堂灵动起来，让学生思维发展起来。语文课堂应是点燃学生智慧与情感的火把，而教师质朴、精细的设计与呈现应该就是点燃火把的引线。广读资料，精设问题，巧用资源，细赏词句。只有这样，才能寓深刻精髓于轻松促膝，谈笑风生间揭示人生真谛。素素蚕丝，浊浊蜡滴，苦在其表，却乐在其里。

优秀教师刘利辉《过秦论》课堂精彩提问

案例36

刘利辉老师在讲授西汉政论家贾谊的《过秦论》时，以题目中的"过秦"为切入点，提出问题："贾谊认为秦的过失是什么？"学生异口同声回答道："仁义不施而攻守之势异也！"刘老师笑着评价道："大家回答得非常准确。谁能直译这个中心句？"学生纷纷举手。在三位同学回答后，举手的同学便没有了。学生的翻译主要有两种：一种是秦国不施行仁义，因而进攻和防守的形势不同了；一种是秦国不施行仁义，但是进攻和防守的形势已经不同了。刘老师说："大家的翻译区别主要集中在'而'的理解上，究竟是理解成因果关系还是转折关系呢？现在就请大家结合文章的内容来谈谈你的看法。"教室里一下子静了下来，学生开始翻书，认真思考。过了一会，学生开始积极发言。在佐证自己观点的时候，学生们有的谈及写作背景和意图，有的谈到叙述事实的作用，有的谈到对比内容的设置和对比论证的作用，课堂一下子活跃充实起来，自然流畅地将文章讲析得完整、透彻。

成功细节

本案例中，教师采用了层递式设问和关键词设问法。这两种提问是教师先抓准文章各部分之间的内在逻辑联系，然后结合文章中的具体词句来设置问题的提问方法。这两种方法可以使生硬的教学讲解变得自然、深入，引导学生注重以文解文，深入阅读。运用这种方法提问，需要教师对文本资料、文本内容、学生情况了解透熟，并且善于倾听学生回答后快速准确找到设问切入点，引导学生进行深入思考。

功效评价

课堂提问是课堂教学的关键。精彩的提问展现出教师对课标、教材、学生熟悉程度和把握程度,能够展现出教师深厚的专业底子和熟练的授课技能;也是对教师能否将课堂预设、生成自然、有效结合的考验,是对教师课堂倾听和引导能力的验证。精彩的课堂提问能将学生思路打开,向广阔和深刻延展,引导学生在思考、表达、倾听、再思考的过程中收获知识,提高思考、表达能力。教师在设置课堂提问时要针对教学目标,结合教学内容和学生情况,直接而不直露地设问,让学生有路可循,有点可抓,有识可获,增强课堂的节奏感和学生的成就感,满足学生的听课心理。

细节反思

用提问点亮课堂,是教学设计的精彩呈现。本案例中的课堂设问紧紧扣住课本文句,引导学生注重思考文本内在联系,即引导学生注意体会文中一词一句与文章主旨的联系,引导学生注意体会一词一句与写作技巧的联系。最后一个问题设置比较大,回答内容涉及方面较多,教师可在评价学生回答时有意识地积极地进行引导,使学生的思考和回答全面、细致,充分实现教学目标。

教师要根据文章体裁、教学目标、学生情况精心设计新颖的课堂提问。精彩的课堂提问如同一把金钥匙,开启学生智慧的大门,激起学生探求知识的欲望和展示交流的积极性,做到以问导读、以问导思、以问导学。

优秀教师朱雪莉《陌上桑》课堂精彩提问

案例37

《陌上桑》是古文经典,很多版本的教材都选了这篇文章。从教15年来,我也多次讲过。在新的一轮授课中,在分析"罗敷"这一形象时,我重新调整了教学思

路。一方面继承传统教学中对罗敷形象分析时必须强调的人物外貌、语言等正面描写和侧面描写（行者、少年、耕者、锄者、使君、丈夫），另一方面通过提出探究问题引导学生进一步思考文章的写作手法之妙。

问题一：在描写罗敷耳朵饰品时，诗歌用"耳中明月珠"，描绘了其耳环的华美。金、玉、珠等材料做成的饰品在东汉都很流行，这里描写罗敷用宝珠做饰品对于塑造罗敷形象有什么作用？

我把这个问题一抛出，学生显然有些不知所措。因为在他们的生活经验中，身边的长辈们佩戴金饰品的的确很多，相反，佩戴珠宝类的则很少。于是我给学生留了课后的思考，他们可以向家长请教，也可以通过网络解答疑问。

第二天，学生互相交流了自己的收获。分享了彼此的信息之后，经过激烈的讨论，学生得出了结论：宝珠更有华贵的气息，更能彰显罗敷作为女性的柔美与妩媚，更能体现她的高贵典雅。

问题二：罗敷是一个极美的女子。她的美体现在她采桑的器具、服饰、发式、饰品，以及她对他人的吸引。可是诗歌中并没有一处文字描写罗敷的五官特征。这是为什么？为什么不写罗敷长着什么样的眼睛、眉毛、鼻子、嘴巴、面容？

你读过的其他作品中是否也有类似的人物描写？

这个问题刚刚提出来，有的学生马上举手说："五官不好写，所以不写"。可是很快就有学生反对。因为很多文学作品中都有人物的五官描写，而且成功的例子很多。接着又有同学说："五官描写属于正面描写。正面描写不如侧面描写的效果好，所以不写"。结果也是被其他同学否定了。最后的讨论结果是原因有二个：一是罗敷的五官具有一种无法言说之美，语言写不尽这种美；二是留给读者无限的想象空间，每个读者都可以根据自己的想象构建自己心中的罗敷。

为了更好地阐释学生的这一观点，我补充了《红楼梦》中林黛玉形象的塑造。

"两弯似蹙非蹙笼烟眉，一双似喜非喜含情目。态生两靥之愁，娇袭一身之病。泪光点点，娇喘微微。闲静似娇花照水，行动如弱柳扶风。心较比干多一窍，病如西子胜三分。"这段用了似是而非的模糊语言，描写了一个在贾宝玉眼中"神仙似的"林黛玉。

🕐 成功细节

与之前相比，我觉得自己这一次比较成功的原因在于设置了有效的问题，充分地调动了学生的积极性，使得学生愿意参与到学习与讨论中来。为学生设置了了一种似懂非懂、一知半解、不确定的问题情境，在矛盾、疑惑、惊讶中引起学生的求知欲和学习兴趣，产生学习的愿望和意向。宋代著名教育家朱熹说："读书无疑者，须教有疑；有疑者，却要无疑，到这里方是长进。"我的这两个问题恰好具备了这样的特征，所以学生对本文的写作手法之妙的了解不仅仅是来自于我的讲授，更多的来自于自己的探究。

功效评价

我是一个喜欢让学生发言的老师，我也常常觉得自己在这方面做得很好。可是这一堂课结束后，我才发现自己之前做得远远不够。之前在我的课堂里学生发言的次数也很多，可是经常是局限于小部分群体，而我自己经常提问的也是那些平时爱举手，思维比较活跃的学生。但是在这一堂课上，我发现班级绝大多数同学都参与了课堂的讨论，没有站起来发言的学生也都在自己的学习小组中发表了自己的看法。可见，好的课堂提问能激发学生的思维的积极性，参与热情，使学生敢说，愿意说，说不尽。一个平时从不举手的学生就引用了英前首相撒切尔夫人的话证明了珍珠对于女人之美的意义："珍珠是妇女仪态优美的必备珍品。我经常佩戴珍珠首饰，它能使肌肤增加美感。当穿上一件平淡无奇的女装或外套时，若能配上珍珠，就显得气度不凡，它可使她们的皮肤增色生辉。"

细节反思

当上课成功的欣喜过后，冷静地反思自己这一堂课的教学，发现还有很多不足之处。比如对学生讨论的总结，按我自己的答案方向引导得多了一些，忽略了学生一些更有个性化的观点。教无定法，语文的学习更是如此。那么语文教师就不能也不应该给学生一个绝对准确的答案。再比如有效问题的设置，激发了学生的兴趣，但也存在有时延展太多，收不回来的现象。存在的问题还很多，而问题的减少靠的是教师综合素养的提高，这方面，我还要努力！

优秀教师付国芳《答谢中书书》课堂精彩提问

案例38

付老师在讲授《答谢中书书》一文时,采用"以诗解文"的方式引领学生学习文中写景部分内容,即将文中描写山水美景的语句找出来,并使其呈现为诗歌的形式,学生通过通过认真读文、思考、交流后得出以下诗文:高峰入云,清流见底。两岸石壁,五色交辉。清林翠竹,四时具备。晓雾将歇,猿鸟乱鸣。夕日欲颓,沉鳞竞跃。教师播放课件,学生齐读以上诗文,感受江南山水绮丽的美。这时,教师发现授课班级的窗帘布上就有一幅幅精美的山水图画,于是随机提出如下问题:这几句诗可以说是骈俪对偶,文采斐然,一句一景。所谓诗画不分家,诗中有画,画中有诗。现在大家看我们教室的窗帘,几乎都是山水画,那我们能不能用我们刚才所诵读的这几句诗给其中的某一幅画配上相应的诗句呢?真是一石激起千层浪,学生一下子更活跃了,都认真仔细地观察着自己就近的窗帘画面,并和同桌前后桌研讨,争论用哪句诗能更恰当、更全面的表现窗帘画面情境,理由充分:

生:高峰入云,清流见底。

(因为这幅画中有高耸的山峰,仿佛直插云霄,山脚下有清澈的小河,可以看见水中形状各异的鹅卵石,还有游动的小鱼,真可谓是"游鱼细石,直视无碍"啊!有山有水,山水交映,山的倒影给水铺上异彩,水的动势给山增加了活力,山水相伴相映,情味盎然。)

生:清林翠竹,四时具备。

(这幅画面中有青翠的竹林,郁郁葱葱,给人带来无限的生机,尤其是在这个寒冷的冬季,看到如此苍翠的竹林,我仿佛听到春天的脚步!)

生:晓雾将歇,猿鸟乱鸣。

(这幅画面中红日将出,山间林雾欲散,正是"日出而云霏开"之际,林中有振翅欲飞的鸟雀,也有停息在树上的小鸟,似是还有跳跃在林间若隐若现的猿猴,一幅柔和的美景。)

……

师：同学们刚才做得都很好，下面就让我们看着窗帘上的美景，在一起来诵读一下这几句诗，再来感受一下江南山水的美。

⏱ 成功细节

在本案例中，教师采用迁移贯通式提问方式（即根据事物的普遍性，把一事物同另一事物联系起来提问，利用知识的迁移来解决新问题），语文的教学注重创设情境，引领学生在具体的情境中去感知课文的内容，去理解课文的中心思想，明白作者的写作意图。本案例中，教师注重教学资源的开发和利用，巧妙地运用了授课班级的窗帘，恰当地采用诗配画的提问，很自然地把学生带入了诗文所描写的自然山水美景中去了，让学生在感受语言文字魅力的同时，更直观具体地感受了江南山水之美，在加深了对文章内容的理解的同时，也强化了他们的语言表达能力，一举多得，教学效果尤佳。

⏱ 功效评价

古人云：不愤不启，不悱不发。课堂提问是一项设疑、激趣、引思的综合性教学艺术。它既是教师素质的体现，更是教师教学观念的体现。恰当把握提问时机，能有效地引导学生积极思维，发掘学生潜能，提高课堂效益。而教学中的发问时机与学生的兴奋点是稍纵即逝的，这就需要教师善于捕捉，因势利导。本案例中画配诗的提问，正是教者细心地发现授课教室的窗帘画面和所学古文中描写的景色有相似之处，结合上一教学环节的学习，充分开发和利用班级现有的课程资源，把握时机而恰当提问，让学生感受到生活当中处处有语文，处处可以学语文，时时可以用语文。在文本、学生实际生活体验之间架起一座桥梁，不仅让学生感受到了文本的诗情画意，更能让学生在浓郁的情感氛围里驰骋想象，锻炼形象思维，受到美的熏陶和感染。

⏱ 细节反思

课堂提问是教师组织课堂教学的重要手段，是激发学生积极思维的动力，是开启学生智慧之门的钥匙，是信息输出与反馈的桥梁，是沟通师生思想认识、产生情感共鸣的纽带。在实际教学活动中，教师若能灵活巧妙地抓住各种契机提问，

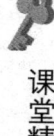

可以改变平庸沉闷的课堂气氛，充分调动学生学习的主动性和积极性，高度激活他们的求知欲和学习的兴趣，从而在创造性的智力震荡中，活跃气氛，调剂精神，促进思考，启迪智能，使学生的生命潜能在课堂上得到最大限度地释放，使课堂充满生命的活力和人文的魅力。

本案例中诗配画的提问如果能够借机再次提问，让学生根据窗帘画面自创诗句，也许更能激发学生的学习兴趣，启迪灵感，引发创作欲望，让学生能更进一步感受到语文课堂的活力和祖国语言文字的魅力，对于古诗文的教学，可能会收到更好的学习效果。

优秀教师隋国英《小公务员之死》课堂精彩提问

案例39

教师在引导学生初读课文、落实基础知识、把握故事情节后，以分析小公务员之死的原因为切入点来理解课文。

生1：如果将军的态度再好点就好了，小公务员就不会死了。

师：你认为将军对小公务员的态度已经够好了。希望将军对小公务员再好点。那么，将军能对小公务员再好点吗？有这个可能吗？

学生们沉默，思考……

生2：将军的态度已经够好了。小公务员喷到将军也不是故意的，道一次歉也就够了，可他接着道歉，打扰了将军看戏、休息、在家里接待客人。将军嫌烦、讨厌、愤怒，都是正常的。所以，我认为将军的态度不可能再好点。

师：你是说：是小公务员不正常，所以，死应该怨他自己。

生2：小公务员太胆小，好像还有点疑心重重。

生3：我认为将军的态度始终是不好的，他怎么可能对小公务员再好点。他对小公务员开始就很冷漠，后来是不耐烦、很生气、很愤怒、甚至大发雷霆。都是因为他认为是小公务员妨碍了他的正常生活。他就根本没有从小公务员的角度考虑，为什么小公务员会三番五次地道歉。

师：你是说，小公务员之死将军是有责任的，责任在于他的轻视和冷漠。你说说小公务员一再道歉的原因。

生3：原因就像他妻子说的那样，直接上司得罪不得，别的部的上司也得罪不得。他整天担心上司生自己的气，担忧自己的前途和命运。

师：和刚才同学说的小公务员疑心重重的原因是一样的，是吧？

也就是说，打喷嚏事件是偶然的，小公务员对上司的恐惧心理是由来已久的。将军的冷漠、厌恶、愤怒，加剧了这种恐惧。所以，在那样的等级森严的社会环境中，小公务员的死是这种环境下的产物，这种悲剧的产生是必然。

成功细节

教师在学生讨论中，迅速捕捉有价值的教学信息，提出新问题"将军能对小公务员再好点吗？"开拓了学生的思维，学生的探知欲望被激发调动起来。在这个问题的带动下，学生的思维直击教学重点，深入钻研文本，研究小公务员的卑微的奴性和可怜的命运以及将军这一人物所代表社会意义——这一阶层高高在上，对小人物底层人物形成的威压和恐惧。在这一问题的带动下，学生通过努力，探知了人物形象和文章主旨。

功效评价

西方学者德加默说："提问得好即教得好"。语文课堂教学是否有效在很大程度上也就取决于教师的提问。"提问得好"包括在什么情境下提问和提什么样的问题。从这出发，案例中的提问功效有二：一、教师认真倾听学生的想法，顺着学生的想法进行追问，问题不是教师生硬抛给学生的，学生有一定的思维基础和心理准备，让学生感觉这个问题正是他们模糊不清又找不到根据急迫需要解决的问题。学生的主体意识和心理需要得到充分地重视，极大地调动了学习思考的积极性，学生参与广泛，思考深入。二、教师的追问极富教学价值：问题仅仅围绕课文的重点内容，即通过人物分析挖掘小说主旨。贴近重点教学目标设置问题，切中要害，这样的问题，是达到教学目标的很好的桥梁，有重要的教学价值。

细节反思

精彩的提问不但要直击重点，而且还要产生思想的碰撞，形成认识情感等多方面的差异。本案例在教师问题的带动下，学生有这方面的思想碰撞："将军的态

度已经够好了"和"将军的态度始终是不好的"形成分歧，引出两种结论。但是这种这种思想碰撞的主题结构还是比较单一，只存在于学生之间。因此，当学生谈到"如果将军的态度再好点就好了"，教师首先应该体会到学生对小公务员充满深切的同情的。所以，问题也可以这样设计：

同学们，你对小公务员是否同情？为什么？

作者对小公务员是否同情？

将军对小公务员是否同情？

由"同情"二字设计问题，一线贯穿课堂讨论，在对待小公务员情感态度上会形成三个层次上明显的差异：一是学生和学生之间的差异；二是学生和作者契诃夫的差异（作者主要是讽刺）；三是学生和小说另一主要人物将军之间的差异（将军是轻视、冷漠、厌恶和愤怒）。

然后引导分析产生差异的原因，形成学生之间的对话、学生和作者的对话、学生和文本中人物的对话。阅读会层次多，学生思维会更深刻。学生不但分析了人物形象，还会有两种收获：一是认识到当时的俄国虽然解除了农奴制度，但是依然存在着非常严重的等级制度，下层人中仍然存在很浓厚的奴性意识。这种制度和意识造就了一大批小公务员式的人。对此作者是持批评态度的，意在唤醒。二是肯定和鼓励学生平等的现代意识和善良的情感，培养学生健康正直的人格。

优秀教师祖晓辉《风筝》课堂精彩提问

案例40

教师在讲授《风筝》一文时，以"戏剧"为核心展开，分别设计了"咬文嚼字品'风筝'"、"追根溯源思'风筝'"、"联系生活悟'风筝'"三个环节。

在咬文嚼字品"风筝"环节，教师提问：如果把三个情节用表演的形式呈现出来，那么你会抓住哪些词语去表演？学生对这一环节热情很高，而且能够抓住人物的动作、神态、心理等描写进行表演，从而在盎然的兴致中完成了对人物的初步解读。在学生表演完之后，教师又适时地提问：如果给这幕剧加上一个序幕和尾声（序幕：二十年前的十年前，当"我"同弟弟一般大小的时候，"我"……尾声：当"我"怀着沉重的心情离开弟弟家的时候，突然看到了弟弟的儿子，他正在……），你会怎样补充情节？学生依据文本展开了合理的想象，认为二十年前的"我"也可能有过这样的遭遇，认为弟弟的儿子未来也会这样教育他的孩子，从而认识到："我"的"不爱"与"嫌恶"并不是与生俱来的，而是在封建教育思想下成长起来的一个必然，是权利被剥夺后的遗忘，所以"我"的行为既是个性化的，也具有时代的特征。对深入理解作者的情感和文章的主题做了很好的铺垫。

在追根溯源思"风筝"这一环节，教师提问：请从文中找到能够概括文章主要内容或作者情感的词语。学生在细读文本之后总结出两个词"虐杀"、"悲哀"，之后教师引领学生分析这两个词语，找到了"精神的虐杀"那一幕，也明白了作者为什么而悲哀，深入地解读了作者的情感，之后学生得出如果把这出戏剧定性的话，无疑这是一出悲剧，这时教师适时地提问：悲剧就是将人生有价值的东西毁灭给人看。那么本文毁灭的究竟是什么？在前面充分地解读的基础上，学生很容易的就明白了：表面上毁灭的是风筝，实际上毁灭的是一颗美好的童心，从而完成了对文本主题的深层次解读。

在联系生活悟"风筝"环节，教师提问：你最想把《风筝》的故事表演给谁看，为什么？如果生活中遇到类似的情况，你会怎么办？大多数同学的答案都是会表演给老师、家长看。如果遇到类似的情况不会像弟弟一样妥协，而是和家长、老师有效地沟通，甚至据理力争。学生通过对生活地反思，知道了悲剧的产生的原因还因为弟弟的麻木，知道了对于正确的事情应该坚持。这时教师适时的指出：文化对思想的禁锢是作者很多作品的主题，而作者在这些作品中则表现了一个文化觉醒者的孤独。这些作品中所存在的现象现在还以其他形式在我们生活中存在着，所以鲁迅离我们并不遥远，所以我们应该读点鲁迅的作品。

成功细节

《风筝》选自《野草》，是一篇散文诗，其中有兄弟之情，有游戏之于儿童的意义，有文人的自省精神，以及对被虐杀者毫不自知的深沉的悲哀。但这些情感对于初一的孩子来说过于沉重，尤其是鲁迅的文章，很多孩子在读之前就已经有排斥之感。而本节课以"戏剧"为突破口，让学生在轻松中进入文本，在沉淀中解读主题，在反思中感悟情怀，一切环节和问题的设计都从学生能够理解的角度出发，

由浅入深的让学生在主动探究的情况下完成了对文章深层次地解读。

⏱ 功效评价

好的教学环节和问题的设计应该围绕学生的认知展开，依据的应该是学生的情感体验和阅读经验，努力创设有利于学生自主建构知识意义的情境。本节课以"戏剧"为核心，展开课堂教学，以学生的阅读经验和生活体验为基础，把晦涩的文字与情感通过学生易于接受和理解的方式解读出来，避免了解读这样经典文字时，学生被教师牵着走以及教师不顾学生的认知任意拔高学生思想的现象地产生。

⏱ 细节反思

课堂环节以及问题的设计切记不能肢解文本，问题不能过于零散，要有梯度的，由浅入深地引领学生完成文本的解读。这就要求教师在设计问题前要充分阅读文章，先形成自己的认知，然后再反复地思索：如果我是学生，我能够接受哪种方式，然后选择更好的问题抛给学生。

本节课在解读"虐杀"一词时学生还是遇到了理解上的障碍，如果此时设计这样一个问题：先向学生解释"虐杀"一词的含义（虐杀：非常残忍地，带有虐待手段的杀害。虐杀者喜欢欺凌比自己弱势、低等的生命，并从残害生命中获得快感、满足感、成就感）。然后问学生这个词用得恰不恰当，"我"究竟爱不爱"弟弟"，那么学生就能够更好地理解这个词所表达的作者对无法追悔的亲情的伤害的自责和反省，以及作者深刻的自我批判精神。

优秀教师潘丽丽《桃花源记》课堂精彩提问

⏱ 案例41

在讲授《桃花源记》一课时，为了更深入地理解作品的主题，走进作者内心，教师把理解作者理想社会的实质作为重点。桃花源是作者心目中的理想社会，是作者美好但虚幻的向往追求,所以教师要让学生发现欣赏桃花源的美,体会陶渊明对美好社会的向往和对现实社会的痛心与无奈。为此设计了这样一个问题:"请你以导游的身份去游览桃花源,把你看到的美景介绍给大家,注意用这样的句式,桃花源美,美在——"

学生们纷纷读文,思考,伏案写作后交流桃花源的美。

生1:桃花源美,美在恬淡自适,优美秀丽的环境。桃花源内一马平川,放眼望去,一排排屋舍整齐地排列,仿佛军队在接受检阅。早上,太阳掀开黑夜神秘的面纱,散发着温暖的光芒。清晨的桃源,屋舍土地沐浴在阳光下,屋外的人们被阳光抚慰着。一切的美好、和谐都被天地赐予了桃源。

师:你认为桃花源美,美在环境。(师板书:环境优美)

生2:桃花源美,美在物产丰富。这里的土地肥沃,钻出的苗儿竞相生长,这里池沼美丽,波光闪闪,这面明晃晃的镜子淑女似地静卧着,孩子们在池边细数着池中的游鱼;桃花源美在桑竹交错,桑树坚韧地抵御着骄阳,竹林驱开了火热,如同一张巨大的保护伞,用清凉包围着人们,带给人们精神享受,鸟儿在桑树竹林间尽情欢唱。此景只应天上有,人间哪得几回见!(师板书:物产丰富)

生3:桃花源美,美在这里的小路纵横交错,四通八达。在这里你甚至可以听到大自然最不加修饰的呼唤——鸡鸣犬吠,他们也似乎在享受这份宁静祥和。(师板书:宁静祥和)

师引导思路:大家都注意到了桃花源外在的美,大家能否介绍一下这里的人们?他们美在哪里呢?

生4:桃花源美,美在这里的人们热爱劳动,男耕女织,自给自足。这里的男子来往耕种作业,承担了粮食供给的责任,女子也毫不示弱,在家织布制衣,解决做饭穿衣的事务。这里没有奢靡的丝竹,没有劳形的案牍。每个人都靠自己的劳动享受着这一份恬淡富足。(师板书:热爱劳动)

生5:桃花源美,美在桃花源人有尊老爱幼的优良传统。"老吾老及人之老;幼吾幼及人之幼",携老扶幼,共享天伦之乐,这不正是"老有所养、壮有所用、幼有所长"的大同社会吗?这种传统扎根在桃源人的心中,代代薪火相传。(师板书:尊老爱幼)

生6:桃花源美,美在这里的人们热情好客。每逢有客来此,众人毫不吝惜家中财物,倾囊相待。女主人忙碌,汗如雨下;男主人慷慨,酒水共饮;孩子呼朋引伴,竭力招待……这里的人继承了孔子"和"文化,汇成了永不停息的优良传统。(师

板书：热情好客）

师把以上六项板书呈花瓣散开。

教师总结：经过大家的介绍，我们知道陶渊明的理想社会是一个环境优美，没有战乱，没有剥削压迫，人人平等，自给自足，和平安乐的大同社会。（师板书：人人平等，和平安乐）

师把以上两项板书呈花叶散开。

师：经过以上六位导游的介绍，一朵美丽的桃花已然绽放在黑板上。（师简笔画出一朵粉红的六瓣桃花和两片绿色的叶子，用来装饰板书内容）

成功细节

本案例中，教师抓住了文章的重点段，通过分析让学生明白：桃花源是作者心目中的理想社会，是作者美好但虚幻的政治追求。然后，教师运用质疑探究的方法，充分调动学生的想象力，让学生结合课文的内容进行生发，并围绕着桃花源的美展开。教师匠心独运，采用了导游的形式，让学生自然的进入角色，去领略桃花源的景美、人美。之后水到渠成地提出"桃花源美，美在哪里？"这一问题。

本案例，教学思路清晰，有利于学生的思考，有助于学生对课文内容的理解。另外，教师点拨到位。当学生对课文内容进行质疑的时候，教师做到了因势利导，成功地进行释疑。教学中教师充分调动了学生的主观能动性，在文本和学生之间建立了一座交流的桥梁，让学生张开想象的翅膀，在语言的天空中自由地翱翔。特别是最后板书的设计，一朵绽放的桃花，不仅是文本内容的精要概括，更是一件艺术品，让学生领会文学作品的美。

功效评价

学问贵在质疑，大疑则大进，小疑则小进。因此，教师的质疑是有艺术性的，提问的内容既要涵盖课文内容，又要深浅适宜。因为问题过深，就会出现学生跳高也够不着桃子的现象；问题过浅，就会使学生感到索然无味，不能培养学生的阅读能力。而这里教师提出的问题恰到好处，让学生回答桃花源的景美在哪里？这是理解作品主题的前提条件，是伏笔；让学生回答桃花源的人美在哪里？这是理解作品主题的关键所在。正因为人美，才使其成为理想社会。课堂问题提得精彩，点拨恰到好处，才使学生进入情境，结合语境各抒己见。从教学过程可以看出学生的发言都很有见地，都抓住了文本的重点。

细节反思

成功的课堂教学，在于教师的驾驭。课堂教学的精彩更在于教师的导引，质疑就是一个重要的环节，它关系到学生学习的层面，质疑得好，可以使学生增长知识，并能使学生的知识向深度和广度拓展。而本课的提问就让学生站在了人性和理想的高度去审视人类和社会，让学生在语文的学习中去智慧的、理智的看待历史。

优秀教师庄艳平《公输》课堂精彩提问

案例42

学习《公输》一课时，我正在引导学生们讨论"墨子""公输盘""楚王"这三个人物形象。突然，我听见一个同学笑嘻嘻地小声对他的同桌说："真有趣，既有'晏子使楚'，又有'墨子使楚'。""墨子使楚？"一朵小小的火花在我的脑海中绽现。我忙顺手在黑板上写下"晏子使楚"和"墨子使楚"八个大字："我们已经学习过《晏子使楚》这篇文章，可以把本文题目《公输》改为'墨子使楚'吗？"顿时，教室里议论纷纷。有的同学说可以；有的同学说不行，更有的同学竟然拿起字典开始查了起来。终于一名同学站起来大声说："老师，不能用'墨子使楚'这个题目，因为'使'是指接受使命出外办理外交事务的意思。没有人派墨子出使啊！墨子是自己主动去楚国的。"真相大白！我又顺势引导："墨子主动到楚国去阻止楚王攻宋，践行他'兼爱''非攻'的理想。那么，我们把文题改为'墨子'可不可以呢？"我要求学生按小组来讨论这个问题，然后派代表组织语言来回答这个问题。学生们经过一阵热烈的争论后，最终派出代表来阐述各组的看法。

一组代表发言："我们觉得用'公输'作题目别有深意。墨子到楚国去是因为楚王要攻打宋国。楚王为什么要攻打宋国呢？就是因为公输盘给他制造了一种强大的新式武器——云梯。所以，没有公输盘，就没有楚宋之战，墨子就不会去楚国。

课文用'公输'作题目,就是要告诉我们公输是这场战争的罪魁祸首!"一组代表的发言赢得了一片掌声。

二组代表发言:"从原文中也可以看出公输盘的重要性。墨子到了楚国不去见楚王,却去见公输盘,与公输盘论议。足以说明公输盘在这场战争中起到了决定性的作用。还有原文中楚王说的'公输为我为云梯,必取宋。'一个'必'字更可以证明公输盘在这次战争中具有十足的把握。楚王是靠着公输盘的力量和智谋才发动这场战争的,所以题目不能改成'墨子'。"二组同学的发言有理有据,不少同学报之以微笑。

三组代表发言:"题目不能改成'墨子'。这在文章的结尾处实际上作者说得已经很清楚了。这段模拟攻守实际上正是墨子与公输的真正对决。墨子用非常高明的手段让公输臣服之后,公输不得不败下阵来,因为公输在模拟攻守之时失败了,就更别提真正的战场较量了。所以这场楚王打算用'云梯'为王牌战术发起的战争也就失去了意义,因而这场'楚宋之战'也就不战自破了。所以从文章结尾处就可以看出公输的地位非同一般,所以不能把'公输'这一文题换成'墨子'。"

听完三个小组的发言,有的同学豁然开朗;有的不住啧啧赞叹;也有的同学表现出志得意满的样子。看起来通过同学们的讨论,对于这篇文章学生们理解得更透彻了。此后,对课文的学习水到渠成,一直到下课,学生始终兴致盎然。

实际上教学之初我设计的问题是这样的:"请说说公输盘在这场攻宋之战中起到了怎样的关键作用?"相比课堂上自然生成,我的预设问题显得多么生硬啊!有些时候刻意追求,反而不如这种自然生成来得灵动。而这灵动和自然却是需要教师的一双慧眼和一颗慧心,及时关注,及时引导。由此,我意识到关注课堂上的细节变化是多么重要!

🕐 成功细节

本案例中我采用了生成性提问的方法来进行引导学生后面的学习和思考。当面对学生"笑嘻嘻"地小声议论"墨子使楚"之时,我没有简单地批评学生"胡说",而是敏锐地抓住这个话题,及时地提问"是否可以把'公输'这一文题改为'墨子使楚'",为下一个预设问题作伏笔。当学生很快就明白了不能用这个题目之后,我放弃了自己原来的预设问题,又顺着学生们的思维及时地引导学生讨论"是否可以把文题换成'墨子'呢?"再引导学生们分组结合课文内容进行讨论,在老师的随机指导下,最终三组代表精彩发言,弄清了公输盘在这场战争中所扮演的角色和地位。于是，才有了因学生迸发出教师意想不到的思想火花。这是一种教育机智，更是一种民主情怀。课堂上只有这样的去关注细节，才会产生意想不到的心灵碰撞，才会让学生自觉主动地带着问题去思考和学习，这样的语文学习也就少了一份枯燥和乏味，多了一份真实和智慧！

功效评价

语文教学应该关注学生的"课堂意外"。这种课堂意外包括学生在课堂上的种种奇思妙想。传统的教学是以教师为中心，着眼点在教师如何教；而我们现在提倡转变课堂师生关系，要以学生学为中心，研究如何服务于学生学。这里不是绝对排斥教师的主导作用，而是强调教师要根据学生的学来设计自己的教学，把教师教的过程转化为学生学的过程。这里的设计转化不只是说教师课前的备课，也包括课堂上对学生每一个细节的关注，特别是对"意外情况"的关注。是的，学生的意外情况往往会打乱教师的精心设计，但这恰恰是最能体现出教师教育艺术和真正的人道主义情怀的时候。无论教师事前如何料想，如何预设，都无法穷尽课堂上学生那千姿百态的思维方式。随时根据课堂意外而调整我们的教学，使我们的教学更符合学生的实际，这不但是教师的教学智慧所在，更体现出教师尊重学生的民主风范。

细节反思

苏霍姆林斯基认为，一个优秀的教师在课堂上无须把精力放在自己的教学内容上，因为这些对教师来说是烂熟于心的；他的注意力总是要放在学生的思维上。马卡连柯在谈教育时也曾说"具体具体再具体，细节细节再细节"。在一定程度上，课程就是由课堂上无数的细节组成的。所以，教学中我们应重视细节、推敲细节，并以细节为突破口，围绕课堂教学中的细节寻找良策。本案例中的生成性提问就是抛弃了原有的预设，顺着学生的思维提出问题，让学生充分而又自由地思考，调动学生的多维度个性阅读体验，最终完成课堂教学，创造了意想不到的效果。

优秀教师崔玉志《清贫》课堂精彩提问

案例43

在《清贫》一课的教学中,老师在介绍完作者和写作背景后,让学生带着问题自由朗读课文,即"边阅读边旁注,希望同学们能够结合课文内容以及自己的阅读经验,给老师和同学提出几个问题,看谁问题既多,质量又高。"同学们听后,热情高涨,以前都是老师问,同学答,今天终于要考考老师和同学了!带着几分兴奋与好奇,同学们迅速投入到朗读的情境中,边读边画边圈点。读完后,马上把自己要提的问题写到草纸上,一会儿紧锁眉头,一会儿颔首微笑。看着同学们少有的投入和认真劲,老师的情绪也被带动起来。当老师要求把提出的问题展示出来时,一个个小手齐刷刷地举了起来。

学生1:本文的主要人物是方志敏,作者为什么用如此多的笔墨写两个士兵?(这位同学从材料处理的角度提出问题)

学生2:本文的主要人物是方志敏,那么围绕着方志敏写了一件什么事?(这位同学从主要人物入手提出问题)

学生3:本文的标题是清贫,"清贫"的含义是什么?文中的哪些事最能表现方志敏的清贫?(这位同学从标题切入提出问题)

学生4:本文围绕着方志敏写很多事,那么哪件事写得最详?这件事在作者看来是一桩怎样的事?这件趣事"趣"在哪里?(这位同学连珠炮似的提了三个问题)

学生5:谁能概括一下方志敏的形象?(这位同学从人物形象的角度提出问题)

学生6:有人说方志敏烈士"清"而不"贫",你同意吗?请谈谈你的理解。(这位同学深入挖掘文本,提出了更具挑战性的问题)

学生7:在物质生活日益丰富的今天,方志敏的"清贫"还有价值吗?谈谈你

的观点和理由。(这位同学联系现实生活提出极具论辩性的问题)

问题虽杂而无序，但很多同学提出的问题都很有价值。

⏰ 成功细节

由于《清贫》所涉及到的人物以及人物所处的时代背景，距离学生的生活都很遥远，学生不会十分感兴趣；同时本文篇幅短小，情节简单，文字通俗易懂，但本文所涉及的写作知识很多，思想内涵又很深刻，正是训练学生阅读能力，对学生进行思想品德教育的最佳篇目，因此老师设计了让学生结合文章内容提问切入本文。这些问题虽然没有按照老师事先设计好的思路，按部就班地提出来，但是这是孩子们结合自己的阅读经验，结合自己对文章内容的理解，结合老师以前讲课的思路提出来的，这是孩子们智慧和多年积累的结晶。老师引导孩子一一探究这些生成问题。爱因斯坦指出："发现一个问题比解决一个问题更重要。"由此可见，培养学生提出问题的能力是十分重要的。学生通过在阅读中自寻问题，自提问题，能力得到了培养，主体作用得以充分发挥。

⏰ 功效评价

古人云："学贵质疑，小疑则小进，大疑则大进。"这句话告诉我们，学生在学习过程中有了疑问，才会开动脑筋，想方设法去解决。在教学中重视学生提出问题，是培养学生创新精神的起点，也是提高学生学习能力的有效途径。本案例中，教师通过学生提出的灵活而又有启发性的问题，激发了学生的阅读兴趣，调动了学生积极参与的热情。在教学中，老师大胆放手，给学生充足的时间，让学生成为学习的主角，成为知识的主动探索者。改变了过去老师提问，学生回答；老师不厌其烦地讲，学生昏昏欲睡地听；老师说，学生记的陈旧课堂模式。

⏰ 细节反思

在实施此教学环节的过程中，由于老师给学生阅读的时间较短，部分预习充分的学生提出的问题很有价值，很有创意，但还有一部分学生提出的问题很幼稚，有的还偏离主旨，离题万里，还有的如鸭子听雷，听了也不动。其实这种方式更适合基础较好的学生，而学习较差的学生收获也未必很大。今后，在教学中，要想方设法的去调动所有学生的学习积极性，让不同程度的学生都学有所得，这是摆在我们语文老师面前亟待解决的问题。

优秀教师尚丹丹《茅屋为秋风所破歌》课堂精彩提问

案例44

尚老师在与同学们一起赏析《茅屋为秋风所破歌》时，从题目入手，分别解析了秋风的强势威力和茅屋的飘摇凄凉，于是在这一背景之下，诗人杜甫出场了，尚老师把杜甫放在这一阴晦低沉的背景之中与同学一起感知杜甫的形象，走进一代诗圣的心灵世界，于是对文中杜甫的形象进行了由点到面，由浅入深的全面分析，学生们纷纷从家庭角色、社会角色等不同角度感知到了杜甫的形象，使一代诗圣的形象立体全面地展现在了我们的面前。尚老师是这样引入对杜甫形象地分析的：屋漏偏逢连夜雨，不知道千百年前杜甫一家老小如何在这间破败的小屋内挨过那个夜晚的。而在如此的窘境中，作者却无能为力，只能清醒地去呼唤天明"长夜沾湿何由彻"什么时候才能天亮啊！可以说诗人的形象贯穿于文章始末。下面我们就再次走进诗作，去体会诗人的形象，遥望杜甫。可以说诗歌向我们展现了茅屋内和茅屋外两个场景，在这两个场景中杜甫的形象发生了微妙的角色上的变化，请结合诗作中诗人对自己的外貌、神态、动作、语言等描写以"从中，我看到了一个的杜甫"的句式来勾勒杜甫的形象。

生1：我觉得从"老无力""倚仗""叹息"中，我看到了一个苍老嶙峋蹒跚的老人，面对顽童的欺侮，只能把无奈与气恼凝集在一声长叹之中。

生2：我觉得从诗人对秋风的描写中，我看到了一个衣衫单薄破旧的老人，面对秋风的席卷，只能把焦灼与怨愤倾泻于仰天长望之中。

生3：我觉得从"冷似铁""娇儿""无干处"等对茅屋的描写和对儿子的称呼上，我看到了一个慈爱但是却无助无奈甚至"无能"的父亲，面对"娇儿"的冻馁，只能把心疼与怜惜藏匿于夜不能寐中。

生4：老师我也有同感，以前曾读够杜甫《自京赴奉先县咏怀五百字》中就有一句来描写杜甫的慈父形象的"入门闻号啕,幼子饿已卒。""所愧为人父,无食致夭折。"所以我也认为杜甫是一个慈父形象,但是是一个不能给予儿女温饱的父亲。

生5:老师,我觉得这才是最令我们感动的,一个连自己的温饱都不能解决的人,但是却胸怀天下苍生,这是一种大爱,一种舍己的大爱,所以我从诗人最后的几句感慨和抒情中看到了一个悲天悯人济世安民的文人,面对极端的贫穷与困苦,他把担当与使命写于胸怀之间。

生6:孟子曾说过"达则兼济天下,穷则独善其身",我觉得杜甫已经超越了孟子,不论"达"还是"穷"都兼济天下,兼济苍生啊。

老师顺势引导,对学生的解读加以点评,从而完成了对杜甫形象的全面立体的感知。

⏰ 成功细节

在本案例中,老师先与同学们一起赏析诗人所身处的背景中,即强势的秋风和飘摇的茅屋,在此背景之下才让杜甫出场,这本身便为感知杜甫做了一个良好的铺垫,从语言、神态、动作等描写中分析杜甫,这一问题的设计更有利于同学们对杜甫的全方位感知,而不是片面的针对文章结尾处的那几句抒情议论来单方面的从情怀这一角度来解析杜甫,这样通过引导,同学们就看到了一个立体的杜甫,也更能展现杜甫的伟大,同时还能教会学生捕捉文章的细节,从细节处入手分析人物,分析情感,把文章读细,读精。

⏰ 功效评价

古人云:"学起于思,思源于疑"。思考与质疑是语文学习的前提,在语文课堂中设计问题是语文教学的基础,而思考探究是解决问题的基本方式。因此语文课的提问要明确清晰而又要有目的,要让学生在问题的情境中,通过教师引导和互动探索,在质疑和解疑的情景中学会思考,学会分析,学会读书,从而培养其解决问题的能力。课堂教学中,问题预设得不恰当是导致课堂效率低下的原因之一,精设问题是实施有效教学的重要手段之一,最终让学生把知识转化为能力。

⏰ 细节反思

语文课堂提问要从大处着手,从小处落点,问题的设置不能过于琐碎,且让

每个层次的学生都能根据自己不同的理解和理解的层次有话可说,而且问题的设置本身也在教会学生学会读书和思考的方法。在本节课的问题设计中,关于对杜甫形象的理解,不同层次的学生都能有一个最初的感知,而在老师的顺势引导下,在同学们之间相互的补充下,完成了对杜甫形象的感知和理解,还使学生把知识转化为能力,学会了读书的方法。

优秀教师杨聪《云南的歌会》课堂精彩提问

案例45

杨老师在讲授《云南的歌会》一文时,为了引导学生深入理解作者寓于文中的"真意",设计了如下问题来展开教学。

师:……那么沈从文先生自己觉得这些歌会的意思又在哪里呢?请看大屏幕。

师:本文节选自《记忆中的云南跑马节》,在选入教材时,编者将本文前面的这段文字人为地删去了,作者当时到云南去是想从马鞍的花纹上做一些文物方面的研究,但过不多久,更新的发现,就把他引诱过去,这个更新发现就是课文所写的歌会。所以他说:从马背上研究老问题,不免近于卖呆,远不如从活人中听听生命的颂歌为有意思了。从这句话中你能读出沈从文认为这些歌会的意思在哪里吗?

生:从活人中听听生命的颂歌。

师:那么沈从文讴歌了哪些生命形态呢?请大家再次静静地默读课文(出示课件),说说"这是___的生命",可以填文中的词语,也可自己概括,可以是一两个字,也可以是几个字。开始吧。

学生默读课文5分钟后,开始交流各自的看法。有的学生说这是快乐的生命;有的学生说这是热情的生命;有的学生说这是无拘无束的生命;有的学生说这是活泼的生命;有的学生说这是和谐的生命……

当学生说出每一种看法时,教师都进行了恰当及时的追问,如:为什么?从何处读出?

这段有没有具体描写这些女人?但有人认为第三自然段对年轻女人外貌的描写太过啰嗦,建议这样改(出示课件),你同意吗?

这样一节课就伴随着一个个思考的碰撞,火花四射,魅力无限!

⏰ 成功细节

《云南的歌会》是一篇极富情趣的散文,作者以明快、潇洒、随意的文字为我们描绘了三幅画面:山野对歌、山路漫歌和村寨传歌。尽管评论家们对此篇推崇备至,但学生自己往往读不出情趣,走不进作者心中的世界,感受不到作者的"真意"。

而这位教师在教学中关注到了原文前面的文字,即"从马背上研究老问题,不免近于卖呆,远不如从活人中听听生命的颂歌为有意思了",不但做了补充,而且紧紧抓住其中的关键语句"从活人中听听生命的颂歌",提出了一个"牵一发而动全身"的主问题:那么沈从文讴歌了哪些生命形态呢?由此,帮助学生找到了开启文本之门的金钥匙。

⏰ 功效评价

华师大"语文课程与教学论"博士郑桂华老师说:"提高语文学习效率的基本途径是将语文学习的文本——课文所隐含的语文核心价值凸显出来,抓住文本中最突出、最独特的语言表达特点,去设计教学思路,从一点出发带动全面学习,才便于引导学生体会课文的语言之妙,走进作者的精神世界,提高学习效率。"案例中这位教师就跳出了一般教师就文读文,就文解文的桎梏,独辟蹊径,引导学生关注沈从文笔下的"生命形态",既激发了学生的阅读兴趣,又给学生提供了思考空间;既引导学生细读文本,又培养了学生独立思考能力。可谓"一问"决胜课堂!

⏰ 细节反思

孙绍振先生曾指出:在文本外部,在作者生平和时代背景、文化语境方面,他们一个个口若悬河,学富五车,但是,有多少能够进入文本内部结构,揭示深层的、话语的、艺术的奥秘呢?就是硬撑着进入文本内部,无效重复者有之,顾左右而言他者有之,滑行于表层者有之,捉襟见肘者有之,张口结舌者有之,胡言乱语者

有之,洋相百出者有之,装腔作势者有之,以其昏昏使人昭昭者更有之。

这段话一针见血地道出了我们语文教师教学存在的弊端,即不能深入文本。要想去除这一弊端,精彩的课堂提问无疑是一剂良方。试想,本文的学习若不是教师的这一问,学生的认知也只能停留在"文本"表面呈现的内容上,不可能对文本进行深度的挖掘。而恰恰因为这一问,学生开始在文本的字里行间探索,学生开始咬文嚼字,学生也就在不知不觉中走近了作者,真正地实现了与作者的对话,更好地品味到了文章蕴含的情趣。

优秀教师印秀芬《圯上敬履》课堂精彩提问

案例46

老师讲授新课《圯上敬履》时,学生通过研读课文已经感受了故事中张良和老父的形象,感悟了故事中的哲理,似有学完本文之意。而此时,在看似结束的情况下,在学生放松思维的时候,老师提出这样一个问题:张良与老父圯桥相遇,初看似乎纯属偶然,细思却不尽然。我们从中能够领悟到什么道理?问题一出,学生们立刻神情凝重,深思盈满他们的眼睛。

生1:张良在圯桥遇到老者并不是偶然的,因为张良在秦灭韩时,他倾全部家财寻求刺客,企图暗杀秦始皇,为韩报仇,狙击未遂,于是变更姓名,亡匿下邳,他应当算是一位爱国志士。而老父是一位隐居的高人,为他的著作寻找继承者。张良有理想,有成就大业的愿望,所以老父把兵法送给他。我们从中领悟到,人必须有理想才能迎来机遇。

生2:我也认为张良在圯桥遇到老者并不是偶然的,因为张良虽然隐姓埋名,但是他的胸襟气度,理想志向,学识修养一定向人们昭示着他是一匹千里马,黄石公这位伯乐发现了他,并助他一臂之力,使他成为一位王者师。告诉我们,成功不是偶然的,幸运不是偶然的,它是不懈追求,执着努力的结果。

学生们的热情很高,讨论的内容与自己的成长有密切的关系,他们似乎明白了古为今用，学以致用的道理。为了让学生学会有针对性的深思，老师又适时提出问题：张良为什么要忍？忍有什么意义？你怎么看待隐忍？凡事都要忍吗？

生1：尊敬老人，他的举止奇异，对老人有所期待。

生2：不会带来麻烦、灾难，有时会带来机遇。

生3：忍不是软弱，忍一时不公受暂时委屈，在忍中磨炼意志，增长智慧，隐藏锋芒，赢得机遇。

生4：不是。不能无原则的忍。生活中忍一时风平浪静，退一步海阔天空。在大是大非面前，在国家民族利益面前，在法律面前，则要拍案而起，无需再忍。

通过以上问题的提出思考和回答，既让学生深入的了解了张良，也让学生学会了深入的思考问题，使之不断成熟。

⏰ 成功细节

本案例中教师设置梯度的巧问引导学生深入理解课文。设置梯度的巧问，紧扣文本，学生从文章出发，既对文章内容加深了印象，又因势利导，使学生学会思考。本案例中，老师抓住学生思维放松的瞬间，及时地提出"张良与老父圯桥相遇，初看似乎纯属偶然，细思却不尽然。我们从中能够领悟到什么道理？"的问题，引导学生从张良的故事出发，领悟生活哲理，顺理成章，水到渠成。在学生意犹未尽之时再抛出"张良为什么要忍？忍有什么意义？你怎么看待隐忍？凡事都要忍吗？"一连串的问题。这个问题的回答，让学生发现从文本出发，多提几个问题，会把文章读活，会在透过历史的云烟回望历史人物的过程中得到更多的人生启迪，使自己不断地走向成熟。

⏰ 功效评价

课堂提问不在其多少，而在其适时有效。本案例中老师在学生充分把握文本中张良与老父形象特点以及选文主旨的前提下，引导学生认识并理解"偶然中存在着必然"这一生活哲理，端正对待生活的态度，正确的认识自己，积极地去做必然的努力迎来偶然的机遇。把文本与学生的生活紧密的结合起来，为了更好的引导学生在文本中读出自我，老师在学生回答前一个问题意犹未尽之时，又提出了一个有梯度的问题"张良为什么要忍？忍有什么意义？你怎么看待隐忍？凡事都要忍吗？"随着问题的逐步解决，学生逐渐领悟了一篇短短的《圯上敬履》竟然会让他们从张良身上明白如此多的道理，更让她们懂得深思对读书的意义有多么重要。对本案例来说，这样的提问就是有效的。

细节反思

课堂提问要结合学生的特点，既不能过浅，也不能太深奥。比如本案例中的"张良为什么要忍？忍有什么意义？你怎么看待隐忍？凡事都要忍吗？"这一系列问题，第三问在学生思考回答时，遇到了难度，因为七年级的学生毕竟阅历有限，一时有些茫然，不知如何回答。课后反思觉得此问题有些突兀，如果中间举几个隐忍的实例，再去回答这个问题，就会有的放矢，不至于让学生茫然无措。

优秀教师王君《背影》课堂精彩提问

案例47

王君老师执教《背影》教学片段。

（师展示问题：父亲的背上背着什么？）

生：父亲的背上背着想念。

师："想念"，好！和先前同学们思考的角度都不一样。分别后想念孩子，这是普天下父母共同的特点。但是，《背影》之所以感动我们，在于文中父亲的想念和一般的想念不一样。你读出些滋味来了吗？

生：非常想念。

师：在程度上加深了。这并不特别。

生：特别特别想念。（众笑）

师：这是共性。请同学们看到末段父亲给我的信，细读，琢磨这封信有什么不同寻常？

（生朗读、默读）

生：这封信到处都是矛盾的。开头说自己身体平安，最后又说大去之期不远矣。

师：是啊。还不止一处矛盾，矛盾的地方多着呢！

生：举箸提笔不便是因为膀子疼痛，这和死亡好像不沾边啊。

生：我感觉父亲很想念儿子，但似乎又不想让儿子太看得出来。

师：你的语言感觉很敏锐。你从哪里感受到这点呢？

生：父亲说话的矛盾，有点儿遮遮掩掩的。想强调自己身体不好又不想让儿子着急，想见儿子又不好明说，就是那种味道。

师：有同感啊。我一直在想，父亲既然都说出自己"大去之期不远"这样严重的话来了，为什么最后不用感叹号而要用句号呢？

生：他是在装轻松，掩饰自己的想念。

师：同意！其实父亲的"大去"是在近二十年之后了。他如此写，显然是因为内心情感的复杂。孩子们请看……

（师投影展示《背影》背后的故事，父亲和朱自清的情感纠葛……生看完，均感慨……）

师：好，现在，同学们，充实刚才的发言，说说，父亲的背上背着想念，这想念，是什么样的想念？

生：很纠结的想念。

生：想说又不敢说的想念。

生：自尊又自卑的想念。

生：主动跟儿子求和的想念。

生：矛盾重重的想念。

师：这是欲说还休的想念……就是这欲说还休，让《背影》承载的不再是普通的父爱，而有了更多欲说还休的东西……纠结，这个词用得太好了！

⏰ 成功细节

在本案例中，师生互动的成功，得益于教师的点评及时地抓住了学生回答中的问题，对症出击，追问到底。正是在这样的追问中，学生的思维，甚至全班学生的思维，都被调动起来，处在一种深度开发的状态。王老师的教学艺术，让孩子们更深刻地认识到《背影》之爱的非同寻常：爱是担当，是责任，是无私，是奉献……爱同时也是误解，是等待，是妥协，是包容……《背影》的价值，并非写出了爱的伟大，而是写出了人性的不完美，和爱的不完美。让孩子通过《背影》初步感受到父爱的艰难，父子情怀融合的艰难，比单纯地说爱更有意义。

🕐 功效评价

　　教师的主导关键在于引领学生发现问题，解决问题，走向思维的纵深，攀登思维的高度。如果整堂课举手如林、热闹非凡、皆大欢喜，那一定是"虚假繁荣"。连基本的交流都没有出现，更谈不上教师的"点化"，结果必将是，学生的学习始终不过是在一个平面上徘徊，与通过课堂获得提升、提高、发展、升华这样的教学追求和"理想"十分遥远。

　　王君老师的教学智慧在于通过分析父亲的信和展示朱自清父子的矛盾，深度追问，引导学生跳出单纯谈父爱的传统教学定位，既深化了阅读体验又有力的提升了阅读品质。可以说，这样的课堂，这样机智的生成，这样一种有"难度"系数的教学，才是是高效的、生命化的课堂教学。

🕐 细节反思

　　追问是教师在学生回答问题的过程中或者问题回答结束后教师的一个教学步骤或者说是策略。追问集中体现了教师的教学素养和教学机智，是教师教学业务水平和能力的集中体现。更重要的是，只有追问可以最为及时地启发和激发学生的思维，拓宽思维的宽度，掘进思维的深度，提升思维的高度和品质。

　　做有风格的语文教师，宁取不大热闹却有深度的探究思考，也不要缺乏思维、只有表演的虚假繁荣。做有品位的语文教师，坚持学习、提高文学及职业素养，专研教材教法、关注学生发展。打造高品质语文教学，将深度"追问"进行到底！

优秀教师王丽《我的叔叔于勒》课堂精彩提问

🕐 案例48

　　这节《我的叔叔于勒》我带着学生在"曲径通幽"中，引领学生漫步走进一个个柳暗花明的境界，呈现了一节异彩纷呈的课。试看这节课成功的背后元素是因我们师生的精彩设问。在讲授新课伊始,我首先发问,疑问有两种:"有疑而问"和"无疑而问"各指什么?"有疑而问"主要解决的是什么?"无疑而问"又怎么理解呢?

学生明确提出疑问的两种方法后,开始小组研读书,梳理问题。并提出了一些有价值的、深层次的新问题:

第一组:作者写这篇文章到底要表达什么样的思想?

第二组:文章的题目是"我的叔叔于勒",可是文章对于叔叔于勒描写得却很少,为什么呀?

第三组:第二十一自然段,描写"吃牡蛎"的片段有什么作用?

第四组:第一至四段应该直接点题,为什么要先写自己一家,而没有写叔叔于勒呢?

第五组:他为什么要给叔叔小费啊?他为什么不叫叔叔啊?

师生精彩分析讨论各个小组的问题后,老师对每个问题的引导追问是:

1. 这种赤裸裸的金钱关系是怎样体现的?用一个字来概括小说的主要特点,会是什么?

2. 是一个"变"字,究竟发生了怎样的变化?"变"的背后有没有不变的东西呢?是一种什么样的品性在作怪?

3. 这个故事的中心舞台是谁在表演?

4. 文中二十一段有一个词"文雅"这与写菲利普夫妇有何关系?

5. 第四自然段谁说了一句话?写这个有何用意?

6. 这个时候他为什么不直接喊"叔叔",从小说写作的角度来看,一喊出来,故事的情节会怎样呢?

7. 为什么最后要连用这三种称呼?能不能就只在心里默念:这是我的叔叔于勒?

8. 这篇小说的叙述者是"我",那这个"我"和莫泊桑之间有什么关系?作者为什么选择一个孩子作为叙述者呢,而不是于勒呢?

整节教学在师生有疑、无疑而问的质疑中激起了千层细浪,又在师生讨论释疑中推波助澜,而后使得潮平岸阔。

 成功细节

本案例成功就在于我通过实施问题教学法,让学生自己提出问题。我第一步

先让学生有疑而问,即初读课文后产生的不明白的问题,《我的叔叔于勒》这篇课文要表达什么样的思想?第二步是无疑而问,即再读课文后,从写法上深入提问,多问几个作者为什么这样写?随后我及时抓住有价值问题,用关键性的提问作为突破口,引导学生探究,并适时恰切的点拨保证了探究的正确方向。使得学生在质疑问难中,深化了对课文的理解,将课文内容融会贯通。

功效评价

"水尝无华,相荡乃成涟漪;石本无火,相击乃生灵光。"而本节课的成功提问荡起了学生求知的欲望,让学生的智慧在碰撞中熠熠闪光。因为我明白提出一个问题比解决一个问题更重要,学生如果没有问题,认识也就停止了。为此,本节教学不但开启了学生的思维闸门,也培养了学生学思结合的能力,更使学生思想不囿于课本和教师的讲解,用自己独特的、创造性的思维认识问题,分析问题,解决问题。如果说提出问题标志着已经到了知识的大门,那么我们师生这节课合作质疑释疑的结果就是获得了大门内玲珑宝玉。本节课我用其深厚的教学内功践行着"不愤不启,不悱不发"的教育思想,整节课学生群情振奋犹现眼前,声声入耳探讨仍响耳畔。

细节反思

"学生不是容器,而是等待燃烧的火把。"这节课我用教育的智慧点燃了学生求知的火把,让他们在独立的思想里享受探寻未知世界的美妙,而不是老师"授之以鱼"。学生在独立的思考问题,在独立的分析解决问题,让他们有疑而问,通文本,无疑而问,练智慧。而不是传统教学中老师的一言百问。因为学生的成长任何人都无法代替,成才自己,必须主动而为。而现行的课堂教学和我这节课相比,多的是五花八门的提问,少的是给学生质疑问难的机会;我们多的是制压,少的是学会放手。给学生一些权利,让他们去选择;给学生一些机会,让他们去表现;给学生一些疑点,让他自己去解决;给学生一条探询的路,让他们独立地去行走。

优秀教师吴洪波《云南的歌会》课堂精彩提问

案例49

《云南的歌会》是新课标八年级语文下册第四单元一篇有关民风民俗的文章，他以浓墨重彩，工笔描绘了山野对歌、山路漫歌、村寨传歌三个不同的场合，三种不同的情调，字里行间蕴含着浓郁的民间文化气氛，洋溢着作者对自然、对人、对艺术的品味与赞赏。新课标中说"注意开发利用课程资源"。我本着"把课堂还给学生，让学生做课堂的主人"的原则，我在教这篇课文时，设计了这样的教学思路：检测字词，了解作者；整体感知，细品语言；结合生活，适当拓展。其中在完成第二个环节时，有这样的师生精彩互动。师问：读了文章后，你感受到了文章的——美，美在——，学生的回答各具特点百花齐放，有的学生说："感受到了文章的结构的美，美在山野对歌、山路漫歌、村寨传歌，条理清晰"。有的学生说："感受到了文章的环境美，美在天之蓝，花之美，鸟声之婉转动听"。有的学生说："感受到唱歌人的美，美在智慧、豪爽、乐观。"有的学生说："感受到文章语言的美，美在轻轻、拍拍、理理等叠词的运用。"有的学生说："……"根据以上同学的回答，我又提出来了第二个问题，"对、慢、传"在文中是如何表现出来的呢？针对这个问题，让同学们先看书，然后在互相交流讨论，通过学生的独学（看书做批注）对学（师徒互相交流）群学（小组讨论）之后，同学们纷纷举手发言，说出了自己对课文的理解，说出了这三个字在文中的意义。学生的回答及运用文中的语句又能结合自己的认识，他们的回答让我也很是震撼。

成功细节

在本案例中，我设计的问题是很成功的，能让学生重新回归文本，感受语言文字所传达的意义，又可以让学生结合日常的生活体验，感受三个场面的不同，让学生有阅读、有生活、有思索、有表达，这个问题的理解需要学生对文章有整体上结构方面的认识，有语言方面的品读推敲，有写作特点的归纳总结。在语文学习的课堂上，能真正让学生从语言的角度去学习语文，并且给学生运用语言表达交

流自己的阅读体验一个机会。这样设计问题，显然让手头有课文分析资料的学生，耳目一新的感觉，或多或少的增加了他们对学习的兴趣，让学生由此自由轻松地发挥，从任何一个细微处去思索，让不同层次的学生都有收获。

功效评价

教育学家蒂斯多惠曾说：教学的艺术，不在于传授本领，而在与激励、唤醒、鼓舞，怎样才能做到这一点，如果多斟酌教学中问题的设计，就能做到。好的问题，是让学生和文本之间架起一座桥梁，这座桥梁也能让学生与教师之间进行有效的沟通，问题设计能更加调动学生的思维性，能更加诱发他们主动探究问题，探微知略。问题的设置不仅能启迪学生，发散思维，更主要的是，能给学生体验文本的把手，借助问题的研究充分地让学生感知文本，在反复地感知过程中，学生才能有独特的感受和体会。这样才是在学习活动中，突出学生学习主体地位。

细节反思

科学的提问可以牵一发而动全身，如果问题提得太多太细碎，会使课堂的目标不够明确，教学的重点不够突出，根据简约主义原理设计问题比较科学，要尽量减少课堂上的无效提问，实际的问题要拓展学生的思维活动，增强学生的思维深度，扩大学生思维广度。科学的提问既尊重学生的个性发展，又可以充分发挥学生的个性发展。这节语文课堂可以条理清晰，重点突出，生生互动，师生互动，既有安静地思考，又有思想的交流碰撞，还有课堂的精彩展示。总的来说，课堂的成功取决于课堂提问的精彩设计，当然这节课还有许多的不足，我还会继续努力，毕竟学无止境。

优秀教师颜廷娟《安塞腰鼓》课堂精彩提问

案例50

《安塞腰鼓》是一篇精致的"艺术散文"，学生真正读懂它不是件容易事。起始课，学生通过观看2分钟课件对"安塞腰鼓"有了这样的感受：整齐、雄壮、壮观、野气，是原始的、朴素的。到这个时候，学生并没有把关注点从事件转移到文本上，怎么办？我放弃了大家惯常让学生"流利地朗读"的做法，抛出一个问题启发学生："有没有发现有些句子传递这种感觉更强烈一些？而有的句子就不那么明显？"让学生自由读，我此时提问的落点在"感觉"。所以，接着问："能不能在书上圈画出来？"结果是学生各自圈画了"感觉强烈"的句子，紧接着是学生积极的交流。

下一环节，我要把学生的这种感觉引向实处、细处、深处，要让这种感觉细腻、丰厚起来。我接着问："想一想，为什么是这些句子？它们在句式上有哪些特征？""想一想为什么是这些句子"，也就是对自己感觉的反思，反思的结果是"发现"了句式的词语运用的特征。接下来的问答是这样的：

生：第十八节，用了排比，语气非常强烈有递进的意思。（学生找到了特征，但感觉是笼统的，因而是粗浅的）

师：怎样排比的？（目的是引导学生调整落点）

生：第一个"有力地搏击着"，第二个"疾速地搏击着"，第三个"大起大落地搏击着"，意思一个比一个强烈。（老师的调整没有见效，该学生感觉仍在粗浅处，但思考的方向开始转变，由抽象归纳返回到了具体语句）

师：它跟下面的排比一样吗？"它震撼着你，烧灼着你，威逼着你。"（换一个角度启发，给学业生提供一个思考的台阶）

生：一样，一个比一个幅度大，都是越来越强烈。（启发仍没见效该学生只能从幅度的角度去感觉）

师：用词上呢，我们再来看一遍。（点出思考的新方向）

一学生思考后说："三个词都是说明了幅度"。（学生开始反思自己的感觉，但一时不能到位）

（这个时候我没有急于提示，而是把询问和求助的目光转向了同学们。）

师：有没有人想帮他说一说？

生："有力地搏击着"是力度，"疾速地搏击着"是指速度，"大起大落地搏击着"是说幅度。（学生终于说出了自己的细致感觉）

在老师的引领下，学生终于从事件本身走下来，站在了文本之上，又落点在对文本内容的感觉上。

成功细节

引领学生将关注点从"安塞腰鼓"这一事件转到文本上,关键是把落点放在学生的"感觉"上。这既是一个制胜的落点,同时也是一个将学生的学习和感悟引向纵深的起点。当学生的思考漂浮于文本之上时,用观看课件,得到笼统感受的办法聚拢学生的目光;当学生的目光只游离于文字表面时,从圈画已有感受入手,牵引学生深入文本。这样,学生就能立足文本,开始真正意义的阅读;当学生的回答偏离教学的核心目标时,不是生拉硬拽地命令他们怎样做,而是巧妙设问,变换角度,最关键一点就是始终将学生的"感觉"放在第一位。

功效评价

《安塞腰鼓》文章气势恢宏,句子铿锵激越,所以很多人把朗读作为教学的唯一重点。如果我们只通过朗读来体会文章的意蕴美,来理解安塞腰鼓激越的鼓声里承载的陕北后生激昂的革命精神的话,实效性不会很高,文本的价值就会大打折扣。《语文课程标准》指出:"阅读教学应引导学生钻研文本,在主动积极的思维和情感活动中,加深理解和体验,有所感悟和思考"。本节课落点在学生"感觉"上,所有设问都以学生的"感觉"为主导,让学生实实在在地立足在本文之上,让感觉导航,通过文句的咀嚼品咂来感受句式特征,进而理解文句的思想内涵,充分实现了文本的教学价值。这样的教学方式对于培养学生学习的主动性、积极性,以及合作精神都有作用。也有利于学生养成独立思考,品味,反思的习惯和能力。

细节反思

王荣生教授说:"《安塞腰鼓》就是要把习惯于流利阅读因而对词语、句式丧失敏感的人绊住,从而迫使读者停住匆匆的脚步,细细地观赏那些绊脚的词语。"本节课的成功之处在于用精彩的提问,引领学生从"粗浅感受"过渡到立足文本。真正实现了作者"迫使读者停住匆匆的脚步,细细地观赏那些'绊脚'的词语"目的。但是顾此失彼,没有安排朗读训练。有人评价这节课说:"没有朗读,朗读又无处不在——学生没离文本,这里有各人读各人的朗读"。我也认为基本做到了"抽绎意蕴"的朗读,做到了"落点在感觉"的朗读。但是,就文本特点而言,它有独特的意蕴美,它的遣词、句式以及整体节奏上,均经过一番苦心孤诣的设计,充满着一种神奇的形式美。在理解的基础上,还是应该将朗读教学穿插其间。少了朗读指导和朗读训练,相对文本特征而言总是一种缺憾。

第四章 课堂精彩拓展

优秀教师杨春霞《等待》课堂精彩拓展

案例51

杨老师在讲授吴冠中的《等待》一文,分析文章的前四段时,学生有分析出等待相约的人未到时是焦急的火辣之味,有分析情人等待时是甜蜜之味,也有说是难得相见的苦涩之味,有学生分析母子互等的甜蜜之味,是因为都有欣慰和满足的期待,也有学生分析果子成熟过程中的等待的酸涩、辛苦之味。于是老师趁机总结出等待给人的感受真是"人间百味"呀!本以为到此结束恰到好处。没想到有个学生在下面小声说:"等待真有一百种味道吗?"杨老师忽然意识到学生对等待的认识并没有形成系统丰富的感受,于是就将这个问题呈现给所有的学生。同学们马上有了不同的看法,有认为等待是没有味道的,因为味道无怪乎就是"酸甜苦辣咸香臭"等几种而已;有认为有的,因为这些味道还可以自由组合,另外即便是甜也有不同种的甜。紧接着"要不要写够一百种等待的味道""作者已写的是否具

有代表性""我们能不能给补全不足的九十六种（当时学生认为前四段就是四种）"等等问题也就应运而生，真是一石激起千层浪。

生1：根本不用写够一百种，作者写的等待是很有代表性的。从一个人等待杳无消息到等待中有了相互向往的内容，再到母子二人不同时间的相互等待，再到等待果子成熟的无休无止，循环往复。

老师：你说的意思是作者所写的等待是充满了我们生活的每一个角落的，是普遍联系的，是循序渐进的。

生2：老师我不同意他的观点，我认为每个人都有属于自己的一份等待，在不同的时候等待不同的人，不同的事，不同的情怀，不同的味道。

老师：等待是无止境的，正因为如此，等待的味道才称得上是"百味"。你的意思是你还想补充一下对吗？

生2：可以，我想说的等待是苦中带甜的等待长大的过程……

学生们开始补全剩下的九十六种等待的味道真是五花八门。有自己醇香持久的等待一种事物的重新出现，有苦苦地等待朋友谅解的希望，有甜美醉人的等待曾经的童心再现，也有酸涩地等待妈妈再抚摸我一下的无奈；还有许多文学作品中的等待也被学生搬了出来。简爱对爱情的等待，桑迪亚哥对大马丁鱼对峙时的等待，保尔对死亡的等待等等。

通过以上对等待的拓展，学生不仅理解了作者在文章中对等待循序渐进的独特的表现手法，也真正理解了等待中的"人生百味"。

成功细节

本案例中教师采用了生成拓展的方法及时进行了教学拓展。所谓的生成拓展是指教师在无法预设的情况下，当学生对文本内容进行质疑的时候，因势利导，成功进行拓展。本案例中学生在下面小声说："等待真有一百种味道吗？"老师细心地捕捉是使教学拓展精彩的突破口。学生对这"百味"的补充是在对文本进行充分了解的基础之上，调动自己的生活经验和阅读体会，重新拓展自己的体验经历的过程。拓展是思维活动的扩张，如增强思维深度，扩大思维广度等。本案例中学生对等待由单一的几种体味到相互叠加，相互区别的多种体味的形成，正是其自身思维深度、广度的加强。只有内化成学生自己的体验的教学才是有效的教学，这里老师适时的调动了学生对等待的"人生百味"的理解和体会，在文本和学生之间建立起一座交流的桥梁，让学生重新理解这一抽象心理状态中的心理体会。

功效评价

语文教学的拓展和延伸充满教育智慧。不是与文本内容相关知识的生拉硬扯，而是与教学价值动态生成关联的知识的有机融合。学生补充的九十六种"味"正是建立在"百味"的质疑中，已有的"四味"基础上的探究拓展。拓展，对于语文教学有着极其重要的价值，而语文课堂中的拓展又必须以"有效"为第一追求。因此，只有根据文本教学的需要，准确把握拓展时机，精心筛选拓展内容，悉心挑选拓展形式，拓展才能在动态生成中创设语文课堂教学的别样精彩。本案例中对于等待的"人生百味"的拓展正是教者细心地发现学生的疑问，由疑而入，把握了最好的时机，同时适时的拓展了对"百味"的补充。形式上从文本到自己的生活经历再到自己的阅读体会等等，层层深入，循序渐进。最终使学生经过拓展对等待有了更为丰富系统的认识。课堂教学的拓展点应该是后续学习的新的逻辑起点、思考问题的新的立足点和思维延伸的新的发散点，本案例中的拓展内容让学生对等待这一抽象的心理有了立体的认识，为后文对等待的必然性、无谓等待的危害、享受等待的幸福等多个环节做了丰厚的前提准备。

细节反思

语文课堂拓展与文本教学之间具有一定的黏合度，拓展的时机要恰当。拓展材料的预备性、拓展活动的互动性、拓展过程的探究性、拓展情境的无痕性等都要求教师对拓展的环节有很好的把握。语文课堂教学的拓展与文本解构的过程是一致的，拓展的维度选择要科学。既可以是在同一思维层面上的广度延展，也可以是不同层次上的深度挖掘，还可以是多个维度上的个性审视。本案例中的拓展就是在深入解读文本的基础之上，调动学生的多维度个性审视体验过程中完成的。

优秀教师王德强《散步》课堂精彩拓展

🕘 **案例52**

王老师在讲授《散步》一课时,赏析到文章最后一句"但我和妻子都是慢慢地,稳稳地,走得很仔细,好像我背上的同她背上的加起来,就是整个世界"时,读到"我背(bèi)上的同她背(bèi)上的加起来,就是整个世界",一位同学提出质疑:老师,我觉得"背"应该读成"bēi"。因为,这样读,更能体现出文中"我"和妻子一种担当的责任。

在这个句子中,"背"到底读"bēi"还是读"bèi",确实是一个问题。王老师猝然临之,并没有妄下结论。他因势利导,让全班同学重新读了最后一段,并就"背"字的读音展开了讨论。

有的同学认为应该读"bēi",因为这一段的前文中说到"我蹲下来,背起了母亲,妻子也蹲下来,背起了儿子","背"的读音都是"bēi"。而且读成"bēi"时,"背"是一个动词,而这个动词的对象又是"整个世界",所以说,"我"和妻子有一种责任感和使命感,敢于担当。

有的同学认为应该读"bèi",因为已经"背(bēi)起了",就不用再说"背(bèi)上了",从避免语义重复的角度看,这里的"背"不可以读"bēi"。而根据上下文的联系来看,母亲"不算重",儿子也"轻",正好和"整个世界"的"沉重"相对比,强调的是"我"和妻子意识到了肩上的责任,人生的使命。读"bèi","背"字作为一个名词,点明的是责任与使命的所在。

看来都有道理。

王老师说:同学们分析得很好,能够从不同的角度,结合文章的写作目的和语言的运用细致地加以分析。其实,作为整个散文的结束语,这句话说得很"重":老人、孩子,就是"整个世界",作为中年人,上有老,下有小,没有担当,没有责任意识，怎么可以呢？"背"无论是读成"bēi"还是读成"bèi"，都给了我们这样的感受，说明这个字是非用不可的。同学们在对个字音的讨论过程中，都体会到了作者的那种责任感、使命感。提出质疑，仔细琢磨的过程中，我们也就领会了文章的深义，感受到了作者的用字之精，用意之深。至于这句话中的"背"字，我自己觉得读成"bèi"更恰当，因为前面说了"我和妻子都是慢慢地，稳稳地，走得很仔细"。人在拿着或者背着什么样的东西时才会这样走路呢？（学生回答：珍贵的东西）王老师说：之所以"慢慢地"，"稳稳地"，正是因为视如珍宝，唯恐有所闪失，需要小心托护才行。如果是"背（bēi）上"，是不是少了一点珍视感呢？

最后，王老师说：谢谢这位提出质疑的同学，让同学们和我想了这么多，胡适先生曾说过：做学问要在不疑处有疑。你的质疑，让我们细品了文学之美，领悟了学习之道。

⏰ 成功细节

本案例中，王教师并没有急于回答学生的问题，简单否定或者盲目纠正，而是因势利导，让学生深入到对文本的品读与思考中去。在学生发表自己的见解之后，教师在肯定学生的认识的同时，并没有如所谓的"赏识教育"那样：模棱两可，仅仅向学生翘翘大拇指了事。而是在鼓励，评价的同时，补充了自己的理解，丰富了学生对散文语言意蕴的感受。邵燕祥说：对母语的爱，不是靠说教，而是经由一点一滴对母语细微处的美感和趣味的真实意会形成的。《全日制义务教育语文课程标准》"课程的基本理念"部分要求："在教学中尤其要重视培养良好的语感和整体把握的能力"。王老师和同学在课堂上针对"背"字读音的一番讨论，应算一例。

⏰ 功效评价

真正的课堂学习，是从学生那里开始的，学生"惑而不解"之处，即是教学发动之机，教师如能见机而做，顺势而为，往往能激发思想，收获智慧。学生没有小问题，问题是思想的开始，教师只有及时地面对学生的每一个问题，才能将学生引入思想的乐园。王老师在这一教学细节中做到了"不愤不启，不悱不发"，因而收得了举一反三之功。

🕐 细节反思

"奇文共赏析,疑义相与析。"作为当代散文的名篇,《散步》小而精,耐读,耐品,有情有理,语言整练,婉而有致。但其一目了然的表达,却是教学设计上的一个难点,如何安排教学过程,如何设置教学问题,如何引导学生深入体会言文之美,都关乎教学的品位。王老师的可贵之处在于他以开放的姿态悦纳了学生的问题,恰到好处地生成一段赏析的学习情境,慢嚼细品了文章的精华之处,以小搏大,耐人寻味。

优秀教师姜丽娟《邹忌讽齐王纳谏》课堂精彩拓展

🕐 案例53

优秀教师姜丽娟作省级公开课《邹忌讽齐王纳谏》。在进行深入探究人物形象时提问:"邹忌和齐威王分别是什么样的人?"学生踊跃回答。生1:"以家庭小事喻国家大事,这一点可以说明邹忌是一个懂得进谏艺术的人。"生2:"'善'字说明威王的态度和决心,也是对邹忌讽谏的肯定和赞赏。"姜老师点头赞许说道:"通过同学们的概括,我们知道齐威王是一个广开言路、虚心纳谏、胸襟宽阔、明智果断、知错就改、从谏如流的君王,但他更是一位勇于改革的明君。这是课文中的邹忌、齐威王,那么你知道历史上的邹忌、齐威王分别是怎样的吗?"生1:"齐威王,是一个很有作为的君王,据史载,他继位之初不理政事,结果'百官荒废,诸侯并侵,国且危亡,在于旦暮'。谋士淳于髡乃以隐语进谏曰:'国中有大鸟,止于王庭,三年不飞不鸣,王知此鸟何也?'齐威王听后顿悟曰:'此鸟不飞则已,一飞冲天;不鸣则已,一鸣惊人。'从此,齐威王励精图治,修明政治,齐国大治。"生2:"邹忌,齐国的谋臣,历事桓公、威王、宣王三朝,以敢于进谏和善辩著称。战国时政治家。"姜老师微笑着说:"同学们说得太棒了。齐威王不仅虚心纳谏,而且视人才为国宝,把人才当作国家真正的财富。任用邹忌为国相;对淳于髡赏识和重用;任田忌为将军；孙膑为军师，使齐国发展壮大。齐威王执政的中后期，齐国一跃成为战国七雄中实力最强的国家。"在同学们渴求的眼神中，姜老师继而问道："历史上还有哪些像邹忌、齐威王一样的贤臣和明君呢？"生1："比干劝谏商纣王不要沉湎于酒色而被挖心；蹇叔劝谏秦穆公不要出兵伐郑而被嘲讽羞辱。"生2："魏征和唐太宗是历史上罕见的君臣，魏征直谏而被唐太宗接受；晏子谏杀烛邹。"姜老师水到渠成地总结："由此得出，直言进谏不易被接受，委婉进谏不仅被接受而且是欣然接受。"

成功细节

在本案例中，姜老师循循善诱、因势利导，采用了探究式的教学方法。并能逐层深入地将问题一步步引向高潮，使学生的思维不仅仅拘泥于课本，而是以课本为基础，走向了更广泛的课外阅读积累。让学生结合文本把握内容，探究人物，更深刻理解文章的思想内涵。与此同时，在自由、轻松、愉快的教学环境中，学生不仅学到了知识，更主要的是学生可以在积极的思考、探究中能力得到提高，自我价值得以实现。

功效评价

一堂好课，不仅仅是要求教师顺利的完成教学流程，解决重点，突破难点，更重要的是在教学中有新的生成。所以教师在教学过程中要不断地、深入地引发学生思考，充分运用学生的智慧。本节课，姜老师就是在完成教学内容中对人物形象的概括基础上，进而引发学生思考历史上的邹忌和齐威王以及思考历史上像邹忌和齐威王一样的贤臣和明君。就是这个环节，激发了学生探求知识的兴趣。也让学生在学习的过程中充满了自信，自我价值得到认可，为今后更好地学习打下了坚实的思想基础。同时也活跃了课堂气氛，出现了前所未有的盛况，收到了良好的教学效果。

细节反思

本文深入探究的内容主要有两个方面，人物和写法。首先，是结合文本概括人物形象；其次，是站在历史高度深刻理解人物；最后，是思考历史上还有哪些像邹忌、齐王一样的贤臣和明君呢？贴合本文邹忌善于言辞，巧妙进谏并使得齐王欣然纳谏的主题，让学生再去拓展历史上其他进谏故事，并由进谏成败引发思考，

对比总结出"忠言顺耳更利于行"的新道理，将文本的主题得到一个新延展，从而对学生的实际交流方式更具指导意义。通过这堂课让我更深刻的认识到：要上好一篇文言课，对教师的基本功要求比较严格，如果没有吃透文章，理解其中的深意，就难以讲解透各知识点，更无法驾驭教材，也无法灵活运用各种教学方法。因此还要提升个人素质，提高驾驭文本的能力。

优秀教师侯雪《曹刿论战》课堂精彩拓展

案例54

在学习《曹刿论战》时，侯雪老师是这样结合学生的疑问进行课堂拓展的。

曹刿论战第一课时，讲文章的第一段。侯老师采取常规讲法，将重点放在了曹刿和庄公一问三答三断对话的理解上。引导学生形成这样的认识：曹刿对庄公两次否定，是在启发庄公要认识到政治上取信于民才是战争取胜的先决条件。在讲解过程中，学生提出这样一个问题："鲁庄公对神非常诚信，为什么曹刿说神也不会赐福给他呢？神灵也太不讲究了。"一语既出，全班学生纷纷点头，可见这个疑惑是全班同学理解课文的难点。

侯雪老师没有直接回答这个问题，而是请同学们关注曹刿的回答"小信未孚，神弗福也"，让学生进入角色，把自己想象成鲁庄公，然后问："你觉得曹刿在启发你什么？"学生说："这是小的信用，神不会赐福给我的。""好，就曹刿的这个回答而言，神为什么不会赐福给你呢？""这是小的信用。""对，曹刿认为对神灵诚信是'小信'，那么什么才是'大信'呢？""取信于民呀"学生马上就说出了自己的理解。侯老师进一步引导学生，"也就是说民与神相比，取信哪个更重要呢？"学生回答"民更重要"。到此侯老师才适时点拨："对，民为国之根本，民意很重要，甚至于神意都要取决于民意。如果神灵真有知，神灵不会因为庄公仅仅取信于自己了就去支援他。"说到此，侯老师板书了"民孚则神福"，学生再次纷纷点头，这次不是表达疑惑而是表达理解了。

侯老师并没有就此停止探究，接着说"古文言简而意丰，阅读中我们要咬文嚼字，字斟句酌，才能深者得其深，浅者得其浅。此外学习古文要多阅读多积累，'民孚则神福'的观点在《左传》中还出现过"接着，侯老师通过多媒体设备课堂拓展了以下一则材料。

（少师归，请追楚师，随侯将许之。季梁止之曰："天方授楚，楚之嬴①，其诱我也，君何急焉？臣闻小之能敌大也，小道大淫②。所谓道，忠于民而信于神也。今民馁③而君逞欲，祝史矫举④以祭，臣不知其可也。"公曰："吾牲牷肥腯，粢盛丰备，何则不信？"对曰："夫民，神之主也。是以圣王先成民而后致力于神。民和而神降之福，故动则有成。今民各有心，而鬼神乏主，君虽独丰，其何福之有！君姑修政而亲兄弟之国，庶免于难。"随侯惧而修政，楚不敢伐。

【注释】①嬴：léi，瘦弱，困顿。②小道大淫：小国有道义，而大国君主沉溺于私欲。③馁：饥饿。④矫举：诈称；谎说。)

学生借助注释当堂翻译，尤其是材料中的"民和而神降之福"一句一语中的，加深了学生对这个问题的理解。这样学生的一个难点通过教师的"咬文嚼字""课堂拓展"就解决了。

成功细节

侯雪老师这节课的课堂拓展与众不同之处在于一反常规，传统的课堂拓展一般放在一节课结束的环节，能起到曲终奏雅的效果。但是这节课的拓展是随着课堂疑难的生成和解决过程而水到渠成，没有任何雕琢斧凿的痕迹。当学生提出"神为什么不赐福给庄公"的疑问时，老师没有简单地解答，而是引导学生再次深入文本，咬文嚼字，以对"小信"的理解作为突破口来引导，最终让学生自己说出了体会。如果从课堂释疑的角度来评价的话，这样解决问题尊重了学生的主体地位，同时发挥了教师的主导作用，的确可圈可点。但是侯老师就在此时不失时机地拓展引入一则自己课前准备好的资料，借助教学辅助设备当堂展示、翻译，将学生对"民孚则神福"的理解引向深入，体现了知识的融会贯通，彼此联系。这个将课内和课外有机组合的契合点掌握得非常恰当，既进一步帮助教师巧妙地实现了教学目标，又激发了学生阅读《左传》的兴趣，可谓一举两得。当然这样的课堂拓展要建立在教师备课时掌握大量资料，课前准备非常充分，对课堂生成有足够预估的前提下，这反映了一位教师的教学投入和教学经验。

⏲ 功效评价

评价课堂教学内容拓展的好坏,最重要的是看其是否有效。一个有效的拓展,首先应该有助于实现教学目标,教学目标是整个教学过程的指导与标准,是课堂教学的出发点与归宿点。强化课堂教学内容拓展中的教学目标意识,在一定意义上是为了提高拓展活动自身的目标达成度。本课例中的拓展就很好地服务于教学目标,服务于解决教学内容的重难点。

其次,拓展内容要能够激发学生探究问题的热情,能促进学生对语文知识的接受。在传统的中学语文课堂上,学生的学习并不主动。当拓展的内容确实引起学生求知的欲望,学生才会表现出好奇,才会主动探索问题,尽自己最大的主观力量去操作实践,最后掌握知识。如果一堂课中教学内容的拓展能使学生认为对自己的能力是一种挑战,激起学生主动参与的热情,这样的拓展才是有效的,本课例中内容的拓展体现了一个逐步深入的思考过程,而不是做机械的判断与记忆。

⏲ 细节反思

教材是语文课堂教学之"根",之"本",是语文课堂教学一切活动的聚焦点,而拓展是课堂教学之"末",仅仅是课堂教学的一种辅助手段。背离了这一点,那些所谓的拓展只会是舍本逐末的"无根"拓展。

课堂教学内容的拓展应该考虑到教学行为的实践过程。课堂教学内容的拓展首先依赖于教师的设计,教师要在备课中对文本进行深入的思考、研读,同时对学生的学习能力和水平有准确的判断,才能够设计和选择合适的拓展内容和角度,做到有的放矢使拓展为本节课教学服务,这个实践应该是教师单方面的。此外,拓展的成功还依赖于拓展的探究性与互动性:在拓展过程中教师与学生是否处在一种平等对话的关系层面上,是否是一种民主的参与合作关系,整个拓展的过程是不是一个真实的思考与论辩的过程。基于此,找准最佳的结合点进行拓展则尤为重要,拓展不应是随意的,更不能喧宾夺主。在教学过程中,教师要善于抓住一个关键句、一个场景、一个细节,既立足于教材,又能跳出教材,适当引进课外知识,作为课内知识的一个有益补充。

优秀教师田小娟《俗世奇人·泥人张》课堂精彩拓展

案例55

师：作为土生土长的天津人，冯骥才先生首先挂心的是天津民间艺术的传承。那么大家知不知道我们陕西有哪些民间艺术呢？

课外拓展——走近三秦奇葩，了解陕西艺人。

生1：我昨天晚上看了一个名为《探索·发现》的电视节目，里边介绍了咱陕西的皮影。从那里我知道陕西的华县是有名的"皮影之乡"，在清朝时，华县有很多的皮影戏班子，而现在一个戏班子也组织不起来了。

师：首先我想说，这位同学非常会学习。她昨天看了一个电视节目，今天就把它与我们的语文学习联系起来了。她刚才说的皮影戏，大家看过吗？

（生有的说看过，有的说没有）

师：老师给大家放上一段吧。请大家欣赏皮影戏《杂货郎》中的一段。

（播放皮影戏《杂货郎》）

师：看了这段皮影戏，大学有什么感受？

（有生不自禁地说"嘹咋咧"）

师：作为秦人，听着秦声，别提多亲切了！大家对皮影表演艺人们有耳闻吗？

生（众）：没有。

师：老师为大家介绍一位。在华县皮影界，有一位被称为"皮影活化石"的表演者，他叫潘京乐，人称五月红。如今，老人已是耄耋之年，他最大的心愿，就是古老的华州皮影文化不会从自己的手上失传。大家还知道别的艺术吗？

生2：我知道马勺脸谱。它其实就是用家中舀水的瓢做成的，在上面刻上一些精致的花纹，绘成脸谱。

师：太难得了，你还知道马勺脸谱。其他同学听说过吗？

生（众）：没有。

师：那大家要向这位同学学习呀，要关心我们的民间艺术。老师给大家放一组马勺脸谱图片。

（配乐播放马勺脸谱图片）

师：屏幕上显示的是西安环城西苑中的马勺脸谱雕塑。它的创始人就是被称为"马勺李"的李继友先生，他为陕西的民间艺术奉献了毕生的心血。这样的人，我们应该记住他。陕西的民间艺术还有很多呀，大家知道的还有哪些？

生（众）：面花、剪纸。

师：我们陕西的民间艺术可谓异彩纷呈，每一类民间艺术中，都有一些默默无闻的民间艺人，倾其毕生精力为他们喜爱的艺术奉献着自己的一切，这其中就不乏像泥人张一样德艺双馨的人。

（屏显一组陕西民间艺人图片）

我们能不能也为他们立传呢？今天，老师想留给大家这样一个选修作业。（屏显）

选修作业：请大家利用多种渠道，了解三秦大地上的艺术奇葩及民间艺人们，借鉴本文的写法，写一写他们中的奇人奇事。

师：最后，老师想说的是：让我们给予民间艺术更多的关注与热爱吧！

成功细节

《语文课程标准》明确指出："语文课程应拓宽语文学习和运用的领域，注重跨学科的学习和现代化科技手段的运用，使学生在不同内容和方法的相互交叉、渗透和整合中开阔视野，提高学习效率，初步获得现代社会所需要的语文实践能力"。的确，随着新课程的实施，许多教师都在语文课中进行着拓展教学的实践。然而好多的"拓展"并没有真正而有效地融于语文教材的学习，导致语文课的浮夸和低效。"拓展"是根据教材要求、文本特点、教学目标、学生基础、教师个性，适时、适度、适量、适情地引入文本背景和相关内容，包括文字、音乐、图片、影像等媒介，整合成读、写、思的教学策略，促进感悟，促成建构。成功的拓展教学就是一种教学艺术，能促进学生语文素养的全面提升。因此我们努力地实践，追寻"拓展"与文本学习相融无痕的境界。田小娟老师这堂课的拓展，以文本为依托，以结合具体的地域文化特点，有效的将课文体现出的深层次文化内涵融会与具体生活，关注于民间文化的保护与传承，很有"语文味道"。

🕐 功效评价

除了正常的文本教学，更具现实意义的是第三个环节，即拓展环节——探究冯骥才先生为这些俗世奇人立传的根本目的。近年来，冯骥才先生致力于城市保护和民间文化遗产的抢救，而冯先生笔下的俗世中之奇人，大多是民间文化的传承者，为这些俗世奇人立传本身，就是作者身体力行保护民间文化遗产的表现。面对我国诸多文化遗产面临失传的现实，学习作者这种保护、传承民间文化的意识，更具现实意义。

基于这个目标，有必要让学生首先关注身边的民间文化遗产，从现在起，就牢牢树立传承民间文化的意识。田老师引领学生关注陕西民间艺术，要为陕西的民间艺人立传。关于这一教学目标，显然课堂上是不能彻底落实的。但重要的是，教师要在学生心中种下一粒种子，有了种子，就有了希望。

🕐 细节反思

语文课堂中对话的生成，是学生用一定的语言形式将阅读所得表达出来。精彩的生成包裹着语言、思维、情感的和谐共生，都是学生创见性的成果，也是教师在智慧的付出和欣喜的发现中即时诞生的。这种生成，能弥散为课堂生命的气息，能撞击成课堂心灵的火花。因此，教师在引导学生从文本中走出去的同时，要利用好文本，引导表达、开拓和生成自我、自行发现、自由创造的机遇。课外的世界更精彩，课的结尾，教师可以引导出"拓展"的空间，让它成为学生从课堂走向古代文化，现代文化，中华文化，世界文化的通道，但这绝不是简单的读物推荐，粗糙的信息堆砌，而需要教师找准课堂内外的契合点，从文本引向文本（包括文本阅读到文本阅读；文本阅读到文本创作；文本创作到文本创作），以文本延续文本，因为，言语世界是语文课"拓展"的灵魂支柱。

优秀教师刁英芳《拥你入睡》课堂精彩拓展

案例56

这堂课的最后一个教学环节是"拓展迁移，交流分享"。

师：我想同学们一定在许多文学作品中感悟到了父爱，也一定在自己父亲的身上读懂了父爱，就让我们共同进入今天的"交流分享"空间，把你们感悟到的，读懂的父爱和大家共同交流分享。（屏显）

讲一讲：如果你善于表达，可以讲述自己和父亲之间的亲情故事。

说一说：如果你擅长积累，可以说一说和父爱有关的名言警句。

吟一吟：如果你爱好吟诗，可以吟诵与文章情感相关的诗歌。

唱一唱：如果你热衷唱歌，可以唱一首与文章感情接近的歌曲。

生1：我想起了一句描写父爱的名人名言。高尔基说："父爱是沉默的，如果你感觉到了，那就不是父爱了！"这说明父爱是不易察觉的。

生2：达·芬奇说："父爱可以牺牲自己的一切，包括自己的生命。"我觉得这句话说明父爱同母爱一样都是无私的、伟大的。

生3：淮南子说："慈父之爱子，非为报也。"这说明父爱是不求回报的。

师：同学们的积累真丰富！

生4：我想背诵一首诗歌，题目是《父亲》。

父亲

朦胧时候

父亲

是一座大山

坐在他肩头

总能看的很远、很远

懂事时

父亲

是一棵倔强的弯松

这才发现

我的分量是这样重、这样重

而现在

父亲啊

你是一首深沉的诗

儿子默默的读

泪轻轻的流

师：这首诗歌的结构和余光中的《乡愁》很类似，读懂了父亲，内心就会多一份感动。

生5：我想讲一个我和父亲之间的故事。今年冬天我去游泳，在车上我看见爸爸的手始终捂着衣服，我就问爸爸是不是身体不舒服。爸爸说："我给你买了两个汉堡，怕它凉了，就放在衣服里面，好让你游泳后能够吃到热的汉堡。"这两个带着爸爸体温的汉堡使我感受到了爸爸对我的关爱。

师：你真的很幸福，有这样一个细心又体贴的好爸爸。

生6：我想为大家唱一首歌曲，歌名是《我有一个好爸爸》。

🕐 成功细节

《语文课程标准》指出："阅读教学是学生、教师、文本之间对话的过程"。"阅读是学生的个性化行为，不应以教师的分析来代替学生的阅读实践。应让学生在主动积极的思维和情感活动中，加深理解和体验，有所感悟和思考，受到情感熏陶，获得思想启迪，享受审美乐趣。要珍视学生独特的感受、体验和理解"。在"拓展延伸"这个教学环境中，教师可以引导学生沉浸于多元语境，让感悟更准确，更深沉。刁英芳老师有意识引导学生扩充文本，促进学生对同一主题领域材料宽泛的阅读、选择，在语言的江河湖海汇合中，锤炼、吸收、整合、处理多种信息的能力，同时丰富感性认识，构建起属于自己的意义理解，准确的"悟"得益于厚积的"感"。教学时，在文本显情露意处，借助多媒介，造境设景，使学生与作者的感情共鸣，学生深厚的感悟就在相互映照的多重情境中交错而生。

功效评价

新课程强调要把学生已有的生活经验作为课程资源的重要组成部分,同时,语文又是一门工具性和人文性相统一的学科,因此刁老师在教学设计时特别设计了"拓展迁移,交流分享"这一环节,让学生调动已有的生活积累、知识积累、情感体验,采取"超市型"的学习方式,让学生自主选择擅长的方式来表达对父爱的理解。这一学习过程既是学生已有知识和情感释放的过程,同时又是学生之间互相交流学习的过程。现在的学生很容易忽略最平凡但却最真实的情感,他们习惯了接受爱但是却很少能够感受到爱。一位哲人曾经说过:"这个世界上最可悲的事情就是一个人毫不羞愧的说:没有人给我任何东西。"因此,通过这个环节的设计,唤起学生心灵深处对亲情最真切的体验,让学生有一颗善于体会和感动的心灵,让学生珍惜每一个平凡的日子里那些不平凡的情感。

细节反思

言为心声,教师要体察学生的心灵历程和精神状态,估计文本的哪一点、线、面,最有可能介入学生的生命和精神活动,并提供相关信息,丰富其精神"内存",点燃其精神潜能,在学生有话想说,不吐不快时为情造文,促成语言和精神同构共生。课外拓展这个教学环节就能起到这样的神奇作用。只要是在"语文课"的大前提下,充分调动学生的情感和思维,激发他们倾吐或创作的欲望,都是在让学生们将独特的感受、体验以多种方式呈现出来。

优秀教师毛洁《献给母亲的歌》课堂精彩拓展

案例57

师:从同学们的讨论中,我看到了思维碰撞的火花,非常灿烂!可见,我们每个人,都是母亲用青春、用汗水甚至用泪水浇灌,从幼苗长成参天大树的,下面就让我们一起写下自己的心声,赞美母亲的恩情。

(学生仿写练笔并交流展示)

生1:母爱就像春雨,润物无声;母爱就像山歌,绵长悠远;母爱就像湖水,宁静甜美。

生2:母爱就是一生相伴的盈盈笑语;母爱就是漂泊天涯的缕缕思念;母爱就是沁人心脾的阵阵清风。

生3:小时候,母爱融在乳汁里,吮着它,香甜甜;上学时,母爱装在书包里,背着它,沉甸甸;长大后,母爱藏在枕头里,枕着它,意绵绵。

(换角度,反思母爱)

师:同学们写的这些句子,让人深深地感受到你们都沐浴着母爱,可平时在课间,我却常发现大家闲聊时一提到母亲就会说"哎,我妈呀,烦死了",这又是为什么呢?

(全班学生大笑)

师:大家的笑声背后隐藏着什么呢?

生(七嘴八舌):妈妈们爱唠叨呗。

师:一般都会因为什么事而唠叨你们呢?

生1:屋子里乱,下雨没带伞或者不肯加衣服。

生2:吃饭挑食,写字姿势不好。

生3:学习成绩不理想。

生4:早上不叠被子,有时晚上不洗脚。

生5:学习不努力,考试退步或者犯错误被老师批评。

生6:生活琐事、行为习惯都会说的,总之很多。

师:嗯,我很理解大家,看来母亲的唠叨真是无孔不入呀!今天我们来总结并反思一下,母亲为什么那么爱唠叨?

生7:为我好,想让我健康成长。

生8:希望我长大成才。

生9:都是美好的祝愿。

生10:望女成凤、望子成龙……

师:所以今天我有一副对联送给大家,我们大声地读出来,好吗?

生(众):声声唠叨美如歌,细细品味甜似蜜。

课堂精彩拓展

⏰ 成功细节

毛洁老师所上的《献给母亲的歌》，是八年级下册一次综合性学习课。综合性学习课就应该突出学生学习的自主性和积极主动的参与精神。这节课上，老师始终想方设法调动学生自主学习的主动性，激励学生积极主动地参与到综合学习活动中来，由于学习内容贴近学生生活实际，学生有体验，有感悟，因而有话可说。课堂上学生表现出来的那种主动性和那种积极参与的热情，使得整节课气氛非常活跃，师生共同进入了一种真实动情的忘我境界，学生在学习活动中，知识、能力和身心都得到了健康成长。这样的课堂既培养学生通过生活学习语文的能力，又引导他们养成积极参与活动、自主学习的良好习惯，同时，还使他们学会换位思考，理解母亲、珍视母亲、回馈父母，达到态度情感价值观教育的最终目的。

⏰ 功效评价

这节课，首先充分体现了综合性学习的特点。综合性学习，是语文知识的综合运用，是听说读写能力的整体发展，是语文课程与其他课程的沟通，是书本学习与实践活动的紧密结合。在这短短的四十分钟课堂上，既有对经典诗文的诵读，也有对学生动手写作能力的训练；既有对表达母爱的歌曲、诗文、故事等的倾听，又有学生自我见解和感受的表达；既有对文本内容的认知感悟，又有生活实践中的情感体验；既有语文课程的知识内容，又有与英语等其他课程的有效沟通和融合。这样高度的综合性学习课程，体现了教师在教学设计上的聪慧，也体现了教师在教学组织上的机智。

听故事、读诗文，还是说话、练笔，都始终不忘语文教学听说读写的基本任务，都始终把学生的语文能力培养放在首位，使这节综合性学习课成为一节名副其实的语言课。

⏰ 细节反思

综合实践活动，不仅仅是延伸拓展型，也不仅仅是资源开发型或专题整合型的语文综合实践活动，而更应该是生活应用型的综合实践活动。但目的都是一样的，促进学生语文素养的整体推进和协调发展。这种活动课遵守的基本原理是：借鉴转化，自主探究，尝试解决；合作交流，自由表现；多元评价，产生新疑。这种语文综合实践活动，让学生"穿透"语文文字教材，让"生活"和"表达"直接谋面。

毛老师的课堂能引导学生在学习活动中将知识、情感、态度等因素融合起来，在对母亲的误解的处理上引导学生们自觉地运用多元智能去解决，在解决的过程中，学生作为学习者的整体素质得到了全面锻炼和提高。

优秀教师王金华《再塑生命》课堂精彩拓展

案例58

吉林省语文学科带头人王金华在讲授《再塑生命》时，讲到莎莉文老师在给海伦·凯勒讲什么是爱时，莎莉文老师说到："爱有点儿像太阳没出来以前天空中的云彩。"一时间，学生不明白这句话意思，于是师生在课堂上讨论起来。爱究竟是什么？我们一直认为爱是任何人都明白的事情，可是在课堂上，却发现，原来我们一直认为学生都明白的事情，其实并不明白。于是就莎莉文老师对爱的解释，"你摸不到云彩，但你能感觉到雨水，你也知道，在经过一天酷热日晒之后，要是花和大地能得到雨水会是多么高兴呀！"进行讨论，终于理解了云彩是爱，雨水是表现形式，所以爱是看不见，摸不到的，它是通过外在的行为或语言传递出来，让我们感到高兴和快乐。

但王老师并不局限于此，还继续进一步拓展爱的认识，那么生活如此幸福的学生是否能感受到爱呢？班级里有一个学生的父母是聋哑人（众所周知），于是王老师小心地问道："你怎样感受到父母的爱的？"他惶惑地说："我就是能感觉到。""怎么一种表现？""动作和微笑。"其他的同学也都谈到体会到了父母之爱。

这时王老师由中央电视台一则公益广告：family分解为 farther and mother I love you，想到love分开解释是 l 代表 Listen(倾听)，o 代表 Obligate(感恩)，v 代表 Valued(尊重)，e 代表 Excuse(宽容)。爱并不是一个具体的可视可触的事物，在学生中，你们又是怎样认识爱的呢？在你眼中爱是什么？什么是真正的爱？于是学生谈出自己的想法：

生1：爱是在你需要的时候，在背后默默帮助你，在你受委屈的时候，给你莫

大的安慰。

生2：爱是一种看不见摸不着的一种抽象的概念。父亲母亲他们不会每天都说我爱你，但是我们却在生活的一点一滴中感受到爱。

生3：爱是一种能在人情绪低落、失意的时候，给人以慰藉以及安抚的抽象的东西。

师：世间的爱有许多种，可是其实最令我们感动的却是人间的大爱，你能否理解这种大爱？

生1：我想到了董存瑞，在关键时刻为了革命事业，舍弃生命，这是大爱。

生2：爱能让人感动，能感化别人，其实爱可以阻止一场战争。

生3：其实我想到了许多人：雷锋、任长霞、焦裕禄等，我感动于他们的大爱。

生4：爱是理解，爱是责任，像洋葱一样，层层剥开，直至最深处的心灵，让你泪流。

……

最后，王老师播放了《正大综艺》最早期的主题歌《爱的奉献》。伴随音乐，在黑板上写下：爱是奉献！在感人的歌声中下课。

成功细节

在课堂教学中，由一个问题引出对一个话题的探讨，教师不单单是教教材，更多的是抓住教育的契机，用好教材。

这节课由莎莉文老师教海伦·凯勒"爱"这个词语，没想到学生对应该理解的"爱"这个词语的意思竟然回答不出来，从而引发教者在这个词语上下了一番功夫，促进了学生对"爱"这个词语的理解，并由此联系生活，引发学生对爱的内涵的深入理解，让学生学会体会、感受爱，不仅体会父爱、母爱、师爱和友爱这些美好情感，同时上升到更高层次的理解，什么是大爱？大爱无言，大爱无声。由小家到大家，由个人到集体，在交流中，理解英雄人物的博大情怀和崇高境界，从而也提升学生的思想境界。

功效评价

语文课即是关于人的课程，它不是死的文字，是有血有肉的生活，语文课的教育目的最终是培养人，是培养有思想、有理想的社会中的人。语文课标明确指出，情感、态度和价值观是语文学科三个维度之一，对学生精神和人格的引领，是语文重要功能之一。

同时教育要抓住契机，"爱"是司空见惯的词语，可是从课本解释中我们才深深理解它的含义，从而也引发我们的思考：学生理解吗？不一定理解。我们要培养有爱的孩子，培养会爱的孩子，那么本文是一个好的素材，通过拓展，让学生明白什么是真正爱，对于处于青春期的初二学生来说，应该是一次爱的洗礼。

细节反思

这是一篇自读课文，通过问题形式来学习，可是意料之外，在问题的交流中出现了疑难，教者及时抓住疑难，突破要领，解决难点，在解决的过程中，因势利导，层层递进，推进三个问题进行拓展："你感受过爱吗？——什么是爱？——什么是大爱？"问题简洁明了，自然而然地推进，并无教育的斧凿之痕，在问题的推进中，进行了课外的拓展，与生活相联系，既自然又达到了预期效果。

当然语文课的拓展，不是要求每一篇课文都要拓展，要根据班级情况、教材内容以及教者的知识储备等方面，所以好的课堂内容的拓展才会有好的教学效果。

优秀教师廉淑文《鱼我所欲也》课堂精彩拓展

案例59

吉林省特级教师廉淑文老师在讲孟子的《鱼我所欲也》一课，出现了这样的一个细节：

在师生们有理有据地分析出："人在面临生与义的考验与抉择时，必须坚守道义这一道理时"，突然有个学生说："老师，我不赞成孟子的道理，因为这个道理不完善。"课堂哗然："老师讲的这么明白还不懂！""这还用问吗？这不秃老亮的虱子明摆着吗！""自私自利"……。顿时同学们反对声甚至是指责声四起，但面对着同学们群起而攻之的气势，这名同学一点也不示弱，反而坚定地说："老师，我不是完全否定孟子的观点，而是想说，他讲的'舍生取义'的道理，是适用于大人

们,而我们中学生还小,在生与义面临着考验的时候,是不用坚守的。"面临着学生的提问,面对着那么多反对的声音,廉老师没有直接回答,而是问"你能说说理由吗?""当然有,因为在《中学生守则》中明确地将'见义勇为'删去。这不就是说未成年人可以舍弃道义吗?这不就是让我们在生与义面临选择时候要保住生命吗?"等这名学生信心满满地说完后,廉老师说:"同学们,把掌声送给这位同学!"可教室里的掌声却是稀稀拉拉的,廉老师看出同学们不认可把掌声给这位同学,于是面带欣慰、欣赏、欣喜之情说,"我说送给他掌声,是因为他能关注政治,关注《中学生守则》中的细微变化,同时不被动地接受老师传授的知识,善思好问,这几个优点就是一个学生成才的保证,是老师欣赏他,送给他掌声的理由!"廉老师的话音未落,同学们掌声擂动。这时廉老师又说:"同学们,《中学生守则》中特意做此更改,删去了'见义勇为',下面我们就来讨论一下,这和孟子的'舍生取义'是否矛盾?"一时间,课堂再次沸腾了:"必须坚守道义,这样才有骨气""生命是宝贵的,我们的生命才刚刚开始,应该珍惜"……"坚守道义""珍爱生命""坚守道义""珍爱生命"……于是课堂上出现了两派之争,面对同学们的争论,廉老师没有站在任何一边,而是对学生说:"同学们,能不能想个两全其美的办法来?"瞬间同学们似有所悟,异口同声地喊道:"老师,有,用智慧,拨打110""我们可以用智慧和坏人作斗争"。就这样,意见由分歧到统一,由似知不知到明朗清晰。同学最终得出结论:《中学生守则》删除'见义勇为'是出于中学生的保护,但删除不是不提倡,更不是希望我们中学生见死不救,不伸张正义,而是告诉我们在见义勇为时,要量力而行,在与坏人作斗争时要斗智,尽量避免对自己的伤害。这样既保住了生命,又见义勇为,做到了"不舍生"也能"取义"。

成功细节

在本案例中,廉老师对突发事件的处理,可谓得心应手,柔韧有余。其中,这种将学生设疑——学生解疑;学生讨论——教师引领;书本知识——人生启迪,在瞬间巧妙结合,达到近于完美的结课方法,可以说是能力与智慧凝成的结晶;是语文与做人完美的结合;是细节与成功最好的验证。"学会——会学——善学——乐学"是教师培养学生学习由低到高的四个阶段,而要到达最高的阶段"乐学",就必须以发掘学生内在因素为根本。而本节课正是立足于这一根本,不但激发了学生学语文的兴趣,还激发了学生关注政治、留心生活、乐学善问的良好习惯,更激发了学生探究问题、独立思考和感悟人生的兴趣。在学会语文中,学会做人。

功效评价

课堂小细节，教学大文章。教学细节犹如一颗颗珠子，如果每一颗珠子都能打磨得晶莹剔透，必将是一串美轮美奂的项链。廉淑文老师的这个课堂细节是一个在预设之外而生成的细节，在这个细节中，足可以看出教师的教育理念——尊重学生，教师的课堂风格——以学生为主体，课堂教学的结果——学生在感悟中深刻地认识文本、悟人生。所以关注教学细节，既要预约课堂的亮点，更要处理好预设之外的亮点，以提升教学机智，使"教"与"学"，"得"与"思"有机地结合起来，使课堂真正成为学生接受新知、启迪人生的途径，真正做到课堂的智慧化和高效化。而要达到这一点，需要的不仅有教师的智慧，更需要教师有丰厚的知识底蕴和处变不惊的沉着，对于课堂细节的处理，本细节不能不说是个经典！

细节反思

"一朵花里窥天堂，一粒沙里见世界。"一节课的成败，往往取决于对细节的处理，正所谓成也细节，败也细节。所以，设置细节，关注细节，处理细节，点亮细节，就成了教师课堂教学追求的境界。廉淑文老师的这个细节对学生而言：不但得益于学生的突然设疑，得益于学生的意见分歧，更得益于学生对生活、对人生的感悟；对教师而言：不但得益于教师对学生问题的重视，得益于教师的巧妙引导，更得益于教师丰富的教学经验。细节见精神，细节见智慧，细节出亮点，而这一切的获得又缘于教师对教材、对学生、对环境的深刻理解与把握，缘于对各种教学资源的有效组合与利用，缘于对文本深刻的理解和把握后的自然而巧妙的情境创设，缘于教师对学生的尊重、启发、求同存异的教学理念。由此可见，教学的大智慧是由一个个细节积淀而成，教学细节是可以打造的，有些细节表面上看是信手拈来，即兴而得，而实质上是匠心独运、蓄意安排、经验积累，它的背后是一种理念，是一种思想，虽然我们无法预料课堂会生成什么，但至少我们可以预设一些细节，生成一些精彩，总而言之：关注细节，必定是成功的教学；关注细节的教师，必定是成功的教师。

优秀教师李春雨《〈论语〉十则》课堂精彩拓展

案例60

在阅读《〈论语〉十则》时，教师讲解古文中"三"的用法："三人行，必有我师焉"，意为：几个人在一起（走路），在这里一定有人可以做我的老师。"三"代表少量复数，可译为"几"或"几个"。然后，老师引导学生理解"吾日三省吾身"的意思。启发学生做类比，然后再结合生活中的反思过程来分析。学生明白：论语中所言"三省吾身"，是指从三个方面，多次反省自己。这样，学生在潜移默化中认识到古汉语语言简省，却能全面反映现实生活，意蕴深刻，所以，今人学习古文一定要结合生活实情。

课堂活动进行到这里，教师自认为达到预期效果，颇为欣慰。就在这时，张丽娜同学提出：老师，这也让我想到我们的"三读"（她谈到的"三读"是我校"个性化阅读策略"课题组提倡的一种现代文阅读模式）不仅仅是三个层次，三种阅读方式，而应该是多角度、多层次阅读篇章的模式！

我觉得这是个很好的教育契机，追问她为什么有这样的理解？她说："有感于'吾日三省吾身'中'三'的含义，而且老师也常说'书读百遍，其义自见'。"

听到这里我借机宣布："'三读'的说法，从本节课开始应该有它新的内涵。请同学们结合我们阅读课的学习模式用较客观规范的语言加以概述——"

大家思忖片刻，纷纷发言：

学生1说：所谓的"三读"，即由朗读到默读、品读的阅读程序。

学生2补充说：阅读活动中，第一遍是要大声地朗读文章，扫清文字障碍，能用自己的话概括文章中心。

还有的同学说，初读后，要能静下心来默读文章，至少要默读一遍，随手写下批注。宋冬冬同学站起来说：我认为最重要的是第三步"品读文章"，带着老师出示的阅读提示或小组同学的阅读质疑，仔细阅读相关语段——我们要尝试自主探究文章思想内容、艺术特色等，能够将他山之石变成手中之宝……（教室里掌声不

断）

最后由语文科代表，用一句话概括："三读"，即选用合适的阅读方法，在限定时间内，通过朗读、默读和浏览等阅读方式反复阅读文章，从整体到细节再到整体地解读它，从主要内容、表达方式、修辞等艺术性设计方面赏析篇章，吸收作品精华的阅读活动。（教室里响起一阵阵掌声）

⏱ 成功细节

老师讲解古文中"三"的用法，学生理解到位。教师自认为达到预期效果，颇为欣慰。就在这时，有同学提出：老师，这也让我想到我们的"三读"不仅仅是三个层次、三种阅读方式，而应该是多角度、多层次阅读篇章的模式！教师抓住教育契机，借机宣布："'三读'的说法，从本节课开始应该有它新的内涵。请同学们结合我们阅读课的学习模式用较客观规范的语言加以概述——"

大家思忖片刻，纷纷发言……

同学们的掌声让我们看到课堂教学可以不断自新，只要有民主自由的空气，教室是天堂，学生的思维会插上金色翅膀，这里会创生更多的课程资源。

⏱ 功效评价

一般意义上阅读是搜集处理信息、认识世界、发展思维、获得审美体验的重要途径。语文课程的阅读同样也应这样理解，阅读教学是学生、教师、文本之间对话的过程。而且，因为每个学生的生活经验和个性气质都不一样，课堂教学永远是一种变量。

可以这么说，课堂教学是一首流动的诗，随时都会有不确定的因素带来新生成的音符。尤其是语文学科是一门充满灵性的人文学科，最具有情意性和模糊性，容易触及学生的知识经验和情感心志，激发学生在课堂上的惊人之举，奇妙之言，往往更带有不可控性。因而，语文教师更要学会随机应变，讲究教学机智，方能在课堂教学中游刃有余，创造出最佳的教学境界。本案例中"三读一汇报"作为一种阅读模式被学生接受还不够，教师成功地找到了切入点，让它成为阅读中的一种潜在的规律、策略，成为学生研究性学习的好素材。

⏱ 细节反思

教师不断变换着角色，本来以知识传授者的身份，引领学生进入古汉语世界，谁料学生思维跳跃到阅读方法策略的研究领域。这个教育契机让本节课获得极强

的生命活力,也给教师创设了成为学生学习促进者的机会。教育契机转瞬即逝,本案例中当有学生提出"三读"新解后,老师还可以安排下面的活动:布置中期研究性作业:结合本节研讨收获,请同学们再根据自己的阅读体验写一篇小论文,谈谈怎样阅读一篇现代文,限定三天时间完成。

优秀教师丛立平《祝福》课堂精彩拓展

案例61

特级教师丛立平有一次讲鲁迅先生的小说《祝福》,在讲到小说环境的设置对主题的暗示作用时,做了精彩的延伸拓展。我们知道鲁迅的文章博大精深,如何能更好理解"封建礼教吃人的本质"这样一个深奥的主题,对于今天的90后来说是一个难点。丛老师为了把这个深奥的道理,深入浅出地讲出来,让学生充分地理解,他做了一连串的提问:祥林嫂是什么时候死的?祥林是什么时候去世的?贺老六是在什么时候死的?阿毛又是在什么时候死的?问题简单,学生易于回答。学生回答说:"祥林嫂是在鲁四老爷过年祝福的时候,在风雪交加的寒冬里死掉的。""祥林是在春天去世的""贺老六是在春天死的""阿毛也是在春天被狼叼走的"。丛老师接着问:"鲁迅这样设置环境有什么深意吗?同学们讨论一下。"学生讨论后,丛老师总结道:"在封建社会里,丈夫是一个家庭的顶梁柱。不孝有三,无后为大。孩子又是家庭的希望。可是祥林嫂在春天里几乎失掉了自己的全部家当,在春天要来的时候,绝望的死去!""鲁迅这样安排环境描写,说明什么?"学生答道:"说明祥林嫂是一个没有春天的女人。""春天孕育着生机、活力和希望。所以这样的环境描写在暗示我们:祥林嫂是没有春天的女人,注定要死掉的。"接着丛老师话题一转,他问道:"孩子们!你们知道2011年春节晚会,最打动'草根'生命的一首歌吗?"学生回答:"旭日阳刚的《春天里》。"丛老师说:"你们都会唱吗?""会"。这时,丛老师用课件播放视频。随着音乐旋律的响起,师生们唱道:"还记得许多年前的春天,那时的我还没剪去长发……如果有一天我老无所依,请把我留在在那时光里,如果有一天我悄然离去,请把我埋在这春天里。还记得那些寂寞的春天……"动情的歌声在教师里回荡。

🕰 成功细节

在本案例中，教师采用激疑、答疑的方式，充分利用问题的讨论，尤其是利用多媒体的优势，引导学生关注现实生活。这种由对文本内容的理解，拓展到课堂外的内容——对现实生活的关注和理解。能使学生易于接受，产生情感上的共鸣，进而关注"草根"（底层百姓）的生活，理解他们的辛劳与忧虑，追求与梦想。理解每个人在春天里都在播种着希望。这种学习，就具有了针对性和现实意义！可以说，润物无声。

🕰 功效评价

一堂好课，并不是把文本的基本内容，讲清楚就结束了！除了三维目标（知识与能力，过程与方法，情感、态度、价值观）之外，关键是通过师与生、生与生之间的讨论，撞击出智慧的火花，进而启迪性灵，开发心智。要把文本讲深讲宽，就要适当地进行拓展——向文本内或外延伸或拓展，这样才能起到具有现实意义的教化作用。

🕰 细节反思

课堂讨论能诱导学生从不同侧面、不同角度提出问题，相互交流个人看法，提高分析问题和解决问题能力。所以授课时，要悉心引导，提出要思考的问题，让学生围绕问题来展开讨论。这样可起到"事半功倍"的效果。

在讲《祝福》的时候，语文教师可以设置这样的讨论题，杀死祥林嫂的凶手是谁？有人说是鲁四老爷，有人说是她婆婆，有人说是柳妈，有人说是大伯等，最后讨论的结论应该是杀人不见血的封建礼教，进而揭示了"封建礼教吃人"的本质。作者为什么把祥林嫂安排在冬天里富人祝福时死掉？通过讨论，我们明确了：这是一个没有春天的女人，她的两个丈夫都是在春天里死掉的，她的儿子阿毛也是在春天里被狼吃掉的。在春天没有了丈夫和儿子，她是一个没有春天，没有希望，绝望的女人。在春天里我们应播下新的希望，希望有房有车有健康，希望学业有成考上好大学等，旭日阳刚的《春天里》之所以备受人们喜欢，就在于他们在《春天里》唱出了卑微草根对幸福的憧憬和渴望，对美好生活的梦想。然后听旭日阳刚的《春天里》，学生受到感染，很震撼。又比如在讲《老人与海》时，我们可以讨论，海明威给我们塑造了一个硬汉子形象，这种"人生来不是给打败的"硬汉精神，感染和鼓舞了一代又一代人，可现实生活中，他为什么选择了自杀？有人说自杀是一种解脱，因为他疾病缠身很痛苦；有学生说自杀正是捍卫"硬汉精神"，而不被

疾病打败;有学生说生死抉择在于是否有价值:有的死轻于鸿毛,有的死重于泰山,死生亦大矣! 还可以讨论海明威塑造的人物形象突出的性格特点与鲁迅塑造的人物形象突出的性格特点有何不同? 通过讨论开启了智慧,触动了心灵,受到了教育,提高了课堂效率。

优秀教师石馨《湖心亭看雪》课堂精彩拓展

案例62

石馨老师在执教张岱的《湖心亭看雪》一文的过程中,分析文章的品痴情一环节时,教师提问:张岱本想独享雪景,融于自然,到了湖心亭,却出现了一段不期而遇,默读文章后半部分,说说湖心亭上是怎样的一番情景? 学生回答:偶遇金陵人,同饮而别,强饮三大白。之后教师抛出一个探究性的问题:: "强字可以有竭力尽力之意,也可以有勉强之意,白,是古代的比较大的酒杯。你认为张岱此时是尽力喝三大白呢? 还是勉强喝三大白呢? 这个问题的提出促使学生由词语的理解到对词语的感知,设计层层深入,引导学生需要再次研读课文,分析张岱此时的心境,才能对这个强字的解释有自己的见解。学生再次由对课文内容的梳理演变为深入探讨课文作者的情感,真是一石激起千层浪。

有学生分析出:这个强字是尽力竭力的意思,因为张岱独往湖心亭看雪,恰好遇到同是大雪三日后赏雪的人,两人同样具有痴的特点,所以这个强字表现了天涯知己的畅意抒怀。

有学生分析:张岱和金陵人不是知己,所以不是畅饮三大白,而是勉强,因为张岱是在大雪三日,湖中人鸟声俱绝的情况下,更定时分,去看雪,本不想被人打扰。张岱此行不欲见人,也不欲人见,他是有意地避开世俗嚣尘。

有学生分析:张岱要在夜间去赏雪,是真正地赏雪,因为雪在夜中更白,更能看出雪的独特魅力和特点,这更能体现张岱的超凡脱俗。与金陵人赏雪不同。他们喝酒赏景已经很长时间了,也许赏了半天景要走了。所以不是天涯知己,也谈不上畅饮。

有学生分析说,张岱独往胡心亭看雪,独,有独自的意思,有舟子相陪,他还说是独,说明他不把舟子看成同道中人,体现了他清高自诩的特点。独又有孤独之意,对于这种孤独他是不希望找别人分享的,他想在赏雪中,尤其天地白茫茫一片时,天与云、与山、与水,上下一白的情况下,与自然对晤。寻求在自然中的心灵共鸣,追求天人合一的境界。

有学生分析说,张岱此时是明遗民,他此行不仅仅是赏雪,还有故国之思,所以有不足为外人道的清淡孤独。遇见金陵人,主人盛情难耐,所以是勉强饮三大白。

对"强"字的理解从文言文字面的理解上升到对作者思想感情的剖析。老师在此基础上提出了自己的看法及根据:山水自然是中国文人志趣精神的外现,中国文人在自然山水中,寻求心灵的安宁,寻求心灵的栖息。张岱以自然之眼反观自己,正所谓:丈山尺树寸马分人。山水之中,人是谦逊地居于角落。所以张岱的笔下人,物都是微小的,痕似有若无,点极易忽视,芥粒微小。张岱要在山水中陶醉痴迷,融于山水之中,他是阅尽繁华,想独守这份孤独,既是张岱不同于世俗,又是张岱悟的孤独真味,孤独是一种内心体验,而不是物质存在,既希望摆脱,又希望享有的矛盾,所以这份孤独他不愿与人分享,应是勉强之意,表达他此时不足为外人道的清淡孤独。再者,两个金陵人是铺毡对坐,喝酒畅谈,山水之景只是畅饮的点缀,而非融合,而张岱是天人合一,痴迷自然的。所以和金陵人不是知己。

通过以上设置探究性的问题,牵一发而动全身,学生不仅了解了作者丰富的内心世界,也通过这个细节,体悟了小品文"句淡雅丽而味深长,言有尽而意无穷"的特点。

⏰ 成功细节

本案例中教师采用了研究性的学习策略,涵咏文字,从叙事中的一个细节"强饮三大白"中的"强"字入手,对作者的思想感情进行了深入分析。同时也让学生感受小品文的语言韵味。学生在思维过程中,不同想法有了碰撞的火花,比如一个男孩说,雪在黑夜更白的说法,这是他独特的思想,极具有价值。是知己的畅饮呢,还是不足为外人道的勉强喝尽? 这看似闲庭信步的一问,实则是石老师多年的教学经验和智慧的积淀而成,以这个核心问题,促使学生反复研读文本,突破本课的难疑点,它是对语言的品味,又是对课文内容的思考点,同时又是对张岱的思想感情及其为人内在精神的拓展点,并且它以点带面,是文本前半部分"独"与后半部分"痴"的连结点。涵泳语言的过程中学生会再次地研读课文,对文本有更充分的了解,拓展阅读也会迫不及待地再了解相关的写作背景,中国文人对自然山水的情有独钟,进而联系张岱写作本文时间和张岱游西湖时间的对比,理解张岱写此文的心境,进而引导学生理解痴的含义,很好地突破了本课的难点,调动自

己的生活经验和阅读体会,变学习的被动为主动。教师以此为突破口,穿插引进张岱的写作背景及其人其事又拓展中国文人对山水的情结,谈到中国画境,通过涵咏"强"字,体悟人与宇宙、自然、天地万物的同一,物我两忘,主客同体,体味人在自然中求得超脱,原本是生命的一种超越。在这个过程中让学生的阅读得到了广度和深度的扩展。学生内化成自己的独特的阅读体验,获得一种精神上的审美享受,这是非常难得的。

⏱ 功效评价

语文教学的设计充满着魅力,也体现教师的智慧。巴尔扎克说,一部作品只有细节才具有价值。对课文探微的处理既能达到循曲径而通幽的目的,更能在研读中生成学生的阅读体验,升华为学生的生命感受。本节课石老师精心设计了带有研究性的核心问题,引导学生把握关键字词,去赏景品情。倾尽心力,涵泳文章,涵泳文字。体会小品文"句淡雅丽而味深长,言有尽而意无穷"的特点,以此积淀一些感性的东西。精心揣摩,由疑而入,由这个关键性的问题作为精彩的突破口,向内深挖课文,品味作者感情,向外拓展,品味山水情怀,体悟作家的内在精神进行深度的解读。在这个问题的设计中,体现了教师对文本重构的精巧性、逻辑性和点拨的层进性。这既是分析课文的立足点,又是拓展的发散点,非多年的教学功力所达不到的教学境界。

⏱ 细节反思

更值得一提的是,石馨老师在涵泳文字中重整体感悟,重语言品味,对作者情感的分析是建立在对语言的品析,重文言诵读,在理解中浸润人文精神,以此来提升学生的个性气质,人格品质,由文本的教学升华到对学生生命的教育,教学在动态中达到文本的阅读和文本外的精神启迪有机的融合。这种教育不是政治上的理论说教,而是在品味,在涵泳文字中,在文章的留白中去理解,在审美中去浸润人文精神。这种审美收获是非常有价值的。

优秀教师高志强《岳阳楼记》课堂精彩拓展

案例63

老师在讲授范仲淹的《岳阳楼记》一文，分析主旨句"先天下之忧而忧，后天下之乐而乐"时，有学生在下面小声嘀咕，"一忧一乐，不就是和柳宗元是一样的吗？"教师忽然意识到这是一个契机，放弃了原有的预设，从新设定问题，二者忧乐的内容具体指什么；怎样表达出来的；在人格魅力上谁更吸引你？将问题抛给了学生，一起来比较范仲淹与柳宗元的忧乐有什么不同，学生经过讨论，有了一定的想法，一石激起千层浪。

生1：山光水色，绿竹清幽，美丽的风光让柳宗元快乐，"与鱼儿相乐"，而景色过于凄清，又让他感伤自己被贬的遭遇，柳宗元就是范仲淹笔下的"迁客骚人"，"以物喜，以己悲"。

生2：柳宗元是借景来抒发被贬谪后的郁闷之情，而范仲淹直抒胸臆表达了自己忧国忧民的情怀。

生3：柳宗元只是考虑到个人的得失，未免有些小家子气，而范仲淹考虑的是天下苍生，胸襟要比柳宗元博大，值得后人敬佩和学习。

学生们不断地补充着、抒发着各自的意见和看法。有的学生认为范仲淹是政治家，柳宗元是文学家，所以在立意上范仲淹要比柳宗元高远。有的学生认为忧乐是儒家仁爱思想的体现，范仲淹将其进一步发扬；有的学生结合掌握的背景材料说：范仲淹不是光说说，做个样子，在现实生活中也是这样做的，例如范仲淹在泰州任盐官时，历时四年，修建的捍海堤，此堤长150里，解除了当地的水患。后人之所以记住范仲淹，是他文章中表达出的精神激励着一代又一代人；而记住柳宗元是由于他的文采。

通过对两篇文章主题思想的比较拓展，对岳阳楼记的主题思想和作者个人有了一个深入的认识和理解，而不是简单的翻译"先天下之忧而忧，后天下之乐而乐"，理解字面意思，开展了一次文学及文化上的积累，激发了学生的人文情怀。

⏰ 成功细节

本案例中教师采用了主题拓展的方法及时进行了教学拓展。主题是一部作品的灵魂，对主题的理解是解读文本的重要内容。"一千个人眼中有一千个哈姆雷特"，同样，一样的主题，一样的题材，在不同作家甚至在同一作家的笔下，往往会演绎出不同的风貌。本案例中教师由"忧乐"这一点出发，选择相似主题的两篇作品，《岳阳楼记》和《小石潭记》，指导学生比较分析、讨论思考，围绕主题做出对照、归纳的拓展，学生更容易地领会《岳阳楼记》的主题，升华了学生的思想。

⏰ 功效评价

在阅读教学时，引导学生有意识对文本进行整合和深化，能使学生对某一主题进行的深入思考。在本案例中，教师果断地抓住了契机，改变了原有的线形教学设计，结合所学的篇章进行了主题拓展，使整个教学呈现立体式的结构，让学生再重温旧知的时候，深入地理解新知，从写法、背景、人物自身等角度展开讨论，进行比较分析，让学生的思维呈现出多样性，深入性，让学生在今后的学习中注意到了知识的联系性，同时也知道如何进行知识和文化的一种积累。

⏰ 细节反思

要珍惜动态中拓展生成的机会。在灵动的动态教学过程中，总会有新的生成，如果抓住了新的生成进行拓展，必然会使阅读教学呈现绚丽多姿的生动局面。这次的拓展并不是事前的预设，而是抓住了生成展开，收到了意想不到的效果，所以应该在课前多做一些准备，多一些预测，多几种假设，多想想学生将会有什么反应。这样，对话中拓展生成的机会才可能得到充分的利用。

还要加强教师的文化底蕴。教学时什么时候拓展，在哪里拓展，拓展什么内容，无一不依赖于教师深厚的文化功底，否则不用说去拓展，即使把这些材料摆在那里，也不知该如何与教材的内容相融合。所以要想拓展的合理有效，教师首先要丰富自己的文化积累，让自己先"厚实"起来。

优秀教师齐丽《从百草园到三味书屋》课堂精彩拓展

案例64

齐老师在讲授鲁迅的《从百草园到三味书屋》一文时，创造性地在第四课时的题目命名为"寻找《从百草园到三味书屋》的美点"。

当大标题写到黑板上的时候学生们感到很吃惊。齐老师引导学生在课文中去寻找这篇美文的美点（美在哪）：语言、结构、情感、布局谋篇、哪怕是你认为的一个词语运用的好都可以是美点……

生1：写景片段的语言美和层次美：作者采取由远及近、由高到低、从静到动、由植物到动物、再由动物到植物、先夏后冬的顺序，对百草园的景物做了有层次的描述。

生2：百草园的"四味"美：百草园有"四味"："形——何首乌有像人形的；声——油蛉在这里低唱；色——紫红的桑葚；味——覆盆子又酸又甜。

生3：捕鸟过程动词运用得准确生动连贯美：扫、支、撒、系、牵、走、拉、罩等一系列动词的连贯使用清晰、准确地写出捕鸟的全过程。我喜欢这里的描写场景，都市生活对我们来说看到这样的灵动的文字会心生向往，真想穿越到鲁迅先生的童年时代，体会捕鸟的乐趣。

生4：孩子的天性美和童真美：我觉得整篇文章都写的是小孩子的童年生活，虽有毁掉泥墙根的行为，也有对美女蛇故事的畏惧，还有不读书到后园玩耍，甚至还有上课时候搞小动作，那份童真每个人都曾经拥有，是留在记忆里的风景。

生5：情感美：我认为多年之后作者能清晰记忆曾经的儿时生活，特别是对寿敬吾老先生的动作、语言、神态、外貌都写的那样生动感人，这足以见得作者在文章中流露的情感是多么的真挚和感人，那份真挚的感情令人感动。

生6：文章语言的真实朴素美：我们小组认为，鲁迅的文章能用这么朴实的语言去写自己童年生活的乐园，没有华丽的词藻，更没有情感抒发的矫揉造作，这就是真实而朴素的情感，不得不让读者敬仰这位文学"泰斗"。我们写作文时应学

习借鉴。我们的作文缺乏真情实感，一定要在作文中像鲁迅先生那样用最朴实的语言抒发最真挚的情感。

通过以上的课堂拓展，逐步培养学生探究性阅读和创造性阅读的能力，多角度的、有创意的阅读，拓展思维空间，提高阅读质量和学生的赏析审美情趣。

成功细节

"文章中不是缺少美，而是缺少发现美的眼睛和心灵"。本案例中教师采用了"从教材文本的内涵向宽度和深度拓展教材文本的外延"的方法，既有教材本身维度上的周密性思考，也有情感维度上的情感升华，更有语文教学的审美发现。这就充分体现了语文学科的"工具性"与"人文性"的统一。本案例中教师创造性地设计寻找"美点"。这样的拓展设计让不同水平层次的孩子都参与到学习中来，既有合作学习，还有探究学习，提高了参与学习和探究学习的有效性。学生在加深理解和挖掘文章美的内涵的同时，受到情感熏陶，获得思想启迪，享受审美乐趣。案例中教师搭建了审美平台，重视了语文的熏陶感染作用，也注重了教学内容的价值取向，尊重了学生在学习过程中的独特体验。

功效评价

学生在发现文章所蕴含的美的同时，学生也在相互的交流和倾听中，在不同程度上进行着探究性阅读。学生在课堂上总结的高度概括的"美点"和智慧的火花无疑不在证明着课堂精彩拓展对学生创造性阅读能力的提升有多重要。整节课，学生通过思维拓展活动与大师进行了心灵上的对话，更是关于文学创作的一次交流，心灵受到启迪的同时，也一定也学到很多写作上的借鉴。对以后语文的阅读探究能力和对优秀的文学作品的鉴赏能力有很大的帮助作用。实现了师生对话，生生对话，教师与教材，学生与教材的真正意义上的对话。

细节反思

语文课堂教学的拓展，塑造语文教学的别样精彩，是文本内容与教学价值动态生成关联的知识的有机融合，是向多维度、深层次、高效率的立体推进。它紧紧围绕文本，紧紧围绕语文，使学生对语文有更深入的认识和更真切的体验。作为教师要相信孩子的审美能力和个性解读文本的能力。语文课堂的教学不能循规蹈矩，不能囿于框框，该延伸就延伸，该拓展就拓展。生活的范围有多大，语文教学的课堂外延就有多大。唯有如此，语文教学才不为外物所羁绊，思路才能打得开，思想的火花才会更耀眼。

优秀教师孙鑫《图片有声》课堂精彩拓展

案例65

我在进行《图片有声》作文教学课堂中，幽幽的音乐，精美的图片把学生带进美妙的想象中，面对一幅幅意蕴深刻的图片，学生发挥了大胆的想象：有的同学想到了秋叶的飘零，已是物是人非；有的同学想到了美丽童年的芬芳；有的同学想到了漆黑的夜里，唯有那点点灯光照亮了我回家的路……语言精美凝练，想象力丰富，通过我与学生的交流，根据学生的发言，总结出写作文的要点。正在达到高潮，有所感，有所悟时，我深层次地拓展了学生的思维，我出示了一张与其他精美图片不同的模糊不清的图片，然后让同学把看到的，想到的说出来。然而，一张模糊的图片竟然让学生有了丰富的想象，可谓一石激起了千层浪。

生1：我看到了，那模糊背影，也许就是那日夜操劳的母亲的背影。母亲为我们付出了多少，母亲的背影映在我心中，又映在我的脑海里。

老师：那多少次默默地回首那母亲的背影，在我心中久久回荡，久久不能抹去……对吗？

生2：我想到了：在物欲横流的社会中，人们常常经不住诱惑，而图片中的那一点，就是与众不同的我，无论何时，我都要做洁白的自己。

老师：你是一个善于追寻自我的女孩，希望你永远保留你内心深处的那一片净地。

生3：我仿佛看到了一个人面朝大海，而大海那边就是希望的终点，面对大海他有了种种的遐想，他想终有一天他会越过大海走向的成功。

老师：看到图片，有人想到无边的大海，有人想到的是眺望远方，思念家乡，你认为大海那边是美丽的梦想非常好。

生4：我看到了讲的是一个美丽的女子，站在家乡的门口眺望着，她应该想着自己在外久经沙场的丈夫，而她飘逸的秀发，就代表她无尽的思念，微风吹拂着她，将她的思念带到了沙场上。

老师：掌声给他，他看到了一个等待丈夫归来的女子，那飘散的青丝，根根都是为他而苍白，你真是一个富有想象力的学生，老师欣赏你。

学生一边说，我对学生的讲解加以点评，最后我才告诉大家，这幅图片并非大师所画，而是我在生活中随手用手机拍下的两处泥点。让学生顿时感悟原来生活的点点滴滴都是美的，都会让每一个人浮想联翩，所以通过以上对这组图片的拓展，学生明白了生活中不缺少美，而是缺少发现美的眼睛。让学生在以后的生活中能够真正的感受到，生活处处是图片，处处是精彩，也培养了学生独特的想象力，让学生在写作时做到有血有肉。

🕐 成功细节

本案例中我采用了创设情境的拓展方法，层层深入激起学生无限的想象，激发学生的写作兴趣；仅仅依据图片把学生看到的，想到的说出来，放飞学生的想象，让学生的思维海阔天空。表达自由，为学生的自主写作提供有利条件和广阔空间，没有提纲，没有框架，让学生根据自己的人生体验，进行个性化的大胆想象和自由表达，提高学生的作文能力。当然，想象要求新求异，努力创造新形象，表达新思想。想象更重要的是离不开生活。本案中我拿生活中的一组图片展示在学生面前，正如："一千个读者就有一千个哈姆雷特一样"学生展开了丰富的想象，增强思维的深度，也扩大了思维的广度。更重要的是我能够让学生意识到生活处处有精彩，在写作时，可以从生活的点点滴滴挖掘出有内涵的东西。正如叶圣陶先生说过："生活如泉源，文章犹如溪流，泉源丰盈，溪流自然活泼地昼夜不息。"这告诉我们生活是作文之本，生活是创作的源泉。

🕐 功效评价

爱因斯坦曾对想象力的作用做过充分肯定，他说："想象力比知识更重要，因为知识是有限的，而想象力概括着世界上的一切，推动着进步，并且是知识化的源泉。"爱因斯坦的话提醒我们，在教学中必须十分重视对学生想象力的培养。本案我精心筛选拓展的内容，包括背景音乐，每一幅图片都是我精心选择，也与众不同地从生活中选取图片，从而让学生张开联想和想象的翅膀创设了语文课堂教学的别样的精彩。从一般美丽的图片到生活中一张泥巴污点的模糊照片，也是一个从文本到生活的认识，也让同学幡然明白原来我们的生活竟然如此的美丽，最终让学生经过形象力的拓展，不仅提高了写作水平，学生各方面的能力也会得到有效的培养和提高。

细节反思

新课标十分重视想象在语文学习中的重要作用,这是一节融入对学生思维品质培养的作文课,是学生运用文字进行表达的训练课,我在这一节课有很好地把握,我要求学生运用想象去创作的部分,都不是很长,是片断作文的练习。我认为,这是恰当的。在作文教学中,做到了让学生走进生活,想方设法激活学生心中的想象。不仅总结出了巧观图片以及写作的方法,更重要的是让同学们感受到了想象的魅力之所在。

优秀教师陶丽华《国殇》课堂精彩拓展

案例66

老师在讲《国殇》一课时,把这节课的重点和难点确定为对战争场面的描写上和对"鬼雄"含义的理解上了(老师把它概括为:一种写法,一种精神)。老师不是单纯停留在分析场面描写的技巧上,而且还分析了场面描写所表现作者的爱国情感上。在突破重点时(即:场面描写),老师和学生们都被楚国将士英勇善战,至死不渝的精神所感染,我们的耳畔似乎残留着远古时代战车相撞,戈剑相击的叮当声,战士们的嘶吼声,是那么的悲壮,是那么的惊心动魄。学生们的情感被楚将爱国情怀完全浸染了,看到此情此景老师顺势说道:"他们就是'鬼雄'是民族魂,他们活着是一座山,倒下也是一座岭,他们虽败犹荣,让我们向这些英勇无畏的战士致敬,默哀。"片刻的安静之后,老师满怀激情的继续说道:"诗人之所以能写出这样'惊天地泣鬼神'的诗句,缘于他对祖国的爱;将士们之所以能够在战场上做到视死如归,英勇献身,也是缘于他们对祖国的爱,缘于自己肩上的一份责任。那么在和平年代中的我们,如何表达对祖国的爱,如何担当起自己肩上的这份责任呢?这时老师看到一张张严肃的面孔上流露出自信和骄傲,争先恐后地表达着自己的情感:

生A说:生命从某种意义上来说,属于我们自己,但是为了捍卫民族尊严,国家领土完整,当国家需要我时,我愿意像楚国将士一样奋勇杀敌,"天下兴亡,匹夫有责"。

生B说:今天我们生活在和平年代,但危机仍然存在,我们应该居安思危,好

好学习,掌握过硬的本领,因为落后就必将挨打,只有国强民富我们东方巨龙才能腾飞。

生C说:今天的幸福生活是先烈们用鲜血换来的,我们应该珍爱生命,热爱生活,勇于担起肩上的重任。

生D说:……

通过这个环节的拓展,学生对祖国的爱有了更为具体的表现,对今天的幸福生活有了更真实的感受,对肩上的责任有了更深刻的体会,对生命也有了更深的思考,他们会更加珍爱生命,快乐生活,努力学习。所以我觉得我们学习这篇文章,不仅在于感悟作者和将士们的爱国热情,更要教育和激发学生的爱国意识,生存意识和责任意识,以及对生命价值的思考。

成功细节

本案例中教师采用了生成拓展方法,及时进行教学拓展这是一种情感的生成,情感的生成是潜在的,发自内心的。通过具体的情境和细节,逐渐渗透润染,让学生自己去感悟,教师要想唤起学生情感的共鸣,必须借助学习中富有丰富情感因素的内容。而本案例中,老师就是想通过分析楚国将士在战场上奋勇杀敌的场面的描写,让学生感悟到这种爱国激情,情到深处,学生会在潜移默化中将这种爱国情感转化为自身的动力,并会延续到生活中,让他们充分认识到生命的意义和价值,以及将来自己要承担的保卫祖国和建设祖国的重任。

功效评价

在新课程改革与实施的过程中,"生成性"的学习是学生更有效获得知识和进一步学习本领的有效途径,弥补接受性学习的不足,课堂教学中既要关注教学内容和学习能力的生成。还要重视学生情感态度价值观的生成,而案例中通过对楚国将士奋勇杀敌场面的分析不仅激发了学生的爱国热情,同时也为下节教学难点理解"鬼雄"含义做了铺垫。

细节反思

语文课堂的拓展与本文教学内容紧密相连。在现实生活中,学生也有自己的兴趣点和兴奋点,如果能结合相应的教学内容及时捕捉学生的兴奋点,这节课就会收到事半功倍的教学效果。而本案例在我和学生分析战争的场面时,战士们那种大义凛然,视死如归的精神深深打动感染着学生,我当时觉得他们不是在欣赏这场战争而是在参与这场战争,学生的爱国激情被完全的激发出来了。因此我及时点拨、拓展,让他们心里的真实感受流泻出来,也便有了课上的学生精彩的表现,以及学生对生命,对责任深刻的认识。

优秀教师王贵云《陌上桑》课堂精彩拓展

案例67

在学习汉乐府民歌《陌上桑》时,为了更好地引领学生理解诗歌塑造人物的方法,感受诗歌对后世文学创作的影响,教者引用了《美女篇》(节选)作为课堂教学的拓展延伸内容。教学时,通过谈话激发阅读的兴趣:大家知道吗,《陌上桑》在中国文学史上具有很大的影响,后世大诗人如曹植、陆机、杜甫、白居易等莫不为之醉心倾倒,不少人写过对此诗的模拟之作。其中以曹植《美女篇》最为突出。下面是曹植的《美女篇》的节选,你觉得这首诗在人物塑造上与《陌上桑》有什么相似之处?

美女篇(节选)
曹植

美女妖且闲,采桑岐路间。桑条纷冉冉,落叶何翩翩。攘袖见素手,皓腕约金环。头上金爵钗,腰佩翠琅玕。明珠交玉体,珊瑚间木难。罗衣何飘飘,轻裾随风还。顾盼遗光彩,长啸气若兰。行徒用息驾,休者以忘餐。

学生在朗读之后,纷纷举手发言,交流自己的阅读发现。

生1:两首诗歌在刻画人物时都运用了衬托的手法。

生2:《陌上桑》中用罗敷手中采桑的篮子的精致华美来衬托人物的美,《美女篇》用以桑叶翩翩飞落来衬托采桑女的美。也就是说,都写了外物的美,来衬托女子的貌美。

生3:两首诗都写到了采桑女子的穿着打扮,"头上倭堕髻,耳中明月珠;缃绮为下裙,紫绮为上襦","头上金爵钗,腰佩翠琅玕。明珠交玉体,珊瑚间木难。罗

衣何飘飘,轻裾随风还",正面描写衣着华美,来衬托女子的貌美。

生4:两首诗都写了旁人的反应,《陌上桑》中写道"行者见罗敷,下担捋髭须。少年见罗敷,脱帽著帩头。耕者忘其犁,锄者忘其锄;来归相怨怒,但坐观罗敷"。《美女篇》中与之相似的是写道:"行徒用息驾,休者以忘餐",也就是走路的人都停了下来,休息的人忘记了吃饭,让我们看到这个女子非常美,路人非常爱慕。这两首诗歌都是用旁人的反应来侧面烘托美女形象。

成功细节

本案例中教师采用了比较阅读的方法进行了教学拓展。比较阅读就是把文本自身或文本之间,在内容上或形式上的相同或相异之处加以比较、分析,以深化文本的阅读理解的一种阅读方法。比较,可异中求同或同中求异。如黑格尔说的:"假如一个人能看出眼前即显而易见的差别,譬如,能区别一支笔和一头骆驼,我们不会说这个人有了不起的聪明。同样,另一方面,一个人能比较两个近似的东西,如橡树与槐枝,或寺院与教堂,而知其相似,我们也不能说他有很高的比较能力。我们所要求的,是能看出异中之同和同中之异。"本案例中,教师采取的异中求同的阅读方式进行拓展。当教师话语间提到《陌上桑》对后世文学的影响可谓且深且巨时,学生的好奇心和阅读兴趣被激发出来。在比较中,学生始终置于主动发现探究的状态下,带着任务去朗读、分析、比较、归纳,总结出两首不同时期的诗歌在塑造人物方面的共同之处。在教学任务的尝试解决的过程中,学生情绪饱满,思维活跃,在比较中深化认识,在交流中分享体验。

功效评价

《陌上桑》源于《诗经》的桑林母题,是汉代乃至中国古代文学史上有关桑林主题的杰出的代表之作,它所塑造的人物——采桑女罗敷的形象光彩照人,令无数人为之倾倒。曹植的《美女篇》是所有受《陌上桑》直接影响而产生的诗歌中最出色的一首。《美女篇》(节选)与《陌上桑》在内容和写法上有一定的契合度,且文辞优美,韵律和谐,易于为七年级学生接受、理解。在本案例的教学中,学生把课堂学习已掌握的知识,已形成的阅读能力,迁移到新的情境中,举一反三,尝试解决新问题。这样学以致用,学生进一步巩固了诗歌塑造人物的方法,提高了解决新问题的能力。可以说,两者的比较阅读,实现了课外篇章与课内篇章的自然结合,有利于学生开阔阅读眼界,拓展思维空间,提高阅读质量。最值得称道的是,在两者比较中体现了《陌上桑》对后世文学的影响,渗透了一种文化传承的理念。

细节反思

比较阅读拓展教学作为新课标理念下的一种新的教学方式,在课改的今天非常盛行。当然,这其中不乏盲目跟风者、任意为之者。怎样的拓展才是有效的,是教者应该思考的问题。

无数先进的教学经验告诉我们，有效的比较阅读拓展必须是建立在文本理解之上的。如果学生对文本本身的研读浮光掠影，走马观花，拓展就没有存在的意义。

有效的比较阅读拓展必须围绕文本，应该是学生在教师的引导下，立足于文本，选取适宜的篇章与原有文本进行比较，进行主题、表现手法、结构特点、语言风格等方面或求同或求异的拓展和延伸，围绕文本来考虑和设计比较阅读拓展的内容、深度，以突破时空限制，丰富学生感知的信息和思维的层次。

有效的比较阅读拓展依赖于教师的文化底蕴。"拓展什么"永远比"怎样拓展"重要。"拓展什么"取决于教师的阅读积累，取决于教师的文化底蕴。博观才能约取，厚积方可薄发，所以要想拓展的合理有效，教师首先要丰富自己的文化积累，让自己先"厚实"起来。

优秀教师徐文华《皇帝的新装》课堂精彩拓展

案例68

讲授《皇帝的新装》一课时，学生很感兴趣，课堂上笑声不断，学生得出的结论是：皇帝真愚蠢，大臣们很虚伪，骗子挺高明，老百姓只会随声附和，只有孩子是天真烂漫的，敢说真话。徐老师提问："同学们，为什么孩子能说真话，而成人不能？如果你也在游行大典的人群中，你敢说真话吗？"学生们讨论纷纷。有的说成年人自私虚荣，小孩天真无私；有的说如果我在游行的人群中，也敢说真话，因为皇帝就是没穿衣服嘛；有的说我不敢说，怕皇帝听了生气，惩罚我；还有人说我如果说了，爸妈要在人群中，他们肯定不让……

徐老师又追问："当讲真话威胁到自己利益的时候，当真理掌握在少数人手中的时候，说真话容易吗？"课堂气氛变得严肃起来，而学生的思维却活跃起来。学生们有的说班级学生发生了不遵守纪律的现象，怕同学记恨，不敢对老师讲真相；有的说做了错事怕父母责骂而对父母说谎；有的说看到社会上的坏人坏事不敢管；有的说历史上的满口谎言蜜语的小人得势，而正直的贤臣因敢于直谏而含冤被贬；有的谈到为追求真理，布鲁诺被烧死在罗马的广场上……

徐老师又一次追问："是啊，说真话有时是要付出代价的，甚至是付出生命的代价，那我们能不能就不讲真话了呢？"在学生畅所欲言的基础上，教师引导学

生认识到讲真话是非常可贵的品格，关系到个人价值观和人格的形成，关系到社会良好风气的形成、关系到社会的发展和历史的进步等等。这样使学生对《皇帝的新装》的主题意义有了深刻而丰富的认识。

成功细节

在本案例中，教师的拓展延伸环节，采取的是层层设疑、步步诱导的方法，拓展了学生思维的深度和广度。任何思维过程总是指向于某一具体问题的，在本节课教学中，通过教师步步深入的三次提问和学生的讨论交流，突出体现了教师的主导作用和学生的主体作用。对于一篇作品的理解，教师的深度、广度以及对课程研读的程度，与学生的理解程度是有差距的，例如《皇帝的新装》一课，在课堂的有限时间里，学生的兴趣往往集中在故事情节上，思维活动也往往停留在几个人物形象的概括上和文章背景主题的浅层次理解上。这就要求教师在备课时，通过问题的精心设计，来引领学生的思维空间向广阔和纵深的方向拓展。

功效评价

思维是语言的内核，语文教学无疑要把培养学生的思维能力和思维品质作为一个重要的教学目标，而思维品质的重要标志之一就是思维的深刻性。学生们年龄小，人生体验和理解能力有限，这就需要教师能够在课堂教学设计上，由浅入深，引领学生的思维不断走向开阔、走向深入，也促使语文课堂教学从传授型教学向创造型教学转型。《皇帝的新装》一课，教师的拓展性设问就体现了这样的教学思想。通过拓展延伸的环节，沟通了文本与历史、生活的联系，沟通了文本与教师、学生思维的联系，促使了课程资源的生成，拓宽、拓深了师生的思维，启发了师生的心智。

另外，在信息技术高速发展的今天，面对着知识呈现的爆炸式增长，教师这样的思维引领是十分必要的。教师要引领学生学会信息的筛选与梳理，学会比较分析，学会去伪存真、学会概括提炼、学会深入思考……教师不应该成为知识的二道贩子，学生不能成为知识的复写机，这正是语文课堂教学拓展延伸的重要功效之一。

细节反思

语文课堂教学的拓展延伸，体现着教师创造性地理解和使用教材的能力。拓展延伸应该围绕着文本的主题思想和教学目标展开，拓展延伸是为深入理解教学内容服务的，不能让内容为拓展延伸服务。所以教师在对课文拓展延伸时，首要的就是深挖教材、紧扣文本，尊重教材的价值取向。否则如于漪老师所说："离开文本去过度发挥，语文课就会打水漂。"学生的思维能力不仅得不到锻炼，还可能养成不着边际、信口开河的不良思维习惯。此外，课堂教学拓展延伸，还要求灵活适度。在鲜活的教学流程中，善于发现文本拓展的契机，把握文本拓展的火候，画龙点睛，留有余味，这的确是对教师教学智慧的考验。

第五章 课堂精彩评价

优秀教师夏光民《荷塘月色》课堂精彩评价

案例69

师：我们觉得这两段很美，但有人提出不同意见，认为这两段的比喻用了很多女性形象，太柔美了。同学们怎么看？

生：这和文章的写作对象有关，月下的景物当然应该柔和一点，朦胧优美一点。

生：也和作者的心情有关。写作背景是1927年7月，社会黑暗，江南血雨腥风，作者作为极富良知和责任感的知识分子，他内心很不平静，心情沉痛，情绪低落，不可能写出太昂扬的东西来。

师：同学们自然地联系文章的写作内容和背景来谈，非常好。第六段有这么几句话，"这时候最热闹的，要数树上的蝉声与水里的蛙声；但热闹是它们的，我什么也没有"。作者明明说过自己"爱热闹，也爱冷静"，为什么面对蝉鸣蛙声的景致，不兴致勃勃地欣赏了呢？

生：因为作者的心情很不宁静，而且这种情绪时时涌上心头，所以不喜欢这种热闹。

师：同学们看第七自然段的"江南采莲图"也很热闹，作者却很神往，这是为什么呢？

生：江南采莲图看似热闹，内在却是很宁静的，这里的人们不受任何干扰，尽情享受生活的美好，所以作者很神往。

师：很好。原来表面看似情趣迥异的"荷香月色图"和"江南采莲图"有相同的特点，一个是宁静，还有什么相同的呢？

生：另一特点是都很美好。

生：还有都充满温情。

生：还有个特点就是人在其中都能尽情表达自己的情感。比如"江南采莲图"里的人们可以自由热烈地表达对爱情的向往，荷香月色图里作者也可以尽情表达对美好事物的喜爱之情。

师：同学们说的很精彩，二者还有一个相同点就是如同梦境。"荷香月色图"是作者静夜的一个梦，江南采莲图是作者一个久远的梦。同学们再回想一下"荷香夜色图"是不是充满了梦幻的特点，朦胧、宁静、安逸？

生：是的。

师：作者那么喜欢美好的梦境，可惜这种美好照不进现实，所以内心还是充满了苦闷，这就是他的心情一直有一种不宁静的底色的原因。这篇文章还有很多美的东西等待同学们去发现，希望同学们课下继续鉴赏。

成功细节

本节课中教师有几个细节颇用心思："我们觉得这两段很美，但有人提出不同意见，认为这两段的比喻用了很多女性形象，太柔美了。同学们怎么看？""第六段有这么几句话'这时候最热闹的，要数树上的蝉声与水里的蛙声；但热闹是它们的，我什么也没有'。作者明明说过自己'爱热闹，也爱冷静'，为什么面对蝉鸣蛙声的景致，不兴致勃勃地欣赏了呢？同学们看第七自然段的'江南采莲图'也很热闹，作者却很神往，这是为什么呢？"当学生还陶醉于对景物描写的欣赏之中的时候，这样的设疑无疑会使之走向理性的轨道，而如果只是停留在感官的体验之中，那很难不是肤浅的、片面的，这几句点拨可谓恰到好处。

功效评价

本节课教师独辟蹊径，在上一节欣赏文本的基础上，通过几个关键性的设疑及评价把学生的思维引导到理性层面，提升到对内容安排、主旨的探究，而且过渡自然，循循善诱，水到渠成。在教学过程中根据文章的难点、要点，有意识地质疑，引导学生释疑突破，是取得良好教学效果的重要方法，它可激发学生兴趣，使文章难点迎刃而解。兴趣是一种情绪激发状态，在这种状态下大脑活动加快，神经处于兴奋状态，因而感知力和记忆力、理解力都处于最佳发挥状态，对难点的理解也会大大加强，学习效率自然会大大提高。本节课教师就是借此引导同学对历来很难理解的问题，如作者为什么要描写江南采莲的旧俗的问题进行探讨，加深了同学们的认识。

细节反思

在这节课上，教师总体上对课堂教学的引导与评价都很到位，体现了新课程教学中的双主体理念，即教师在课堂教学活动中不再是单纯的知识上的传授者，而是课堂教学的策划者，课堂教学的组织者，学生学习的引导者，探究活动的参与者，学生发展的促进者，因而在课堂活动中，教师对学生的即兴评价语比较准确，对活跃学生的思维很有裨益。但对于部分学生，特别是对本课内容兴趣不够浓厚因而还没有做好充分准备的同学，评价内容相对不足。所以应该再考虑考虑可以通过运用怎样更为巧妙的评价和引导性语言，力争将全体学生都能带入这节融荷塘、月色及作者淡淡的哀愁于一体的情景氛围中，那就更加尽善尽美了。

优秀教师李菁翠《廉颇蔺相如列传》课堂精彩评价

案例70

一、从大智大勇的蔺相如身上学到睿智、勇敢、宽容；

师：蔺相如听说廉颇要羞辱他，为什么不直接表明自己的态度，却选择躲避呢？

生：秦国之所以马上没有攻打赵国，是知道赵国文有蔺相如，武有廉颇，这是

原因之一;其二,如果他们斗起来的话,最大的得利者是秦国!

师:你分析的非常不错,是的,两虎相斗,必有一伤,而结果得利的是秦国。赵国失利,就会城门失火,殃及池鱼,廉颇和蔺相如谁都不会是赢家!那么,最后蔺相如选择怎样对待廉颇?这体现了他的什么品质呢?

生:接受了廉颇的负荆请罪,原谅了廉颇!体现了他的宽宏大量!

师总结:所以,从蔺相如的身上,我们知道,这个社会不是靠武力和蛮力来维护的,思想上的伟大才是真正的伟大,我们要做一个有思想的人。同时,还要有一颗宽容的心。

二、从廉颇和蔺相如的身上学到爱国主义精神。

师:廉颇和蔺相如之所以能将相合欢,除了他们个人的优秀品质之外,还有没有其他的原因呢?或者说,是源于他们内心都拥有的哪种共同的情感呢?

生:他们都热爱自己的国家!

师:回答的非常正确。是的,这源于他们内心都有的强烈的爱国主义情感!

师:那么,在这个太平盛世,我们应该如何体现爱国主义精神呢?

同学们七嘴八舌地讨论着,可就是不知道该怎么说。

师引导:我们作为普通的人,可能没有机会上战场,但爱国不仅仅是体现在战场上,同学们想一想,我们遵纪守法,不违法乱纪,是不是爱国呢?我们努力学习,将来用我们的知识来改造世界,回报社会,是不是爱国呢?我们节约水电是不是爱国呢?

生:是!

师总结:所以,我们只要做好自己,做好身边的每一件事,都是爱国的表现。最后,希望同学们都能从今天的课堂当中有所收获。

成功细节

有两个细节亮点,比如当教师问:"那么,在这个太平盛世,我们应该如何体现爱国主义精神呢?"同学们一时间不知道该怎么回答。此时教师引导说:"我们作为普通的人,可能没有机会上战场,但爱国不仅仅是体现在战场上,同学们想一想,我们遵纪守法,不违法乱纪,是不是爱国呢?我们努力学习,将来用我们的知识来改造世界,回报社会,是不是爱国呢?我们节约水电是不是爱国呢?"这样一番引导,学生自然打开了思路。再比如,当学生回答"接受了廉颇的负荆请罪,原谅了廉颇!体现了他的宽宏大量!"之后,教师进行这样的总结:从蔺相如的身上,我们知道，这个社会不是靠武力和蛮力来维护的，思想上的伟大才是真正的伟大，我们要做一个有思想的人。同时，还要有一颗宽容的心。这时教师就好像是一位学生人生道路上的引路人，一位通晓世事的哲人，用他自己高尚的人格魅力感染着学生，在这样的课堂中，学生的情感怎会不受到熏陶，学生的道德情操怎会不得到提高？

功效评价

本节课教师设计的问题很有针对性，可以充分引发学生思考，让学生对文本的理解更加深入，并且在对文本另类解读的基础上，让学生受到了一次良好的道德教育。还有教师的精彩总结更是恰到好处，学生在聆听中真正感受到了作品中人物的崇高精神，同时学生自己也会升腾起向他们学习的强烈欲望。这些必将成为学生生命中的"一次难忘的经历"，更是"一个永恒的瞬间"。可见，适时的有针对性的问题可引导学生正确的思考方法，培养学生良好的思考习惯；用焕发个人魅力的精彩的教学总结，既有效地改善了学生的慵懒思考习惯，更提高了课堂教学的效果。

细节反思

在课堂教学中，老师的问题不仅是简单、适时和有针对性的，还需要对问题进行艺术化的处理，因为一个带有艺术性的问题往往会比呆板的问题更容易引发学生思考，增强学生的学习兴趣。案例中教师对学生回答的总结虽然能适时准确，但总结的角度还需多方面，要真正达到教师的总结既画龙点睛，又能让学生沉浸其中并产生久远影响力的目的。另外教师总结的语言如果再具有个人风格特色的话，就更能产生事半功倍的效果。总之，一堂成功的语文课绝不是简简单单的准备相关材料，它更需要教师用自己的真心和智慧去打造课堂，力争做到堂堂精彩，课课精彩。

优秀教师陈华《春江花月夜》课堂精彩评价

案例71

播放由名家配乐朗诵《春江花月夜》营造情境，适当地给学生一些思考、交流

及准备答案的时间。

师（预先设置问题）：认真聆听并感悟这首诗歌，然后用自己的语言向别人讲述你听到了什么，看到了什么，想到了什么。

生：我仿佛看到了一幅画，画面静谧朦胧，却又不失磅礴大气。仿佛有一轮明亮圆满的皓月，伴着清风水雾、静寂花林缓缓升起，同时又觉得从旁是江涛浪涌的声音，仔细辨析其间，依稀能分别出画面里有夜晚时分的春江、花月、芳林、沙汀等优美景物。

师：你说得非常好，语言简洁，概括完整。其他同学补充，除了画面，大家还想到了什么？

生：诗人仿佛通过欣赏大自然的美景，得出了一种人生感悟。

师：能不能具体说说是什么样的人生感悟？

生：诗人说"人生代代无穷已，江月年年只相似"，说明他感慨的是人类作为群体存在固然是无穷无尽的，但个体生命就显得渺小而短暂，而长江与明月却年年相似，仿佛没有变化，让人极易产生物是人非之感。

师：你从中悟出了诗人觉得人生短暂、宇宙无穷，似乎有悲凉之感。答得很准确，其他同学再说说，还有什么？

生：还有相思男女的离愁别恨。

师：能不能说得具体些，诗歌在什么地方谈到了相思与离愁？

生：从"白云一片去悠悠"开始，就开始讲述游子与思妇的两地相思之情。白云飘忽，象征"扁舟子"行踪不定；而"明月楼"则指代闺中思妇。二人在这大好的春江边月夜下却是人分两地，饱尝相思之苦。

师：分析得太好了，但现在又有了一个新问题：诗人又借助了哪些意象将满腔的离别相思表达出来的？请同学们从诗歌中挑选出典型的意象来进行解说。（强调，每一位同学只须选答一个意象即可）

……

成功细节

在这节课中，我认为做得最好的事情就是真正尝试着将课堂还给学生，努力给学生营造一种舒缓而优美的情境，让他们展开思维，尽情想象，并尽量用优美诗化的语言表述自己的所思所感，把自己化作一条连通诗人与学生的桥梁。虽说这样可能弱化了教师的角色功能，但却最大限度地放开了学生手脚，使得他们可以放开手脚，展开想象，又因为学生已经具备了良好地基础知识和语言素养，加之问题精心设置，对引导学生思考极尽所能，对学生答案积极鼓励，并对学生能够读懂诗歌内容报以极大的信心等等，所有这些因素汇在一起，促成了这节的最后成功。

功效评价

这节课师生互动良好，教师用简洁明确的语言，充分调动了学生深入思考并准确表达的能力，切实做到了以学生为主体，把课堂还给学生的新课改理念。例如对于《春江花月夜》内容的解读，或许我们根本不相信学生能读懂它，但事实上学生用他们的答案证明了他们真的可以做得很好。这说明，学生学习的主动性是可以通过日常教学的引导与熏陶实现的。为师者可以试着放手，让学生根据自己的思想感情来解读文本，与作者沟通，同时涵养自己的精神世界，提升自己的审美品位，最终强化语文素养，使原本呆板乏味的课堂教学真正精彩起来。这也充分体现了新课改提倡的引导学生自主、合作、探究的学习精神。

细节反思

在本节课的教学中，教师在评价学生的回答时采取的虽是简单恰切的肯定，同时也注重了对教学内容持续良性的进行积极引导，但整体上的评价内容未免单调，在调动全体学生积极参与诗歌内容的学习与投入方面，相形见绌。应当说，教师应当多运用鼓励性的评价，以便激发学生的积极参与表现欲望，但同时也要顾及那些还没有完全进入状态的同学。像"答得好极了，其他同学，还谁有补充？"一类的评语，虽然态度明确，言辞简洁，但缺少了一种情感，一种与学生相互融通、共同思考的意味。尽管说课堂在某种程度上是还给了学生，但作为老师，是不应该置身事外的，最好能把握住一个尺度，不即也不离，既能入乎其内，又能出乎其外。在评价引导的同时，还能与学生共同完成每一节课教学内容的学习，真正做到教学相长，这样才能充分调动自身及周边的每一位学生，才能真正实现课堂教学的圆满。

优秀教师姜学凤《念奴娇·赤壁怀古》课堂精彩评价

案例72

师：文学是人学，透过作品本身我们就能探究到作品里面蕴涵的人文精神。苏轼是用生命来写作的，所以通过苏轼的文章我们也能够更好地认识他、理解他。现在，请同学们结合苏轼的生平活动情况谈谈你心目中的苏轼形象。

生1：我觉得苏轼是个很乐观的人，面对人生的顺境逆境都很平静从容。在政治上他虽然和王安石不和，并因此屡遭贬谪，但他都能够坦然面对，很少有那种无休止的牢骚。苏轼和王安石之间既是政敌又是朋友，苏轼曾经被王安石从监狱中救出，这是真正的君子之交。我们从这件事中能够看到他的人格魅力。

生2：苏轼的襟怀抱负也让人敬佩，在做地方官的时候，他"为官一任，造福一方"，在苏州杭州一带有很好的声望。苏轼因为"乌台诗案"下过狱，也曾寻死，但他毕竟熬过来了。苏轼一生无论穷达，他的作品都是对后人最好的馈赠。

生3：苏轼很有才华，在诗、书、画、散文等诸多方面都成大家，是苏门三父子中最有成就的。因此有人说，宋代如无苏轼，则宋代无光；读宋代作品不读苏轼，不叫读过真正的作品。

生4：我更喜欢读苏轼比较婉约的作品，像《水调歌头·明月几时有》《江城子·十年生死两茫茫》，都非常真切感人。我觉得在读这些作品的时候，苏轼离我们真的很近。总之，读苏轼，就感觉自己的情感丰富了，胸怀宽广了，根基深厚了。

师：我很欣慰，在大家那里看到了有血有肉的立体的苏轼。读苏轼的作品就是在和他对话，我们能够更好地认识他、理解他，同时又能更好地理解他的作品。在和苏轼的对话中，我们就可能获得一种精神力量，在任何艰难情况下，都自信乐观。精神自由、宠辱不惊才能成大器，不以物喜、不以己悲才能更好地实现人生价值。苏轼个人在政治上的不幸却造就了一代文学巨匠，不能不说是中国的幸运。

成功细节

本案例中,教师教"一引一结"的评价方式值得称道。教师的引述性话语不仅把学生的注意力集中到课堂授课内容上来,更带给学生某种深层次的思考或感悟。高中的语文课要讲得有深度,教师要先有深度。教师说:"文学是人学,透过作品本身我们就有可能探究到作品里面蕴含的人文精神。苏轼是用生命来写作的,所以通过苏轼的文章我们也能够更好地认识他、理解他。"这个细节充满逻辑力量,能够让学生体会到学习作品不是目的,学习人的精神才是目的。在结束课时教师说:"精神自由、宠辱不惊才能成大器,不以物喜、不以己悲才能更好地实现人生价值。"正体现了课堂的生成性,而真正的教学艺术就是要生成人生智慧。

功效评价

本节课上教师语言深刻且富有哲理,巧于引领又善于总结,体现了语文课的深度,体现了语文在培养学生成人成才过程中的特殊作用,即情感与智慧的双重生成功能。教师只说两段话,每段话都发挥了导学、明理的作用。这就表明教师锤炼好教学语言,能更有助于教学思想的体现,更有助于教学目标的达成。如果说细节决定成败,那么教师的教学语言就是要精心雕琢的重要细节,在打造成功的高效课堂上不可或缺。与此同时,学生在充分感知作品的前提下,结合自己的阅读经验和人生体验,会更好地体会到教师教学语言的深意,从而更多地受到教师话语的影响,使心灵上产生共鸣,精神上获得成长,学业上取得进步。我们的课堂需要有深度的教师,也需要能够理解这种深度的学生,从而真正做到教学相长。

细节反思

在课堂教学中,教师备课的质量的好坏往往体现在他的教学话语中。从问题的设置、探究到得出相应的某种结论,教师要推敲语言,力求做到"美的教育"。教师心中有学生,就能更多地从学生角度提出问题、思考问题和解决问题。本课例中,教师认真准备教学引导语和相应结束语,做到了有的放矢,提升了教学深度,并最终扩展了教学空间。做一名教师就是要适时放开手脚,给学生探究问题的机会,引领学生进行有针对性的思考,进行有深度的探求,这会激发学生更强的求知欲,使学生拥有更大成就感。古人讲求"不愤不启,不悱不发",这固然重要,但作为教师还是要掌握引导的方法,让语文课具有某种深度,体现出独特魅力。

优秀教师张彬《在桥边》课堂精彩评价

⏰ **案例73**

师：昨天已事先通知大家预习小说《在桥边》，现在请同学们用简练的语言概括小说的主要内容。

生1：在桥边数人的故事。

师：简洁。那么他是如何数的人？

生2：有乱数，有不数，有漏数，当然也有认真数的时候。

师：哦？够全面，能具体谈一下吗？

生3：开始时有乱数，第三段充满反讽和揶揄："我以此暗自高兴，有时故意少数一个人；当我发起怜悯来，就送给他们几个。""当我恼火时，当我没有烟抽时，我只给一个平均数；当我心情舒畅、精神愉快时，我就用五位数字表示我的慷慨。"

师：那我就不明白了，他为什么要乱数呢？

生4：第一段交代了原因："整天，整天，我的不出声的嘴像一台计时器那样动着，一个数字接着一个数字积起来，为了在晚上好送给他们一个捷报。"因为"我"早已是一架"计时的机器"了。

师：有道理，可是他又想通过乱数传达出什么信息呢？

生5：说明这个工作对我而言是枯燥、无聊、单调的，我对这个工作不满意，但为了生存，"我"又无力抗争。表露了"我"的不满和反抗。

师：这个道理完全说得通。那什么时候不数，这又是为什么？

生6笑答：姑娘过桥的时候。"我的心简直就停止了跳动"，"这两分钟是属于我的"，"我的心又停止了跳动"……

师笑：原来这个时候是没有时间和心情去数别人的。（同学们全笑了）主任统计员的出现，"这直接关系到我的饭碗问题"，我还是漏数，说明了什么？

生7：表面上看，"我"为了生计，压抑住了自己的感情，但那个"可爱的姑娘"代表"我"心中美好的事物，是我的精神寄托，是我的一种守望。我是不会放弃的！

师：你分析的相当有深度了。朱光潜先生说："我们一定要超过原始的童稚的好奇心，要超过对于《福尔摩斯侦探案》的爱好，去求艺术家对于人生的深刻的观照以及他们传达这种观照的技巧。"1972年伯尔诺贝尔文学颁奖词中说："凭借他对时代的广阔视野，结合典型化技巧，对复兴德国文学做出贡献。"

🕐 成功细节

本案例中，教师采用了设疑追问的方法，并予以及时的评价加深引导，非常成功地完成本节课的教学任务。好的设疑容易落实教学内容，例如"简洁。那么他是如何数的人？"这句简评加上准确提问就将数人的几种情况全部涵盖进来，学生进行思索和筛选的信息就会很明确。接下来几个短平快式的追问与评导，使得学生顺利地理解并概括出完整内容。另外，教师适当的一句"原来这个时候是没有时间和心情去数别人的。那他又什么时候漏数？为什么？"虽有玩笑戏谑的成分，却在活跃课堂气氛的同时，画龙点睛般地使得学生一下子完全体会了人物当时的心境。

🕐 功效评价

在这节课的教学过程中，教师根据教学内容和学生的心理，精心设计，提出目的明确的问题，同时对学生的答案能及时的进行简洁扼要的评点，进一步启发了学生的积极思维并落实了教学内容。可见，恰切地采用饱含肯定鼓励性的评价语言和语态，完全可以调动学生对教师所教的课堂内容产生浓厚的兴趣，而"兴趣又是最好的老师"，这就会使得学生的学习过程产生良性循环，为师者如果能够清楚地认识到课堂评价语的重要性，必定会使自己、学生和教学内容结合得更紧密，效果更突出。

🕐 细节反思

其实，在一节课的教学过程中，老师对学生的评价语绝不仅限于对学生所做答案的简单肯定或否定，更应该注意的是你的评价是否及时正确，同时还应顾及课堂的氛围，教学内容的顺利进行。

本节课教师通过巧妙地设疑充分引发了学生阅读与思索的兴趣，几个问题环环相扣，步步深入，引领学生逐步深入分析，较好地完成本课的教学任务。究其根源，这固然是师者教学智慧的体现，但同时也是与师者与学生之间通过快

捷的"问—答—评—新问—新答—新评……"一系列互动活动息息相关。当然,为师者应当面对全体学生,所以在教学过程中,他还是缺少了对部分孩子及时引导和关注。如能在问答评点时,将那些还没有参与进来的学生也引入这种良好的氛围里,就更好了。

优秀教师薛岩《林教头风雪山神庙》课堂精彩评价

案例74

师:梳理完《林教头风雪山神庙》故事情节后,细心品读,作家在叙述故事情节时,为了使情节前后相因,连贯曲折,常在引文过程中有意介入一些在当时看来只是随意写及的闲笔。这种看似节外生枝的"闲笔"恰恰是作家为后文情节展开而特意预先设置的楔子。因其作用主要体现在后文,因而在其显示出作用之前往往不太引人注意。

师:本文有哪些这样的细节描写?你认为这些细节描写有什么作用?

生1:我觉得开头交代林冲在沧州牢城处偶遇昔日曾被自己搭救过的李小二,是《林教头风雪山神庙》中最具匠心的闲笔之一。当日李小二多亏了林冲,而林冲日后又多亏了小二。此处为后文李小二努力报恩张本。

师:你找的完全正确。那么请同学们思考,这样写对人物性格的塑造有无作用呢?

生2:此处设计还可显出林冲的侠义心肠,重情重义。

师:很好,你考虑得非常细密。这就点明了林冲曾有恩于李小二,使后来李小二夫妻偷听陷害林冲的阴谋并向林冲通风报信显得合乎情理,又初步勾勒了主人公的一个性格侧面。

生3:我认为李小二和他的酒店不仅将林冲的过去和现在勾连了起来,更重要的是为从东京来沧州追杀林冲的陆谦提供了露面的场所。

师:你说得太有道理了,有了李小二的酒店,林冲与高俅、陆谦,林冲与管营、差拨三者之间的冲突就有了交会点。别的同学还有其他细节补充吗?

生4:我觉得还有一处精彩的细节是接管草料场后,因天气寒冷去沽酒途中意外碰到的山神庙。这个地方既替林冲预设了个避难所，也给陆谦等人的自我暴露提供了一个契机，使矛盾双方再次展开交会与冲突。

师：你的分析非常透辟。看似闲笔实则伏笔，这两处在叙述行文中细节描写，似乎没有什么内在联系，但细一琢磨就不难发现，二者其实是前呼后应又相互构成伏笔的。李小二夫妻在酒店里因怀疑而偷听陆谦等人的密谈，虽预感到于恩人林教头身上有些不利，但因一鳞半爪，隐隐约约，模模糊糊而空生疑窦。直到山神庙一节才悬念尽释，真相大白。

师小结：这节课同学们表现得都非常好，能迅速认识到这些看似无关紧要的细节，实则至关重要，使情节发展入情入理，从而最终完成林冲从逆来顺受到奋起反抗的性格转变。

成功细节

一般教师在教授此课时，往往带学生直接分析人物性格，本课例教师却在问题的提出与探究中匠心独运，为了更好地调动学生的积极性与参与度，精心设计了引导学生注意故事情节前呼后应从而使作品布局更加严谨、合理的细节描写。在推进课堂教学过程中，不断对学生所给答案进行及时而疏导式的评价语，如"你说得太有道理了，有了李小二的酒店，林冲与高俅、陆谦，林冲与管营、差拨三者之间的冲突就有了交会点。别的同学还有其他细节补充吗？"这种引导显然比学生站得更高、更远，懂得学生的阅读心理并设法使学生处于跃跃欲试、一显身手的最佳心理状态，从而形成教学的良性循环。

功效评价

在这节课堂上，老师对学生和教学内容都做了有益的探索：以"导"为主，从感觉入手，灵活运用评点法，以调动学生思维的积极性，让学生学会探究与分析。加之教师能巧设问题点，激发学生积极思考，又通过积极肯定的评价语，引导学生步步深入，在关键处又多作灵活而简明的点拨，启发学生真正理解和掌握课文的精髓。这种评点法对学生而言，是通过感受、点拨而产生顿悟，而不是教师塞给他们某种现成的结论，因而学生会为自己的不断发现和新鲜而欣慰不已，无形之中学习兴趣大增。

细节反思

一节课堂教学的顺利完成，不仅得益于教师对教学内容的精心设计和学生的有力配合，老师的准确而细致的评价更是不可或缺。如果这些语言再能够根据课堂气氛及时进行调整，使学生更加想听、爱听，效果自然事半功倍。案例中老师对学生的评价虽然很及时正确，但流于简单，仍须反复推敲而增强效果。此外，教师擅长运用的鼓励性的评价多是针对那些反应快、成绩好的学生，但对于那些还没做好充分准备的同学，若能添加这样如"XX同学，你能不能对这个问题（容易解答的）谈谈自己的观点呢？要知道课堂学习，贵在参与"等提示语，自然会把某些置身世外的学生拉拢回课堂，效果就更佳了。

优秀教师陆军《林黛玉进贾府》课堂精彩评价

案例75

小说是以塑造人物为中心的，当然离不开人物形象的描写。那么，在这类写人的文章中，如何让人物走上前场，是一个比较关键的问题。这正如戏剧中人物出场一样，大有讲究。出场效果好，可赢得满堂彩，为全剧奠定一个好的基础。写人的文章如果能让人物恰到好处地"走出场"来，整篇文章也就成功了一半。

我们一起来看凤姐的出场。

生念：一语未了，只听后院中有人笑声，说："我来迟了，不曾迎接远客！"黛玉纳罕道："这些人个个皆敛声屏气，恭肃严整如此，这来者系谁，这样放诞无礼？"心想时，只见一群媳妇丫鬟围拥着一个人从后房门进来。

师：透过凤姐的出场我们可以看出些什么呢？

生：这里人皆敛声屏气，恭肃严整，凤姐却"大笑"着出场，可见她在贾府地位高，身份特殊，贾母对她十分的宠爱。

生：还可初见凤姐放诞张扬的性格特征。

师：真所谓"未写其形，先使闻声"，它先声夺人，一下子就把来者的三魂六魄给拘定了。在正面描写之前，作者早已通过人物的笑语声，传出了人物内在之神。

师：作者接着用重笔浓彩描绘了凤姐衣着和外貌，用"头上戴着金丝八宝攒珠髻……下着翡翠撒花洋绉裙"的白描手法，从头到脚，精雕细刻，有何用意呢？

生：向读者暗示了她一生奢侈的生活和无厌的追求。

师：的确如此，种种描述便使这位风流、得势、有权、贪婪的主儿，从文中活脱脱地站了出来。再看她的言谈举止，只三句话，于夸赞黛玉娇美容颜，同情黛玉不幸身世之中，蕴含着对贾母不失时机的阿谀逢迎。这王熙凤感情极丰富，变化极迅速，说着、哭着，贾母一制止，立刻就"转悲为喜"。凤姐哭笑之自如，做戏之应手，行事之乖巧，真是淋漓尽致；揣测"老祖宗"心事之准确，更是令人叫绝。这怎能不博得贾母的欢心，赢得"最高统治者"的欣赏、支持？

⏰ 成功细节

本案例中教师并不仅仅是为了把分析好人物形象作为教学目标，而是以此为前提，着力锻造学生的语文素养。教师始终注意"导与评"，课堂上自始至终以教师循循善诱和学生思考研讨为主。伴随着课堂教学的进行，教师更关注学生思考与回答时思路是否正确，并能对他们的答案及时加以评价和引导，如"真所谓'未写其形，先使闻声'，它先声夺人，一下子就把来者的三魂六魄给拘定了。在正面描写之前，作者早已通过人物的笑语声，传出了人物内在之神"等，始终注意将局部知识点与整体阅读能力训练有机地结合，以教材为例，让学生学习小说的鉴赏方法，体现了"以教为学"的思想，从而促进了学生的自主学习。

⏰ 功效评价

这节课教师以著名作家王蒙对课文内容的评点为范例，让学生了解人物评点的方法和要求，在课堂教学实践过程中，充分让学生自主实践，师生互动、生生互动，在思索中理解，在探究中提高，在讨论中顿悟，这样就使学生既分析了人物，又掌握了评点的方法。同时，教师还充分利用语言文字的间接性，通过"点评式读书法"的运用，对学生的欣赏方法进行适当点评，引导学生尽可能地贴近文字，走进文字，与语言文字亲密接触，品味其中的韵味，领略文字所蕴含的丰富内容，自始至终让学生在受到召唤、得到感染、享受熏陶之中获得新知，培养能力和习惯，达到"润物细无声"的境界。

细节反思

这节课堪称师生交流互动课,学生参与度高,教师点评及时。教学内容是教师和学生们共同体会作者是如何刻画王熙凤这个人物形象的。作为教师,我尽力引导学生们充分"评点"来分析出王熙凤这个人物的性格特点,而这主要是通过我对学生所给答案进行及时的"评点"来使得这堂课顺利进行并较好完成。课堂上学生们积极性很高,这也容易带来一个弊端,就是学生容易信口胡说,从旁搅扰他人作答,所以教师应当时时通过简洁的评价语来引导学生的学习过程,并力争使得学生们在获得一节课应有的成果的同时,还能增长他们持续性能力,例如本节课中的分析人物形象的技巧与能力等。

优秀教师王福民《老人与海》课堂精彩评价

案例76

在学生提前预习的基础上,教师设问:小说节选部分到老人回到茅棚躺在床上结束,请在此基础上续写一段文字。提示参考思路:可以写睡梦中,也可以写老人醒来后等等,要注意尽力贯穿原文的语言风格。

生:老人给了我很大的触动,一个老人在大海上孤军奋战尚不感到胆怯,何况我们呢。他永远不会气馁的,所以我续写的是"第二天,老人醒来,他的第一件事就是走向海边,竖起桅杆,扬起了帆……"

师:嗯,不错,看看文字简洁吗,有没有可以删减的?

我动员大家一起想。

生:我觉得"他的第一件事就是"可以去掉,保留"他"就可以了。这样变成"第二天,老人醒来,他走向海边,竖起桅杆,扬起了帆……"更有一种义无反顾的决绝和无所畏惧的姿态。

师:改得不错。我想问一下大家,小说中老人好像在与鲨鱼搏斗的过程中损失了一些东西,如果你是打鱼人,你会不会先把这些补齐呢?在续写的时候还是要考虑合理性。毕竟小说源于生活,或许他通过准备东西这样的举动来昭示他并不

曾放弃,这样的思路可行吗?(同学们点头赞同)

生:小说中老头很孤独,经常自言自语,所以我觉得可以这样写:他高声对自己说:"有什么关系呢,一个人并不是生来要给打败的,明天太阳照样升起。"

师:有同学继续修改吗?

生:我觉得第二句话可以删掉,因为原文中出现过,改成"有什么关系呢,明天太阳照样升起"会更加意味深长。

师:嗯。不错,这也是小说的一个显著特征,大家可以看到课后第三题,自言自语,这属于什么手法呀?

生:内心独白。

生:我觉得老人在梦里会依然战斗,所以续写到"在睡梦里,老人梦见自己双手抡起一根棒球棍,向一条鲨鱼劈去……"

师:嗯。大家的情绪很高涨,我们暂时先讨论到这里,小说《老人与海》的最后一句是什么呢,是"老头儿正梦见狮子大家可以考虑,为什么是狮子呢?当然这前面还有部分内容,阅读这部分内容也是我们的课后作业。

成功细节

本节课中教师对文本的再加工及与学生之间的问答都很出色,但最精彩的地方还是使用了极富针对性与准确性的评价语,特别是这个环节,当学生开始试着改写文本时,老师评点"改得不错。我想问一下大家,小说中老人好像在与鲨鱼搏斗的过程中损失了一些东西,如果你是打鱼人,你会不会先把这些补齐呢,在续写的时候还是要考虑合理性。毕竟小说源于生活,或许他通过准备东西这样的举动来昭示他并不曾放弃,这样的思路可行吗?"有理有据,还提醒学生应当设身处地地思考,这样形成的答案才会合情合理,学生的真实感受由此生发,后来学生的改写越发进入状态,这也是本节语文课的精髓所在。

功效评价

在这节课上,教师用语简洁明确,指导性强。原本教师设置了一个开放性的探究问题,旨在让学生进一步深化对老人形象的把握,同时对小说简洁明快的语言风格有所体悟,可以将原本抽象的教学内容变得更为生动具体,并引领学生在一种轻松活跃的课堂氛围中顺利完成这一教学内容,充分体现了新课标中"重点关注学生思考问题的深度和广度,使学生增强探究意识和兴趣"的教学要求。

由此可见，准确精当的评价语可以帮助学生建立清晰的学习目标，培养学生良好的学习习惯，切实提高课堂教学的效率，既有助于落实当堂课上的教学任务，更有助于实现教师与孩子间的无障碍沟通，教师在以后的日常教学工作中当有所借鉴。

细节反思

教师的评价在课堂教学中的重要性不言而喻。它既可以维持教学的秩序，链接学生与知识，还可以调动课堂气氛，活跃学生思维。当然，这需要的是用词准确、内容丰富、形式多样、方法灵活的高水平的评价语。案例中教师对学生的评价虽然能较好地指引学生思考方向，规范学生的答题思路，但终究流于简单，缺少变通，很容易使学生觉得乏味，因而影响进一步学习的积极性，所以，教师平时就应该仔细琢磨评价语言的内容与形式，多试着用鼓励性的评价会让学生产生表现欲，让没有做好充分准备的同学想参与其中，那么老师更是应当时刻寻求精辟的评价，对自己课堂中的每一位学生都能进行及时的纠正和鼓励，力争不让任何一个孩子落伍、掉队，这样才不失真正为师者的职业品格。

优秀教师徐晓红《奥斯维辛没有什么新闻》课堂精彩评价

案例77

师：《奥斯维辛没有什么新闻》是新闻史上不朽的名篇。那么这篇新闻到底特殊在哪里呢？细节描写刻画细致传神，对增强新闻报道的现场感极为重要。本文的一个突出之处就是细节描写。那么，哪些细节打动了你呢？请同学们找出一处细节描写进行分析。

学生默读寻找细节描写。

生举手。

生："对另外一些人来说，这样一个事实使他们终身难忘：在德国人撤退时炸毁的布热金卡毒气室和焚尸炉废墟上，雏菊花在怒放。"这一细节把"毒气室"和"焚尸炉"与"雏菊花"放在一起描写，反差极大，对比鲜明。

师：你找得非常准确，这确实是一处细节描写。你能不能再说说这样描写的作用呢？

生："毒气室"和"焚尸炉"是代表战争的罪恶的丑恶事物，"雏菊花"是代表和平的美好事物。而雏菊花在废墟上绽放，表明和平最终将战胜邪恶，自由与光明的雏菊花必将灿烂地开放，战争终将成为废墟。

师：说得太好了。你能准确抓住相对比的事物进行分析。和平是人们的愿望，那绽放的雏菊正代表了全人类共同的心声。正义必将战胜邪恶。还有哪些同学来说一说，你找到了什么样的细节描写，有什么作用呢？

生：老师，我找到很多处细节描写。比如写参观者的表情和动作，"张大了嘴巴"，"浑身发抖"，"跪了下来"等等。

师：很好，请选择一处进行重点分析。

生：我要分析参观者"张大了嘴巴"的表现。这一描写表现了参观者看到奥斯维辛集中营中的"盒子"后的惊讶恐惧，因为这样的小盒子要装进很多人睡觉。而这样小的地方放进那么多人是非常拥挤的，常人无法想象。

师：这位同学找得非常认真，从参观者的角度入手，而且发现了另外一个细节，就是女犯们睡觉的盒子。那么这个盒子6英尺宽，究竟挤到什么程度大家能想象得到吗？我们可以做一个计算，1英尺等于0.3048米，6英尺等于多少米？

学生计算，很快计算出结果：0.3048×6=1.8288米，发出惊呼声。

师：相当于我们今天1.8米的双人床的宽度，要塞进五到十个人。孩子们，这样的细节，没有被我们忽略，究竟奥斯维辛的环境有多么恶劣，这样的一个睡觉用的盒子就告诉我们了。相信阅读完本文后，大家对战争的罪恶会有更深刻的认识。

……

成功细节

本案例在分析《奥斯维辛没有什么新闻》的细节描写过程中，老师首先指明了分析的重点——细节描写，明确了学生的学习方向。在学生发言过程中，教师能给学生适当的鼓励，如"你找得非常准确"、"说得太好了。你能准确抓住相对比的事物进行分析"等，让学生受到鼓舞，产生自信。在学生发言过程中，教师能及时点拨，尤其是能以学生的发言为基础，引导学生分析数字细节，让学生对文章有了更加深刻的认识，这已经成为本节课教学的亮点。

⏰ 功效评价

我们看到,课堂上教师的评语并不多,甚至没有学生的发言多。但是,恰恰是教师简练的评价,让学生有了明确的学习目标;通过对前面发言学生的引导,使后发言学生有了正确的思路。学习中如果忽略细节,可能就要事倍功半。本课没有从一般的教学思路入手,重点抓细节描写,让学生从细节入手,评价本身注重细节。如学生要大范围漫谈时,教师适当规范,只就其中一点就行重点分析,避免了学生泛泛而谈,也给其他同学留有发言的机会。学生忽略了数字细节,教师能就学生的发言自然过渡,没有生硬地套入,显示了教师评价的积极作用。

⏰ 细节反思

高中语文课堂教学,更应该体现出学生的主体性,极力调动学生的主动性与积极性,那么教师的评价就应该呈现出灵活性与多样性。本节课教师的评价语多为循循善诱类,言辞简洁,引导到位,较好地体现了学生主体地位,较为充分地体现教师课堂评价的积极意义。但是,教师的评价方式较为单一,多数只是对学生发言的即兴评价,至于教师的表情、语态和声调变化等,也缺少灵活变通;并且该课堂中还缺少学生之间和学生的自我评价,因而更显得评价方式非常单薄与僵化。所以若老师以后在课堂教学中能注意到评价内容与方式方面的多样化,课堂教学效果就会日臻完善了。

优秀教师陈兆辉《归园田居》课堂精彩评价

⏰ 案例78

师:请同学们认真听诗歌《归园田居》的配乐朗诵,并试着整体感知诗歌内容,并体会作者的感情。

(电脑播放配乐朗读)

生1:作者先交代了他回园田居的原因。"少无适俗韵,性本爱丘山",说明作者从小就没有适应世俗的性格,天性就热爱山林。正因为本性才回归园田的。

生2：我认为"误落尘网中，一去十三年"也表明归隐原因。他把官场视为尘世的罗网，"误落"一词就写出了作者对官场的蔑视及自己做官的后悔心情，因此他自然就想回到田园去。

生3：还有"羁鸟恋旧林，池鱼思故渊"，运用了比喻修辞，"羁鸟""池鱼"比喻官场中的诗人，他们都想念自己的广阔天地，自然就想回归自己的乐土了。

师：同学们从原文中筛选信息几乎都能一步到位，可见诸位的阅读理解能力都很棒。刚才这位同学说陶渊明想"回归自己的乐土"，同学同意他的说法吗？

生（齐声）：同意。

师：那么回到丘山的"鸟"回到故渊的"鱼"过上了怎样的生活呢？我们把自己置身于作者的生活环境中来感受一下，然后结合图画的特点用自己的话描述感受。回答时要注意顺序、景物特点和时间变换等。

生：诗人住的虽是几间简陋的茅草小屋，但周围有宅地十多亩，屋后榆柳，相互掩映；堂前桃李，列植成行，静谧安适，令人心驰神往。再加上远处村落隐隐约约，炊烟袅袅，若隐若现。在这里居住的人一定安闲自乐。

师：说得很好，画面勾勒鲜明简约，层次感清晰，你算是真正体会到主人公的"安闲自乐"心情了，可是这种心情又是怎样在诗歌中体现出来的呢？

生："狗吠深巷中，鸡鸣桑树颠"一句，让人想起从远处传来狗叫的声音，好像声音就响在耳边，并且偶尔才有，这更能体现诗人居住环境的安静；鸡鸣嘹亮，而且站在桑树的顶端，给人一种悠然轻松的感受，这里用声音反衬安静，更显其静。

师：同学们简直要把陶渊明归园田居后的生活活灵活现地展示出来了。那我们就再进一步地体会：作者回归田园后轻松、自在的心情。

……

成功细节

本案例中，教师一改常规教学中预设教学目标的做法，采用了不指示学习目标、不提供标准答案的流程，而是根据学生提供的答案，巧妙借助自己的评价语因势利导，自然而然的完成了本节课的教学内容。精彩的评价细节如："说得很好，画面勾勒鲜明简约，层次感清晰，你算是真正体会到主人公的'安闲自乐'心情了，可是这种心情又是怎样在诗歌中体现出来的呢？"在得到学生的答案后，马上趁热打铁，继续评价并追问"同学们简直要把陶渊明归园田居后的生活活灵活现地展示出来了。那我们就再进一步地体会：作者回归田园后轻松自在的心情。"如是

多次，水到渠成，一节课顺畅完成。

⏱ 功效评价

这节课上教师的用语平和亲切，真实生动，与学生的互动交流自然畅达，精彩纷呈，堪称典范。其中，授课教师即兴而发的评价语更是在不断地引导着学生进行正确的思考，选择正确的学习方法，有效地改善着学生的学习状态，学生们在这种充满了肯定与鼓励的评价语的指引下，不断突破诗歌内容理解上的重重障碍，并且在组织答案的用语时更是妙语连珠，切实提高了课堂教学的效率。可见，课堂上如果能用好真诚恰当的评价，适当的神态表情，甚至相应的辅助动作，师生之间的沟通一定会更加容易，也必然会使课堂教学的效果更加显著。

⏱ 细节反思

课堂教学评价不仅仅是指示学习内容的教学过程，更不应是唯一的、标准化的答案式的教学评价用语。这个评价应力争做到对每个学生的差异化思维与个性化答案的全面评价。本节课中教师的评价语可以说很能抓住学生的兴奋点，也确实吊起了绝大多数学生的"胃口"，但还是有不尽如人意之处，如学生的发散思维、开放想象力方面，教师完全可以通过运用更为灵活的评价方式，让学生也参与进课堂评价中来，让那些自己懒于思考的学生去试着评价其他同学的答案，或随时进行质疑，那么学生的课堂参与率就会大幅度增加，就会实现课堂教学完成不断纠错、逐步提升的过程，自然会更好的达成预设的教学目标。

优秀教师史向前《母与孩子之间的爱》课堂精彩评价

⏱ 案例79

教师先给学生讲述一个真实的故事，同时播放《天亮了》这首歌曲，并在幻灯片上展示这首歌的歌词。

师：父母对孩子的爱自古有之，早在我国第一部诗歌总集《诗经·小雅·蓼莪》就有对父母养育孩子的描写。同学们，谁能翻译"父兮生我，母兮鞠我。拊我畜我，长我育我。顾我复我，出入腹我"这段话？

生：父亲啊，生了我。母亲啊，养育我，抚摸我，爱护我，喂大我，教育我，照顾我，关怀我，出入抱着我。

师：你翻译得非常准确，特别是哪些关键处的实词，可见文言文功底很深厚。由此可见，父母想的不仅是自己的现在，更想到了孩子的未来。请看这幅画——一张汶川地震之后父亲背负孩子的尸骸回家的照片。

同学们回忆以往你在写母爱、父爱的时候，往往做怎样的描述？示《母亲》《父亲》。

生：母爱像清泉，润物细无声地滋润着我的心田。

生：父爱如高山，沉稳而坚定地支撑着我前行。

……

师：你们诵读的时候饱含了感情，因而自会打动人心。其实，每一个人的成长，都离不开父母的关爱。你想以怎样的方式回报父母的爱？请大家谈谈自己的真实想法……

生：现在好好学习，考上理想的大学，回报父母的爱。

生：多做些力所能及的事，减轻父母的劳动。

生：少惹父母生气，多做些让他们高兴的事。

师：听着你们的答案，我真的很想借用一首歌的歌词来表达我的观点："我们都是好孩子，最最善良的好孩子"，我相信你们的父母一定是幸福的。中国有句古语，"百善孝为先"；还有另一句话，"子欲养而亲不待"，谈的都是对孝道的重视。

师：苏哥拉底说"握住手中的麦穗才是最重要的"，为了避免我们在上课之初所看到的"欲报之德，昊天罔极"的悲痛，让我们现在就来实施回报父母对我们的爱。孩子们，记住：成功人生，从学会感恩、学会爱开始！现在大家齐唱歌曲《感恩的心》。

成功细节

本课例最大的特点是"以情动人"，故而师生之间能够进行较好的情感沟通，彼此仿佛在用心交流。像这样一个细节就很有意味，"你们诵读的时候饱含了感情，因而自会打动人心。其实，每一个人的成长，都离不开父母的关爱。你想以怎样的方式回报父母的爱？请大家谈谈自己的真实想法……"又如"听着你们的答案，我真的很想借用一首歌的歌词来表达我的观点：'我们都是好孩子，最最善良的好

孩子'，我相信你们的父母一定是幸福的"等评价语，都是真切细腻而能打动人心的，因此巧妙地运用评价语会使得课堂教学收到意想不到的效果。

⏰ 功效评价

语文学科教学是以人为教育对象，致力于培养学生丰富的情感、积极的人生态度和正确的价值观，而这样的教学目标就决定了教师与学生之间应当有一条精神上的纽带。除了硬性的教学内容外，本节课上教师丰富而灵动评价和引导语言，都能以其真实性而感动学生，不断地将学生引进特定情境，使这节课成为学生生命中一次"难忘的经历"。因此，即时而生动的评价语确实可以帮助学生养成良好的学习习惯与学习方式，切实改善学生的学习状态，提高课堂教学的效率，巧妙而真挚地打动孩子们的心灵，从而使学生在真正认识到父母对孩子"理性"爱的同时，更能深切体会中华民族"百善孝为先"的传统美德之，进一步学会感恩。

⏰ 细节反思

教师在课堂教学中不仅要设计教学内容、组织教学环节，还应在教授学生知识的同时，针对学生学习的具体情况做出相应的反应与评价。这就需要教师更应注意评价语言的准确性、多样性与随机性，最好能适当创新，能根据课堂气氛及时调整语气、声调和节奏，努力使学生都想听到老师对自己的评价。本节课教师对学生的评价虽然较为及时准确，也比较有新意，如引入歌词和名人名句，但整体上评价语言还是偏少，特别是对那些还没有做好充分准备的同学，基本上已经让他们游离于课堂之外了。所以教师还应考虑一下怎样可以通过运用更为精妙的评价语言，把他们也带入到这种水乳交融般的情感课堂中来，才算是真正实现了教学要面向全体学生并力争养成学生自觉、主动探究的新课改精神的教学目标。

优秀教师张冬颖《归去来兮辞》课堂精彩评价

⏰ 案例80

教师先前和学生一同品味了作者归去之后快乐生活的几个画面，一是交友，二是劳动，三是出游，充满了生活的乐趣。接下来，教师和学生深入分析作者的情怀。

师：同学们，陶渊明归田后的生活的确快乐，我们知道，"一切景语皆情语"，同样的农家生活，在有些人意下是交通闭塞、生活落后，为什么陶渊明觉得农家生活如此充满诗情画意，以致辞官归田呢？是因为他有着与世人不一样的人生情怀，让我们从一、四段中来领悟一番陶渊明的人生情怀吧。

生：读了这一段，觉得作者的思想有一点消极。（学生都附和这一种说法）

师：是吗？那么就请前后同学讨论一下，这一段中如何看出作者的消极。（这一问题显然出乎教师意料）

生："寓形宇内复几时，曷不委心任去留？"给人一种无所追求的感觉。

生：他还说"乐夫天命复奚疑"，太有点听天由命了，可我们今天说听天由命是一个贬义词，是一种消极的人生观。

师：是啊，我们今天也反对听天由命，我们说不能向命运低头，作为一个深爱儒家文化熏陶的知识分子，作者应该是积极入世的，那么我们如何理解陶渊明的乐天安命呢？同学们可以讨论一下。

生：陶渊明应该是积极的，因为他积极，才看不惯官场的腐败，才会有他辞官归隐的惊世骇俗之举。

生：那他的辞官岂不是逃避？

生：我们不能用今天人的眼光来评价古人，在那样的情况下，凭他的个人力量，是不可能对世道有什么改变的，他对官场不满，愤然离去，正是因为他不愿同流合污，这应该说是一种积极的人生追求。

师：说得非常好，儒家一直提倡"穷则独善其身，达则兼济天下"，在那样一种社会环境下，陶渊明兼济天下的梦想难以实现，他只有退而求其次，选择独善其身。

🕐 成功细节

在本节课中，教师能循循善诱，充分把握课堂中出现的教学契机，引导学生把问题引向深入，开启学生的思维火花。比如课例中有三次环环相扣的引导：第一次，问"为什么陶渊明觉得农家生活如此充满诗情画意，以致辞官归田呢？"是要深入分析作者辞官归田的原因；第二次教师在学生意外地提出了"觉得作者的思想有一点消极"的看法之后，并没有回避或硬性地给出结论，却机智地把问题

抛给了学生,这样就进一步引导学生去分析这种带有共性的看法的原因;接下来,教师把问题引到核心上来,"我们如何理解陶渊明的乐天安命呢?"由归田的原因到如何看待这种传统意义上的消极,到对"乐天安命"的本质探讨,在课堂随机生成的问题中,把学生的认识进一步引向深入,拓展了学生的思维空间,使课堂变得灵动而多彩。

功效评价

如果说传统的课堂把处理好预设外的情况看成是"教育智慧",那么新课程则把"生成"当成彰显课堂生命活力的常态要求;如果说传统课堂将实现"生成"作为终极目标,新课程则将"生成"看作是又一次引导学生自我建构的起点。本课例的价值就在于教师在课堂前期的感性理解基础上,预设了具有发散性的问题,使学生的思维火花能被充分点燃。教师收放自如,以现场出现的问题作为新的教学契机,灵动地把握了课堂的教学生长点,巧妙评点并引导学生广泛讨论,充分尊重学生的观点,并在不断地追问和质疑中把问题引向深入,使随机出现的问题成为课堂教育的新起点,开启了学生的智慧,拓宽了学生的思维路径,课堂成为点燃学生头脑火炬的思维场。

细节反思

在课堂上,教师积极地激发学生生成新的思想,但容易忽略在学生有所生成后,依然需要足够空间让思维继续流淌、翻涌的现象。事实上,对于陶渊明的精神追求,历来就是仁者见仁,智者见智的,为师者本来就应通过不同方式的评价对学生多种答案加以疏通和引导。陶渊明的思想比较复杂,既受到儒家积极入世思想的影响,又受到魏晋玄学消极遁世思想的影响,而我们以往的教学中过于侧重对当时社会现实的批评,也据此就习惯性地认为陶渊明是高尚的积极的。所以当学生忽然提出陶渊明很消极时,教师会觉得意外也就不足为怪了。对于陶渊明"入世做官的初衷、辞官归隐的选择、乐天安命的人生感悟",教师如果能引导学生结合当今社会的现实,谈谈"如何做出自己的人生选择","如何从陶渊明的选择中汲取精神力量,以更积极、更乐观的心态去创造自己的美丽人生?"这样就再一次给学生留下思考的空间,激发学生生成的空间将在课堂外进一步拓展。

优秀教师欧阳光《再别康桥》课堂精彩评价

案例81

播放《再别康桥》歌曲的影音视频，蔡琴的声音舒缓而忧伤，陆小曼手书的《再别康桥》展现在屏幕上。

师：徐志摩的一首《再别康桥》不知让多少人魂牵梦绕，勾起了心灵深处那柔软的东西。今天，我们就来学习这首《再别康桥》。首先，请同学们听听这首诗的配乐朗诵。

请一两名学生配乐朗诵，徐志摩诗歌优美的旋律回荡在教室里。

生读后，师生不由自主地鼓掌。

师：谢谢你声情并茂的朗诵，你的声音与配乐融合在一起，相得益彰。在你的声音里，我们仿佛看到了那个在母校徘徊不去的诗人。

师：同学们，读了《再别康桥》，你觉得这首诗美吗？请抓住你感触最深的语句谈谈你的感受。

生：我觉得《再别康桥》有种美丽的忧伤美。不是"执手相看泪眼"，也不是"牵衣顿足拦道哭"，而是静静地、淡淡地告别。

师：你将《再别康桥》的美概括为"忧伤美"，很有创意。更值得老师赞赏的是，你使用了"比较阅读"的诗歌鉴赏方法，通过两首或两首以上在内容或形式上异同的诗歌进行比较，在比较阅读中，我们会更好地理解感悟每一首诗歌，发现它们的细微之美。下面，我就给同学们另一首送别诗《南浦别》，大家来学习使用一下这种比较阅读的方法。

生：我觉得这首《南浦别》的后两句是写离别的关键，把古今离别的"肝肠寸断"写透了，这是一种泪流满面的离别；而《再别康桥》却不是这样哭哭啼啼的，没有眼泪，但也有一种忧伤，只是很淡。

师：泪眼相送，依依惜别是古今送别诗歌的主要内容。但是，还有一些时候，真挚的情感却是静默的，无声胜有声的，《再别康桥》就是这样一支忧伤的小夜曲，它是要在人的灵魂里留下离别的印记的。感谢咱班同学，认真思索，将一个诗歌阅读的方法带给我们。（掌声）

生：我认为有一种气氛美。离开康桥，气氛不是沉重、凄凉，而是沉默、静谧，充满了神秘的童话色彩，纯洁、自然。

师：咱班的同学太有才了，你在用词上涉及到了诗歌的专业术语——意境。下面，我们要了解两个概念"意象""意境"。

……

成功细节

成功的语文课堂上，教师会用恰当的评价来引导学生主动学习，引导学生不断获取新知。新课改形势下的语文课堂绝不是学生单纯地才华展示，老师起着重要的引导作用，他需要在恰当的地方及时点拨、提升。本案例中，教师的适时评价，引导学生不再是已有知识的展示，而是温故知新，继续获得新知。案例中老师恰到好处地评价不仅给学生以鼓励，并点出新的知识点——如何进行配乐朗诵、"比较阅读"的方法，鉴赏诗歌要使用专业术语，这无疑会鼓励学生思考，并传授了新知。

功效评价

本案例中，教师知识丰富，课堂处理机智、灵活，对学生的评价并非泛泛之论，而是有针对性的具有高度的评价，恰到好处地起到了引导、提升的作用，使新知的传授自然而然。表扬性评价感情真挚，评价中肯，给学生以自信和努力的方向；反馈性评价会让学生体会到自己的成功，与老师产生共鸣的同时，在老师的评价中来修正自己，使自己用语更加准确；导向性评价会引导学生使用科学的学习方法，培养学生良好的学习习惯；启发性评价会点拨学生思考，从而举一反三。

细节反思

在课堂教学中，老师的评价不仅引发学生思考，让学生温故知新，更重要的是评价要感情真挚，有针对性、准确性、多样性，切忌浮泛，要能够调动学生的思维，让学生在你的评价中找到自信和努力的方向。案例中对学生的评价起到了引导、点拨的作用，但评价的语言仍须推敲，鼓励更多的不同层次的学生思考、学习。如对这首诗没有感觉的学生，可以快速找到这个学生的优点，利用他的优点促使他对这首诗歌有感觉。比如可以利用他的声音条件进行配乐朗诵，等他朗诵完了，就可以问问他，某个地方朗诵得精彩，这个地方为什么这么处理呢？他自然就会答出与诗歌形式或内容相关的知识点。老师要用心思在学生身上，用恰当的评价将让语文课本在学生面前飞扬起来。

优秀教师赵桂霞《沁园春·长沙》课堂精彩评价

案例82

教师给出毛泽东诗词中的句子，让学生感知毛泽东诗词的风格。

师：同学们，读了以上诗句，你们感觉毛泽东诗词有什么样的风格？结合词句谈谈。

生争先恐后地举手发言。

生：境界壮阔，气魄宏大，乐观豪迈。《沁园春·雪》中景物描写广阔、大气；下片几句抒情狂放，成吉思汗都不行。

师微笑：概括得很专业，诗歌鉴赏的根底扎实，能从"写景""抒情"两个角度分析，很全面。

师：下面，就让我们一起走进毛泽东的《沁园春·长沙》，来感受伟人年轻时那种"少年心事当拿云"的气概。我们看上阕，哪些语句体现了毛泽东诗歌的风格呢？

生：从诗人描绘的秋水长天、高远的深秋画面，大气、豪迈，充满生机，让人感觉到一种英雄气概，有从容不迫、主宰世界的感觉。

师点头示意做导向性评价：上阕多角度描述了秋天的景物，在毛泽东的笔下，寒秋如此富有生机，这与我国古代文人悲秋的情怀显然不一致，请问大家，这是为什么？

生：一切景语皆情语，有怎样的胸怀，就能写出怎样的意境。毛泽东与古代士大夫不同，有着领袖的眼界，所以笔下的秋天是绚丽壮美的。

师竖拇指：人如其文，伟大的领袖的诗词自然有着一种巍峨、博大、壮阔的美，这是一种崇高的美。在这种美的背后到底有着怎样崇高的志向呢？我们来看下阕的内容。

生：下片回忆往昔峥嵘岁月，写同学少年的意气风发，壮志凌云。

生：毛泽东回忆了自己学生时代的激情岁月，充满了改造旧中国的英勇无畏的壮志豪情。

师用目光交流，并做出反馈性评价：是啊，少年心事当拿云，年轻时代的毛泽东以天下为己任，眸中有大好河山，心中普怀家国天下。问苍茫大地谁主沉浮？问苍茫大地，我辈主沉浮。

……

🕐 成功细节

本节课教师有针对性的评价，能带动学生走进课文、走近作者，不仅把课文的知识落到了实处，而且提高了学生理解作品、独立思考的能力。有几个细节："能从'写景''抒情'两个角度分析，很全面"，肯定表扬之余传达了诗歌鉴赏使用术语的重要性；当学生对诗词的写景感知到位时，教师及时点头示意做导向性评价，"在毛泽东的笔下，寒秋如此富有生机，这与我国古代文人悲秋的情怀显然不一致，请问大家，这是为什么？"师生在自然的交流中，水到渠成地引出比较阅读的方法；又如当学生通过比较对毛泽东的风格概括准确时，师竖拇指做赞赏性评价："人如其文，伟大的领袖的诗词自然有着一种巍峨、博大、壮阔的美，这是一种崇高的美。"在对学生的评价中，肯定之余又传授新知。

🕐 功效评价

本案例中，教师重在整体感知，抓住"景""情"，采用多种评价方法，真正的做到了让学生智育、德育全面发展。我们语文课不仅要给学生以"真"的发现，更要给学生以"善"的启迪，"美"的熏陶。所以，教师在明确做出表扬性、导向性评价肯定之余，还应激励学生把握正确的方法，提升综合能力；此外，还应善用真挚中肯的反馈性评价，力争对学生思想感情熏陶感染和人格价值观起到导引航向的作用。总之，恰到好处的评价的确能充分体现出语文工具性与人文性的特点。

细节反思

完整的课堂教学，不仅有教师课前充分的准备与课上师生之间和谐的互动，还应当有教师的精准评价的推波助澜。须知教师的评价不仅能让学生获得知识，明确立场；还会培植精神，养成态度，一种不懈追求的品质。

案例中教师对学生的评价比较到位，但由于学生对作品的阅读还不够充分，且学生在思考的过程中教师的评价未能调动起学生的质疑精神，而这又恰恰是学生独立阅读鉴赏的前提和基础。所以，教师应该想方设法，通过评价语言及时地去引领学生充分地阅读作品，同时应该通过运用多种评价方式来培养、激发学生的兴趣，使其慢慢养成思考、质疑的习惯。如最后老师可以通过反馈性评价调动起学生的热情，趁热打铁，让学生进行一个写作训练，相信本节课的效果会更喜人。

优秀教师王士宝《种树郭橐驼传》课堂精彩评价

案例83

师：在朗读古文时，句读的准确停顿非常重要。你只有准确地判断出句中的停顿，才能准确地理解这句话的意思。大家看看以下句子该怎样停顿？

（投影）：

1. 驼业种树，凡长安豪富人为观游及卖果者，皆争迎取养。

2. 既然已，勿动勿虑，去不复顾。其莳也若子，其置也若弃，则其天者全而其性得矣。

3. 旦暮吏来而呼曰："官命促尔耕，勖尔植，督尔获，早缫而绪，早织而缕，字而幼孩，遂而鸡豚！"

4. 吾小人辍飧饔以劳吏，且不得暇。

（学生齐读以上4句话）

师：郭橐驼种树有他的绝技，为什么？因为他有一本"种树经"。

他是怎样介绍自己的"种树经"的？自由朗读课文，找到相关语段。

师：大家找到了郭橐驼的"种树经"了吗？

生(齐答):找到了。

师:请大家齐声读出相关的语句。

生(齐读):"能顺木之天以致其性焉尔……非有能早而蕃之也。"

师:大家觉得这段话中最关键的语句是什么?

生1:"能顺木之天以致其性。"

师:还有吗?

生2:"则其天者全而其性得矣。"

师:这两句话连起来,正好能组成一句假设复句。大家连起来读一下。

生(齐读):"能顺木之天以致其性,则其天者全而其性得矣。"

师:这句话最关键的词有哪些?

(学生纷纷说出"顺"、"天"、"性"等词,教师顺势板书"顺天性"。)

师(追问):什么叫"顺天性"?你能结合郭橐驼的"种树经"说说它的含义吗?

生3:比如种树的时候,要适应树木的本性和自然生长规律,才能使树木长得茂盛,使它早结果多结果。"顺天性"就是顺应事物的自然规律,就是我们常说的"顺其自然"。

师:说得很好,那么,我再问一句:"顺其自然"是否就意味着放任自流,撒手不管?

生4:文中"其莳也若子"说明了不是放任;种好之后,他才撒手不管,文中"其置也若弃"说明了这一点。

……

🕐 成功细节

这节课的教学亮点关键在于教师能够运用恰切的评价语点评并指导学生快速而准确地理解文句及文意,从而顺利地完成了教学任务。本教学课例把文字、文句、文体和文意看作一个整体系统,采取以一驭多或者以多通一的方式,更适于学生整体和分解认知。该案例侧重分解认知,例如"你们的答案大致是正确的,可惜不够简洁。现在我请同学们删繁就简,找出这句话的关键词。"这样更便于激发学生思维和学习兴趣的情境,使文和言互为带动,互为促进,强调学习的体验和探究过程。

功效评价

新课标指出：阅读是学生的个性化行为。要尊重学生独特的情感体验，不应以老师的讲解代替学生阅读。该教学案例就很好地体现了教师通过使用虽简洁但真诚的评价语来增强对学生阅读能力的培养。事实上，课堂上教师如果能恰如其分地借助巧妙而适当的评价来开导学生的思路，指引学生的学习方向，必然会帮助学生形成正确的思考问题的方式，养成良好的解决问题的习惯，那么这就是帮助学生强化一种终身学习的能力。所以，高妙的老师，真应该会灵活运用丰富多彩的评价方式，去和学生们真诚沟通，高效交流，顺利实现彼此之间的教与学的双重目标。

细节反思

本课例中教师所采用简单评价固然能较好地完成教学任务，但终究显得评价方式过于单一，评价内容相对简略。须知老师的评价绝不只是对学生的答案的简单肯定或否定，还应关注评价语言准确与否，针对性强不强，形式够不够多样，甚至还应考虑到你所用的语气、声调、节奏等，能否使学生乐于接受等等。如果教师能充分考虑到学生整体学习效果，就应该通过真诚而巧妙的评价，帮助那些还没有完全融入情境的同学，找到贵在参与并乐在其中的感觉，力求使每一位学生都能得到老师的肯定，那么他们的思维必会更活跃，教学效果必会更加突出。若这样做，自然既能加深学生理解，又会突出学生的主体地位；既可以保护学生独立思考的积极性，又能让他们的个性在课堂里得到充分的张扬。

优秀教师李春雨《黄河颂》课堂精彩评价

案例84

播放关于黄河的影音视频，壶口瀑布，九曲十八弯，滚滚黄沙卷起千重浪。

师：面对这样波澜壮阔的景象，同学们心中会充满一种什么样的情感？

生：黄河，好壮观的景象！好磅礴的气势！

师：同学们的这种激情想不想抒发出来？

生：想！

师：那么，今天我们一起学习光未然的《黄河颂》，一抒我们对黄河的崇敬之情。

师：同学们，你觉得刚才哪段影像最壮观，气势最磅礴？你觉得《黄河颂》中哪一章节可以抒发你的情感，请细致体味，诵读出来。

生争先恐后地举手发言并朗读。

生1：刚才我观看壶口瀑布特激动，我觉得第一章节可以展现出我对黄河崇敬的情怀。

师：你的感受很准，但我想知道你为什么就很肯定地说第一章节能展现你心中的情怀呢？

生1：因为第一节从黄河的自然地理特征写起，是在描绘黄河的波澜壮阔景象。

师：那就带着你的感受，有感情的把这一章节朗读出来。（再一次播放刚才壶口瀑布影像）

生读后，师主动和学生握手做表扬性评价：谢谢你这样投入地朗读，真是青出于蓝而胜于蓝，你让大家借助你的朗读感觉到了那来自高山之巅，澎湃而又激昂的黄河一泻万丈的宏伟气势，这是一种对祖国山河热爱的最好见证。

师：同学们，谁还想把自己对黄河的情感倾注在朗读中？

生2：我觉得第二章节还能更好地从另一个侧面体现出黄河作为母亲河温柔的一面。

师点头示意做肯定性评价：这种体会只有感情细腻的孩子才能体会到，看来你有着一种侠骨柔肠，你觉得应该用什么语气朗读此段更好呢？

生2：柔缓，似是娓娓道来。（开始朗读）

生读后，师用目光交流，并做出反馈性评价：听着你的朗读就好像感觉到了黄河低低地诉说着中华那古老的故事，在这样激昂的情感中，插入这样一段序曲的确令人赏心悦目，但老师觉得你读的声调有些过低，不能更好地体现黄河母亲的包容和博大。如"你是中华民族的摇篮……"哪位同学可以再试一试？（再找一位同学读）

生3：刚才他们重点体会的是黄河那能看得见的风采，我觉得后两节，特别是最后一节更能展现的是黄河的一种精神，那种代表中华民族意志坚强的精神。（学

生朗读）

师竖拇指赞赏，做启发性评价：你读得声情并茂，真是让老师感动。看来你对这首诗体会颇深，你是怎么体味出来的？

生：我查了这首诗是抗日时期的作品，黄河的坚强就是中华民族的坚强。

师微笑着做导向性评价：看得出来你是一个很讲究学习方法的好孩子。希望同学们都能向他学习，了解作品创作背景有益于理解文章主旨，也会让我们的朗读更上一层楼。

……

成功细节

本案例中，教师针对学生朗读情况的点评语体现教学评价的准确性、针对性，此外老师的动作、神态语势亦能辅助教学评价，师生仿佛用心在交流。

有几个细节颇用心思："你的感受很准，但我想知道你为什么就很肯定地说第一章节能展现你心中的情怀呢？"另外，当学生读得声情并茂时，教师便主动和学生握手做表扬性评价："谢谢你这样投入的朗读，真是青出于蓝而胜于蓝，你让我在你的朗读中感觉到了那来自高山之巅，澎湃而又激昂的黄河一泻万丈的宏伟气势，这是一种对祖国山河热爱的最好见证……"师生如同朋友般。当学生2读后，师用目光交流，并做出反馈性评价："听着你的朗读就好像感觉到了黄河低低地诉说着中华那古老的故事，在这样激昂的情感中，插入这样一段序曲的确令人赏心悦目，但老师觉得你读的声调有些过低，不能更好地体现黄河母亲的包容和博大。如'你是中华民族的摇篮……'哪位同学可以再试一试？"此评价语既肯定了学生着力表现的意蕴，又明确指出声调处理上的缺失和努力的方向。

功效评价

本节课上教师语言丰富而灵动，以真实打动学生，以真情感动学生，以真挚的思想感情来引导学生把握文本，使课堂评价真正精彩起来，成为学生生命中"一次难忘的经历"，"一个永恒的瞬间"。可见，即时的评价语可引导学生使用正确的学习方法，培养学生良好的学习习惯；用催化剂一样的表扬性评价，有效地改善学生的学习效果，提高课堂教学的效率；用富于激励性的真诚评价，适当的体态，巧妙而真挚的打动孩子们的心灵。

⏱ 细节反思

在课堂教学中,老师的评价不仅是对学生的回答进行简单的肯定或否定,更重要的是注意评价语言的准确性、针对性、多样性、随机变化性,注重创新,要常常能根据课堂气氛及时调整语气、语调、重音、节奏,使学生想听,爱听老师的评价。案例中对学生的评价虽然能切合时机,评价语言仍须反复推敲。诚然,教师鼓励性的评价会让很多学生产生表现欲,但是还要照顾那些没做好充分准备的同学,如面对没有参与朗读的同学,可降低朗读评价要求,添加这样的提示:"如果你发现谁朗读处理得好,可以模仿他的朗读,可能你就找到朗读本诗的感觉了。"师者要在精当中寻求精辟的评价,力求一语中地进行纠正和鼓励,让每一个孩子参与到课堂活动之中。

第六章 课堂精彩结课

优秀教师高路《绝品》课堂精彩结课

🕐 **案例85**

《绝品》一课是篇幅较长的小说,作者谈歌以古典韵味的语言写"义"塑"绝",通过曲折变化的情节和人物的语言来表明作者的创作倾向。

高路老师在课堂上通过问题的设置与多种形式的朗读引领学生交流碰撞,形成对文章的纵深理解。引导学生通过细致和充分的阅读,对文本内在的深厚意蕴做出丰沛的阐释。学生逐步理解了"绝品"的多重含义。"绝品",既是独一无二,又是永不断绝,这也让我们感受到了谈歌所讲述的中国故事带给我们的精神震撼和思想哺育!因此,在课堂结尾老师引入了对作者谈歌的介绍:"谈歌这位作家创作了一系列的'绝'字作品,如《绝地》《绝手》《绝唱》等等,希望同学们课下能够找来阅读。他的语言凝练,创作风格鲜明……"就在学生们被深深吸引的时候老师提出模仿谈歌的笔法续写文章,"这篇文章的结尾似乎留给了我们更多的思考,老师在这里给大家这样一个提示:刘三爷拖着病体,蹒跚地回到家,吱呀一声推开自家的院门,爽利地抖掉大氅上的积雪,马氏急着迎上来……请同学们模仿谈歌白描的笔法试着给文章续上一个结尾。"学生们纷纷落笔,随后的课堂发言精彩纷呈。伴随着学生们展示作品被给予肯定的掌声,意犹未尽之时,老师总结到:

"谈歌曾经说过：'故事吸引着读者'。我们今天所读的这个故事，就在一种凄婉悲壮的氛围当中结束了，我们每一个人也被这样一个故事深深地吸引着。谈歌就是用这种中国式的小说创作手法来讲述着充满中国精神的中国故事，作为一个中国人，我们在座的同学是不是也应该多读一些有中国特色、风格的故事呢？甚至也应该拿起笔来以我们中国人独有的创作小说的传统方式来创作我们中国人自己的故事！"

成功细节

在这堂课的结尾，学生们之所以能够纷纷呈现精彩的续写佳作，完全是得益于教师前面的细读文本的过程，学生们做到了心通其情、意会其理，体会到文章精短含蓄、内涵丰富、尽显传统风格的语言，这些都向读者展示着谈歌小说创作民族化的精神内核和民族化的表达方式，领略到他所歌咏的民族精神和人间正道。在细读文本的过程中，学生已在教师的引导下慢慢实现了对语言的感悟，享受到了潜伏在语言深处的语文"真味"，此时的学生们也充满了模仿和驾驭这种风格的语言的冲动，最后真正做到了学以致用，形成能力。

功效评价

第斯多惠说过："教学的艺术在于激励、唤醒和鼓舞。"本堂课结尾有关作者介绍的环节设计巧妙、自然，教师又用富有感染力的话语去点燃学生心中潜伏的感情和创作的灵感，对学生的构思和表达能力的提高起到了促进作用，对学生今后语文素养的培养及民族文化的继承发展都将起到重要作用。语文课堂是一个思维场所，应该充满着浓郁的思辨色彩，有充足的思考空间，教师带着自己的思想内涵，去影响带动学生的发展，并内化为学生持续发展的动力，提高学生的文化品位和审美情趣。让学生带着继续探索的心理走出课堂，课堂结尾处触动了学生的心灵，让灵动的智慧和人文的光辉盈溢课堂。

细节反思

语文课要引领学生认识中华民族文化的丰厚博大，吸收民族文化的智慧，关心文化生活，吸收人类优秀文化的营养，要注重继承与弘扬中华民族优秀文化。《绝品》中提到的书画装裱是中华民族独有的工艺，弘扬的大信与大义是中华传统美德，内涵丰富的语言也尽显传统风格，这些都向读者展示着谈歌小说的民族化特色。这节课既要具有文化底蕴,又要体现人文价值。因此,教师在课堂结语的设计上散发出特有的人文光彩,面对学生做到激其情,启其疑,引其思,使学生心理处在兴奋状态。

语言文字是文化的载体,文学作品表现民族意识和精神。作为语文教师,我们是文化的传播者和承载者,更是民族精神的建设者和弘扬者,我们要借助优秀文学作品引领学生亲近民族文化。《绝品》一课就为师者提供了这样一个机会!

优秀教师曲冬妮《安塞腰鼓》课堂精彩结课

案例86

《安塞腰鼓》是一篇有利于弘扬中华传统文化、丰富学生文化素养的典型课文。曲冬妮老师在课堂教学中以读为本,读想结合,读悟结合,感悟汉字魅力,激发个性体验。在诵读中指导学生体会情味,引导学生想象,深入情境,感知语势,注重品读文章结尾,体会意蕴。曲老师在课堂的最后环节设计了拓展深化的内容,她说:"任何艺术都是对生命、对社会的认识和感悟。面对这激昂的鼓声,面对这厚重的黄土,面对这群热烈奔放、使黄土地沸腾起来的年轻生命,你最想说什么?把你的心灵感悟和周围同学分享。"学生们的表达各具特色,他们的心中奔涌着诗情,奔腾着生命的畅想,发言热情踊跃。此时,执教者借助课件展示了一组黄土高原雄浑壮阔的画面,播放歌曲《黄土高坡》。最后以"同学们,让我们再一次看看这片古老的土地。在这里,大将军蒙恬曾率军三十万对阵匈奴;范仲淹、沈括等文臣武将曾浴血奋战西夏;王昭君梦断关河;花木兰纵马驰骋。在这里,久远的文明曾雄睨世界。课后请同学们阅读贾平凹的《秦腔》和刘成章的《扛椽树》这两部作品,进一步感受秦汉雄风、黄土神韵"作结,为整堂课画上了圆满的句号。

成功细节

在《安塞腰鼓》的课堂上,教师以读为本,激发学生的个性体验,借助音乐渲

染氛围、调动情感，心动而辞发。在结尾处，文本内容与学生的生活经验和情感体验交叉共鸣，学生的生活体验被充分调动起来，他们打开了情感的闸门，点燃了思想的火炬，品出了《安塞腰鼓》带给人们的独特的艺术美与震撼力，展示出自己的"精彩"和"独到"，从而高效愉悦地完成了教学目标。结尾处的黄土高原画面的展示、历史人物的简说更把学生的目光引向历史的深处，为后面的推荐阅读做了兴趣铺垫。这种结尾方法也可使教学的主题、内容得到进一步扩展，使教学内容从课内延伸到课外，促使学生运用已知去探寻未知，能够拓宽学生的知识面。

功效评价

有人说："教学是一门艺术。"语文课文结尾将优美的音乐、画面与教师的精彩总结三者合一，也是一种艺术。音乐能使虚无的内容变成立体可感的幻觉影像。对于一些情感较强烈的课文来说，采用这种"唱游式"的结尾方式可以让学生的情操在优美、感人的乐曲中得到陶冶，同时也能更好地感受到文章中蕴含的"情韵"。另外，吕叔湘曾说过："语文学得好的人，无一不得力于课外阅读。"在学习课文即将结束时，向学生推荐课外阅读书目，进一步激发学生阅读的兴趣，由课内到课外的延伸自然巧妙。

语文学习应注重课本但决不能止于课本。语文教学既担当着传承文化的使命又肩负着育人的重任。"推荐书目"这种拓展式结尾既能开阔学生的视野，又能陶冶学生的情操，更能丰富学生的知识面，让学生从课堂上走出去，带着在课堂上获得的智能张力，自觉开拓认知空间，以达到提高课堂教学效率的目的。

细节反思

教师能在课堂最后几分钟匠心独运，巧妙结尾，收获的是无穷的裨益。运用引用的恰当的、艺术的结尾使学生产生了新的情感体验，有了进一步的思想感悟，从而更能够深潜到文章所构筑的内部世界。

精彩的教学结尾会给一节课带来一个完美的结局，它不仅可以归纳全篇，深化主题，而且可以把教学的内容提炼、升华，将学生的思维空间引入到更深、更广阔的领域，将教学推向高潮。打破单一的思维定式，呈现出思维的多元态势。

课堂的结尾音乐悠悠，教师情绪饱满地用充满激情且意味深长的话语寄厚望于学生，推荐优秀文学作品，既打动了学生的心扉，又给学生留下难忘的印象，还能对学生进行深刻的教育。语文课堂教学完美有效的结尾深化了学生的认知，启迪了学生的智慧，再一次引起学生情感的强烈共鸣，从而在理性中发现美、感受美、欣赏美和创造美，进而实现获取知识、陶冶情操和培养健全人格的教育教学目标。

优秀教师许月秋《好嘴杨巴》课堂精彩结课

案例87

许月秋老师讲授《好嘴杨巴》一课时，在结束对文章的分析解读后，以"杨巴、杨七、刷子李、泥人张……作者着力刻画这些'俗世奇人'的目的是什么"这样的一个问题延伸拓展，引发学生的思考。同学们沉浸在深深的思考当中，并开始小声议论起来。有的同学说："是为了表现当时的社会生活图景。"有的同学说："是为了表现下层劳动人民不同寻常的生存能力和生存智慧。"在同学们众说纷纭之际，许老师以作者冯骥才的一段话来解开谜底："我的小说里那么多的风俗，那么多有色彩的事情，这些东西不是我冯骥才自己创造出来的，是我们民族这五千年的大树底下长出来的一些花朵，我感恩它，我要弘扬它，这是没有疑问的。"答案尽在不言中。在这个问题的延伸中，同学们领悟了本课"津味"语言的特殊作用，明白了文本人物的符号意义，更感受到了作者深深的思索。最后，许老师以这样的结语来进一步感染学生："人们称冯骥才是'民间文化的保护者'，从他熟悉、热爱的天津开始，近十年的时间，他的足迹踏遍全国，年逾60的他至今仍然在为一个个民间文化的保护奔波着，仍在为一个个古建筑的拆除哭泣着，仍然在用他的文字渴望呼喊着。在时代文化和外来文化八面来风的今天，多读一些《好嘴杨巴》这样的作品，对我们尤为有意义。虽然我们不能像作者一样用文字来讲述它，但我们可以用心灵来记录它，一个民族的文化只有深入骨髓和血肉，方可代代相传。"

成功细节

本案例中，教师采用了信息引导、情景激情的方法来结课。这种结课方法要求教师结合课本内容把学生的视野引向课外，运用丰富多样的信息，把学生引入更

深、更广、更高的知识层面。或由课文内容引出原作，或由此及彼，触类旁通，或出示大量背景资料和相关信息……课文不过是个例子，真正提高学生的语文学习能力，培养学生热爱祖国语言文字的思想情感，往往需要大量的课外拓展知识来实现。在本节课的结尾，教师把学生从对文字的分析、文本的解读引入对民族文化的思索，富有感染力的语言更是激活了学生的思维，点燃了学生情感的火花。

功效评价

古人很看重文章的结尾。清代李渔曾说过："盖主司之取舍，全定于终篇之一刻，临去秋波那一转，未有不令人销魂欲绝者也。"课堂教学亦如写文章，一个精彩的结尾设计常常会把课文引向一个新的高度，把学生的认知导向纵深。在学校教育中，课堂教学只是教学的主要场所和形式，语文教学更要注意课内与课外的沟通，而这种沟通在教学过程中很难展开，若能在结课时提出与本节课内容相关的文化问题、社会问题，让学生带着浓厚的兴趣和深深的思索离开课堂，这既能活跃学生的思维，又能训练他们分析、解决问题的能力。一堂课的容量是有限的，仅把学生拘囿于文本的理解之中也是狭隘的，引导学生举一反三、牵一发而动全身，联系更多层面的知识、信息，联系时代、生活来学习的语文，才是我们所说的"大语文观"。

细节反思

"结句当如撞钟，清音有余。"一堂好课的结尾是课堂教学的有机组成部分，成功的结尾可以通过对这一节课的教学内容的画龙点睛、提炼升华及引导探索等形式，把完整的知识交给学生，使之在学生的头脑里留下一个深刻的印象。好的收尾，能更深刻地表现课堂教学的思想内容，加强课堂教学艺术魅力，在同学们心中燃起旺盛的探求的火焰，取得"课有尽而意无穷"的效果。

当然，这种拓展引导的结尾必须针对教学内容和学生特点，因文因人制宜，教师要特别注意设计精当，突出重点，主次分明。在追求形式的新奇、内容的深广的同时，还要防止轻描淡写或哗众取宠。教师不断积累、不断学习，方能更好地驾驭文本，创造自己的学科特色，创造自己的教学特色。

优秀教师佟欣荣《麦琪的礼物》课堂精彩结课

案例88

欧·亨利的小说《麦琪的礼物》家喻户晓。小说虽有一层令人叹息的哀伤，却体现出在社会底层苦苦挣扎的普通劳动者之间的相互关爱、相互扶持的高尚精神。作者运用巧合和悬念，使情节富于变化，引人入胜。

佟欣荣老师在小说的情节、人物、环境及艺术特色分析完毕，结课时提出了这样的问题："同学们，通过对这篇小说的品读，你对爱情有了怎样的理解？"有的同学说出了爱情的无私、真诚、伟大，也有同学说出了它的纯洁与高尚。这时一个同学说："老师，我想起了苏霍姆林斯基的《致女儿的信》。那里边说，爱情是不可理解的美、诚和心灵的追念。"老师立刻给予好评："太棒了！那我们还能联系到其他作品中的人物，他们之间也有伟大的爱情吗？"课堂氛围一下就活跃起来，学生们争先恐后地举起手来。有同学说："梁山伯与祝英台的爱情，许仙与白娘子的爱情。"也有同学说："牛郎织女，还有孟姜女和万喜良。""《泰坦尼克号》里的杰克与罗丝。"听到这儿，老师不失时机地说："非常好，大家说的都是文学作品或传说中经久不衰的爱情故事。那么通过我们平常的悉心观察，谁能说说现实生活中体现出来的美好的爱情呢？"教室里略微沉静了一下，陆续有同学举起手来。"我爸和我妈，他们老嫌我多余，经常丢下我，俩人出去散步。"听他这样一说，教室里再一次活跃起来。有同学说："我爸对我妈呵护备至，吃饭时老给我妈夹菜，我要是气着我妈，他一定教训我。""那天我坐公交车，看到一个老爷爷先下车，然后回身伸手去扶后边的老奶奶，我看着他们相互搀扶着蹒跚走远；还有一次，我在公园里，看到老奶奶推着轮椅上的老爷爷，他们没说话，可我觉得他们脸上洋溢着幸福，这也是爱情吧！"这时，有一位同学低落地说："老师，前阵子我奶奶去世了，我爷爷一下子就沉默了⋯⋯"这时，老师感慨地说："同学们说的

这些现实中的爱情，真的让人感动啊，大家思考一下，这些感人的细节能否作为作文素材，运用到写作中去呢？"学生们都豁然开朗，异口同声地说："能"。至此，老师恰到好处地做结："同学们，看来爱情还真不全是热火朝天、卿卿我我。当激情退却之后，更多的是平淡中的相濡以沫，相敬如宾，相互包容，彼此呵护。就像我们的左右手，平常，但珍贵。那就让我们带着这一美好的憧憬，若干年后，收获一份朴实且纯净的爱情吧！"

成功细节

《麦琪的礼物》是一篇精彩的短篇小说，在这堂课即将结束时，教师不失时机地启发引导，一再追问，既联系生活实际又联系作品，让正处于青春期的初中生从主观上对爱情有正确地、直观地认识，从小培养他们正确的爱情观、金钱观。当然，也让学生认识到在那个金钱可以买卖爱情、心理和感情，出现畸变的资本主义社会中，德拉夫妇之间的真挚深厚的爱充满作家的理想主义色彩，是欧·亨利"含泪的笑"的经典体现。后来教师又不失时机地引导到写作上，让学生认识到，只有将感人的生活细节记叙或描写到作文中，才是成功的作文，这样指导真可谓水到渠成。

功效评价

一节好课，开端固然重要，结尾亦可锦上添花。这需要授课教师有较高的总结归纳、拓展延伸的能力，而且一定要收放自如，张弛有度。《麦琪的礼物》如此做结，既让学生很好地把握了小说的主题，又联系生活实际，进行思想上的引航，同时又进行了写作素材的积累与指导，真是一箭三雕，而学生在教师逐步引导的前提下，自主思考，获得新的认知，通过这样的结课，让学生对这篇小说的学习更加完整，或许在学生的记忆中，终生留下难以磨灭的印记。

细节反思

语文教学，很重要的一个特性就是人文情怀，或说德育渗透，可如果纯粹的德育，又落入政治课的窠臼。所以，还得"用语文的方式来教语文"，"用语文的方式来学语文"。也就是说，不单让学生思想收获，还应让学生在语文学习的方法、技巧上有收获。所以教师冥思苦想，设计了这样一种结课方式，教师的提问，激发了学生的好奇心和求知欲，教师的总结，升华主题，循序渐进地指点迷津，真正做到了结课的"言有尽而意无穷"。

优秀教师姜述娟《国殇》课堂精彩结课

案例89

姜述娟老师讲《国殇》一课,讲完后学生俨然已沉浸在旌旗蔽日、喊声震天、尸横荒野、惨烈悲壮的战争气氛中,无人不为捐躯国难、视死如归的楚国之"鬼雄"而神情哀戚。老师在此时抛出一个问题:"屈原在放逐期间,创作了许多诸如《国殇》这样表达爱国情怀的作品。当时他的态度是昂扬向上的,可是他最终却投江自杀,这样看来他的态度是否有些消极?这前后不矛盾吗?"学生们马上陷入了思索的状态,教室里静极了。不一会儿,一个学生站起来回答:"我认为不矛盾,根据课前我们对屈原生平的了解。屈原是在对楚王绝望,不忍看到国家落入敌人之手的情况下,才愤然投江的,这与他昂扬的爱国热情是相符的,所以并不矛盾。"话音刚落,教室里便响起了认同的掌声,老师微笑着点了点头。接着,另一个学生回答道:"我觉得屈原的死并不消极,正是他的死激起了楚国人民的抗敌热情,也不断鼓舞着我们华夏子孙的爱国热情。现在我更觉得我们的端午节应该是爱国节。"老师说:"你们讲得都很好,文章《择生与择死》中有这样的一段话,似乎可以回答这个问题——'中国古代的志士们,在求生不能的时候,却很重视死的权力。倘若不能按照自己的意愿完整地活下去,不如选择死亡'。"学生们有的微微颔首,有的似在沉思,还有的急忙在笔记本上抄下幻灯片上的这段话。老师稍停片刻后,声调激昂地说:"屈原,就将死亡看作一种意志和尊严的使命。屈原如同他笔下那些可歌可泣的鬼雄一样,死得其所。他的死同样悲壮与崇高,不但是对爱国情怀的真实写照,也是对人生信念的执着追求,更是对生命尊严的坚强捍卫。"老师最后邀请学生一起诵读诗歌《国殇》,伴着《十面埋伏》时缓时急的琵琶曲声,老师与学生时而低沉时而激昂的诵读声回荡在教室里,回荡在每个人的心里。

⏱ 成功细节

本案例中，教师在新课内容结束后向学生提出更为深入的问题，引发学生对诗人的精神境界和人生信念的深度思考。教师的问题紧紧围绕诗人的重大人生转折提出，学生的思考也是紧紧围绕诗人的人生轨迹和作品主题进行，因而学生做出的回答非常精彩。教师顺势引入经典散文的经典论述，发表对"择生与择死"的看法，使学生的学习体验由情感的震撼上升到灵魂的洗礼。最后教师选择琵琶曲《十面埋伏》符合诗歌营造的战争气氛，更沿着课堂情感发展的趋势，激发学生情感的浪潮汹涌奔流。

⏱ 功效评价

完整的课堂离不开精彩的结束语。于漪老师曾经说过，要让学生带着美感下课堂，带着继续探索的心理下课堂。因此，结束语的精心设计，可再次激起学生思维和情感的高潮，如美妙的音乐一般耐人寻味，能产生画龙点睛、余味无穷的效果。语文课堂教学中，完美有效的结尾能深化学生的认知，启迪学生的智慧，再一次引起学生情感的强烈共鸣，从而在理性中发现美、感受美、欣赏美和创造美，进而实现获取知识、陶冶情操和培养健全人格的教育教学目标。结束语设计得精妙与否也在检验着教师的能力，如对教学内容整体把握、对学生在课堂上认知程度的把握、对学生近期及远期发展目标的把握等。

⏱ 细节反思

任何诗文都是情与理的结合，或者以理为先，或者以情为主。以情为主的诗文自然要求学生能真正进入其中，切身感受到情感的浸润和熏染。因此，教学以情取胜的诗歌或散文时，结束语应以充满激情的话语对诗文的艺术水平或作者的人格魅力等进行赞颂，激起学生情感上的波澜，让学生铭记难忘。这样的结语可以充分挖掘诗文中的情感因子，让学生在此类诗文的感染下，带着一种不可抑止的激情走出课堂，走进生活，走向人生。

结束语是教学流程的一部分，结束语的设计要服从课堂内容的整体安排，要与课堂内容相关联，切忌离题万里、不知所云。另外学生才是学习的主体，结束语的设计要遵循学生的认知规律，并与学生的认知背景有某种程度的契合，这样才能水到渠成，让学生受到感触、得到享受、达到共鸣。

优秀教师吕婷婷《呼兰河传节选》课堂精彩结课

案例90

吕婷婷老师在讲授《呼兰河传节选》一课结尾时说到,"《呼兰河传》是一部回忆性的自传体小说,小说中的'我'很大程度就是作者萧红自己的生活、心境的真实写照。其中的生活场景也正是萧红自己所亲身经历的。(幻灯显示:萧红,现代小说家。黑龙江省呼兰县人。为了反抗父亲指定的婚姻,20岁时她弃家出走,从此开始了漫长、曲折、艰苦备尝的流亡生涯。她先后坠入爱情的陷阱,在贫病中极力挣扎,最后客死于南方孤岛香港,年仅31岁。长篇小说《呼兰河传》是在病痛与贫困中完成的。)萧红在漂泊寂寞中走完了她短暂的人生,为什么却在最艰难的时候,用她的文字给我们留下了满溢着阳光的童年画卷?"有同学回答说:"人在孤独寂寞中越发喜欢回首美好往事。儿时的后花园寄托着她生命中全部美好的记忆,写《呼兰河传》是为了回忆美好的童年,对慈爱的祖父是无限的眷恋,对自由的后花园是无限的向往,祖父与花园是她的精神家园。""是啊!她不会抑郁在命运为她安排的苦难、寂寞中,而是用自己的文字来为自己谱写快乐,用自己的文字来为自己找寻精神的栖息之地。在这样的文字里,我们看到的是希望,是温暖。生活中的我们也会遇到痛苦和快乐,我们又将如何面对呢?"老师进一步问到。"欢乐可以是我们飞翔的双翼,悲伤却是我们前进的动力。""我们享受快乐,但要正视痛苦。比如柳宗元被贬到永州,寄情山水来排遣心中的抑郁,写下了《永州八记》;欧阳修被贬到滁州,能与民同乐。我们也可以为自己找到排遣痛苦的方式,而不是抱怨,让自己深陷痛苦,无法自拔。"同学们纷纷回答。这时,老师总结说:"同学们能够从我们所学过的作家作品中汲取精神的营养,很好!伊索曾说过,如果你受苦了,感谢生活,那是它给你的一份感觉;如果你受苦了,感谢上帝,说明你还活着。人们的灾祸往往成为他们的学问。其实我们有些同学也在思考着这些问题。

我在一位同学的作文中就发现了一段话,抒写了自己是如何在阴霾中为自己寻找信心的,现将这段话也送给大家:坚信风雨只是短暂的磨砺,穿过那片雨幕,拨开那层乌云,在后面,终究有一片广阔而蔚蓝的天空。这信念,就像六月里的阳光,坚定而暖人,它穿过厚厚的云层,直指人的内心。老师希望大家不要在痛苦中自怨自艾,不要在快乐中迷失自己。让这六月的阳光永驻我们心间!也希望通过本课的学习,我们能掌握一定的读书方法;读出文章内容,读出自己的感受,读出疑问。在学会读书的同时,亦学会品读人生这本大书!"

成功细节

每节课结束之前,教师总是喜欢这样问学生:"这节课你们学到了什么?""这节课你们有哪些收获?"面对教师千篇一律的提问,面对学生过于统一、概念化的回答,我常常感到遗憾。而吕婷婷老师的课堂总结却一改往日的教条与呆板,让人耳目一新:从对作者的介绍入手,引导学生了解作者,这是知识上的提升;从作者的坎坷经历,再联想到课文里描述的欢乐,这是情感上的升华;通过课文中传递出的作者的生活态度,让学生感受到人的精神世界的坚强与伟大,可谓立意高远。这样的课堂总结既关注了知识技能,又重视了情感态度,使知识性、思想性和艺术性融为一体,给学生以深刻的印象和无穷的回味。

功效评价

作者介绍之前,随着教师的范读,同学都感受到了作者"快乐"的心灵深处无限的寂寞。这时,教师将作者的介绍和写作的背景呈现出来。之后,"萧红在漂泊寂寞中走完了她短暂的人生,为什么却在艰难的时候,用她的文字给我们留下了满溢阳光的童年画卷"这一个问题,把学生带进了作者心灵的深处,对文本的解读达到了一个前所未有的深度,整个教学也走进了纵深地带。教师精心设计一个余音袅袅的结尾不仅是教师教学智慧的体现同时也是教师的课堂结尾艺术的体现。教师设计一个充满艺术性的结尾,不仅可以对教学内容或教学活动做到系统概括、画龙点睛和提炼升华的作用,而且能拓宽延伸教学内容,激发学生旺盛的求知欲望和浓厚的学习兴趣,对直接培养学生的创造性思维有重要的作用。

细节反思

精彩的课堂总结,是教师和学生对一节课的高度梳理和概括,是学生把学到的零散知识进行有效建构并内化为自身知识的一个重要环节，其形式应该是丰富多彩的。比如有围绕知识点的"本课学习了哪些新知识"，有围绕思考的"你还能提出什么问题"，有围绕解决问题的"我们是如何解决课始提出的问题的"，有围绕情感态度的"今天这节课你觉得自己发挥得怎么样"……至于采取哪种方式更合理，更有利于学生的发展，就需要我们根据学生的实际去选择设计。课堂结尾艺术首先，要求在结尾时要有明确的目的性，抓住重点内容，语言简洁，富于启发性，要以简洁明白而又意味隽永的语言，密切结合教学目的和学生实际，给学生以启迪，以打开学生思维的阀门，激发他们不断进取探索的积极性。其次，要求要进一步挖掘教材的深层内涵，从文本中走出来拓展教材的宽度，把学生的思维打开让学生从不同的角度去看问题，开拓学生的视野。再次，要求教师要升华主题，抓住文本中有价值的东西，把它运用于学生的思想教育上。

优秀教师崔彦茹《紫藤萝瀑布》课堂精彩结课

案例91

崔彦茹老师在《紫藤萝瀑布》一课结尾设计了"写花之语"环节。她这样说："生命长河是永无止境的，一朵一朵的花构成了万花灿烂的流动的瀑布。这是作者从花那里得到的启示和感悟，也正是花在对作者说话。让我们也来唤醒心灵的耳朵，倾听花对我们说了什么，可以说阳光，亲情，生死，得失，幸与不幸，理想与现实，昨天、今天与明天等。请大家看一个例子——我听到花说，生命长河如此生生不息，昨天已流逝，无法更改，何不用一颗乐观、进取的心把握今天呢？你听到了花在说什么？请用笔写一下。"

有同学写到："我听到花说，幸福是短暂的，应该好好珍惜，灾难已经过去，无法更改，让我们再次创造美好幸福的明天。"有同学写到："我听到花说，时间是如此的短暂，昨天已经消逝，无法重来，何不用一颗勇于进取的心把握住此刻呢？"还有同学写到："我听到花说，生命长河如此生生不息，昨日的不幸已经过去，为

什么不用一颗积极的心为今天的幸福去努力呢?"

此时教师总结说:"从同学的发言中我能感受到,我们从花开的声音中听出了乐观的生活态度。我想,这就是这篇文章的花之神吧。的确,沉舟侧畔千帆过,病树前头万木春。让我们微笑着面对生活吧。因为,微笑面对生活的人失去的只是自己的烦恼,赢得的则是整个世界。好文章像一杯香茗,更像一枚橄榄,需要我们用心去品。向大家推荐阅读宗璞的《丁香结》,体会从微小的生命中提炼出来的那充盈其间的强大与伟力。"

🕐 成功细节

《紫藤萝瀑布》是一篇内涵丰富的名篇佳作。这一课的教学由"听花之歌"、"赏花之美"、"品花之神"和"写花之语"四个环节组成。结尾的"写花之语"一环节是在学生理解了文章主题的基础上,使学生也唤醒心灵的耳朵,倾听"花开的声音",通过"写花之语"感悟要乐观面对人生。执教者设置了这样的结束语——"好文章像一杯茶茗,更像一枚橄榄,需要我们用心去品",借此引出推荐阅读作业,力图能够引起学生思索和回味,让学生带着满腔的热情和对美文的陶醉,在课后继续进行探究研读。这一处设计遵循学生的认知规律,深入地解读了文本,做到了"难文浅教"、"难文巧教"。

🕐 功效评价

《紫藤萝瀑布》一课的结尾做到了适当留白。"留白"就是在教学中要给学生的思维、操作等自主活动预留空白和时间,要给学生留下充足的创造余地;留足学生与文本对话的时间,让学生自己去读书,让学生自己去感受事物,然后自己观察体验、发现规律等等;留足学生与学生之间对话的时间,多给学生提供交流分享的机会,相信在教师的指导下,学生与学生之间思维的相撞能激活知识、提升能力,能充分发挥学生的主动性、积极性和首创精神;留足师生对话的时间,不马上给答案;留足自由阅读的空间,所谓余音绕梁三日不绝,带着对美文的赏析,该课作业是向学生推荐阅读宗璞的《丁香结》,打开学生课外阅读的一扇门,不仅可以使学生开阔视野,增长知识,而且能培养学生良好的自学能力和阅读能力。

🕐 细节反思

课堂的精彩结课会充分地体现出灵活性的原则。收尾形式是多样的,应根据不同的课堂内容设计出不同的"收尾",以体现出生动、有趣、活泼的特点。无论是巩固课堂知识,还是引发学生探究新知识,或者是培养学生某方面的能力,都应根据具体的教学实际设计出合理的收尾方式和内容。

精心设计、匠心独运的结尾设计,往往能将课堂推向另一个高度,形成课堂教学的第二次飞跃,收到事半功倍的效果。在实际教学中,我们应克服虎头蛇尾、头重脚轻的错误倾向,重视课堂最后几分钟的有效利用,要根据教学内容,结合学生心理和思想实际,努力探索与选择科学合理的结尾方法,最终达到言有尽而意无穷的效果。美文美读,美文美教,引领学生走进文质兼美、丰富多样的美文园地,去涵养心灵,这应是我们语文教师教学的恒久追求。

优秀教师黄厚江《给我的孩子们》课堂精彩结课

案例92

黄厚江老师讲解《给我的孩子们》一课结尾评价学生的发言时说:"刚才一位女同学的发言很好,她说童心不等于幼稚。我很赞同。童心就一定会受伤害吗?那不一定,受骗和童心没有关系。我想在她的发言基础上,请大家造一个句子:童心,不是_____,而是_____。"一名学生回答:"我觉得童心不是幼稚,而是积极乐观的心态。"老师提示说:"其实还可以再写得对称一点。"……学生的发言积极踊跃。"我们对童心要有一种智慧的理解,童心告诉我们生活要有一种快乐,要有一种乐观,童心告诉我们哪怕是肮脏的现实社会里,也要有一颗美好纯净的心灵。什么是童心呢?陶渊明在田园里获得一种快乐,这就是一种童心;周敦颐爱莲出污泥而不染,也是一种童心。这个话题要讨论下去,还有很多很多的空间,可是我们该下课了。现在我想请同学回顾一下今天这堂课学习的内容,用一句话谈一谈今天这堂课,你学到什么,或者是懂得了什么?"面对老师的问题,有的同学说:"我觉得我们应该用一颗童心来对待现实生活。"也有同学说:"我觉得,在现实生活中,既要面对现实,同时也要保持着一颗童心,乐观豁达,而不是仇视一切。"

此时,老师总结到:"我为你们的童心感到骄傲,我们佩服你们,喜欢你们,但是我又隐隐地感到一点失望,大家知道今天我们是什么课?对,语文课!语文课中学到一点生活的道理,当然是对的,但这不是我们的主要任务。大家回去要再想一想,从语文学习的角度,今天这节课学到了什么?"

⏰ 成功细节

一节成功的语文课,可能是千回百转,如何去指向它的结局?若站在学生的立场,所期待的结局就是:学习该是一个"内化"的行为,它并不是把外面的知识,搬进自己的头脑。良好的学习,就是不断地开启自己。站在教师的立场,这结局就是"唤醒","唤醒"听课者内心对于文本的思考。所以说到底,一节课里期待的大结局可以是——所有的听者,尤其是作为课堂主体的学生,他们没有被教师的思维操控,相反,他们一个个或疾或徐地开启了自己语文的思维、广博的心灵与鲜活的生命。

⏰ 功效评价

语文课的结尾,已经成为一个既是教学方法与艺术,也是教学观念与态度的多元化问题,所以我们要从多元、多维的角度来解决它。可以说,讲究结尾的教学才是一种成熟的教学的表现,是一种追求善始善终的工作态度的标志,也是一种认真执着、到点到位、注重过程与结果完美统一的教学品格的体现。黄老师在课的结尾,匠心独运,通过激发学生的思维,唤醒学生继续探究和深入学习的愿望,拓展学习的空间,增加教学厚度,让教学再起波澜。

⏰ 细节反思

在语文课堂教学中,闪光的细节是无处不在的、丰富多彩、富有个性活力的。细节虽微乎其微,却能透射出教育的大理念、大智慧。在课堂教学中,教师要悉心发现,善于捕捉有价值的细节,抓准时机,巧妙深挖,使课堂充满生命的活力。文章作者从预设与生成两方面出发,在课前和课中设计与捕捉细节,于"细微之处见精神",黄老师以特殊的句式来引导学生挖掘文本内涵,这一细节本身给了学生内心的思索和继续学习的动力,也让教学拥有了更多的回味和期待。

优秀教师丁艳艳《故乡》课堂精彩结课

案例93

　　故乡之于鲁迅，并非魂牵梦系的归宿，而是认识国家与国民的起点。丁艳艳老师讲授《故乡》时，在课堂结尾处让同学们齐读文章的末句："希望是本无所谓有，无所谓无的……"然后问到："你明白了鲁迅先生告诉你的话了吗？你听到他的呐喊了吗？"有的学生说："我从这段话中明白了：希望就像地上的路一样，只有努力地探索才可能出现。"也有学生说："我们要拥有新生活就必须靠自己的努力去创造，靠求神拜佛是没有办法实现自己的理想、创造美好新生活的。"这时老师进一步问到："希望在于不懈地奋斗、创造，这样希望就会成为现实。现在鲁迅先生已离我们远去了，但他的这声呐喊启迪了无数的后人为新生活奋斗。我们现在正经历着他所希望的新生活，如果现在让你对鲁迅先生说一句话，你会说什么？"有学生说到："鲁迅先生：你与我生活在两个不同的世界里，现在是，过去也是，你所生活的世界是黑暗的，你所处的社会是动荡的。在那样一个世界里，淳朴的人民吃的苦太多，原来安分守己的杨二嫂却变得如此刻薄，儿时亲密无间的闰土二十年后却与你隔上了一层厚障壁。现在请你看看，你所见到的人们的面容再也不是满脸愁容，而是幸福与快乐。现在的人们所处的世界正是充满光明的，水生和宏儿再也不会像你与闰土一样，他们之间的关系将会如你家乡的圆月一般永远是那么圆，这也是你所希望的生活……"学生们各抒己见，课堂余味无穷。最后老师用"希望同学们能喜欢鲁迅先生的文章"做结，结束了课堂教学。

成功细节

　　上世纪初，诞生于古越绍兴的文化巨匠鲁迅，怀着改造国民性的崇高理想，扛起了新文化运动大旗，创作了许多优秀而又极富深意的作品，为生活在黑暗和

昏睡中的旧中国点亮了引航的灯塔。因此，学习鲁迅的作品也一向被看作难事，丁老师的课堂使我们有了思考怎样学"鲁迅"的契机。鲁迅是深刻的，但深刻的鲁迅并不是不可认知的。鲁迅是最不易被理解而又是最容易被接近的文学巨匠，因为他关注最多的是人的生存状况。在课堂结尾设计和学生一起探讨鲁迅深刻思想的机会，探究中学生对文章又有了更深入的理解。鲁迅作品堪称经典，不仅在于作品本身的价值和生命力，还在于鲁迅先生的人格魅力和生命力让我们回味无穷、百读不厌，不仅给人以思考的方向，还给人以思想的力量。学"鲁迅"就引导学生带着个人的情感体验进入课堂，最终让阅读"鲁迅"成为学生个性化的活动行为。

功效评价

《故乡》一课的课堂是一种辐射式结尾，启迪了学生思维，拓展了思路。结课时，在学生对课文内容充分熟悉的基础上，教师提出一个富有代表性的问题，启发学生多方面、多角度积极思考。这样，学生的思维没有因课堂教学的局限而陷入一个狭小的思维圈不能发散，变学生被动接受为主动吸收。丁艳艳老师在结尾处引导学生将鲁迅的作品与我们的现实生活联系起来，使学生们各抒己见，课堂气氛又一次活跃起来，学生人人开动脑筋，个个踊跃发言，思维的火花四处迸射。

细节反思

语文课如果以"填鸭"的方式进行，"灌"完为止，学生只是被动地接受知识，局限在狭小的圈子里，灵活运用的能力也就相应地降低了。因此，教师在教学中，让学生掌握课文思想内容和语言形式的基础上，结尾的时候围绕一个中心，启发学生积极思维，帮助他们拓展思路，对于提高学生的能力，发展学生的智力是大有益处的。语文课的结尾，只要认真对待和用心研究与科学运用，就会富有趣味性、精彩性和有效性。教学结尾，不仅表现在课堂结束时的一种形式或一种环节，还要扩大其外延至教学的总结反思。这样使语文课的结尾教学更加富有意义，更加富有味道。

优秀教师段远东《〈庄子〉故事两则·惠子相梁》课堂精彩结课

⏰ 案例94

段远东老师在讲解《〈庄子〉故事两则·惠子相梁》一课时，安排了正读（课文教学之初，指导学生读准字音，读正语调）、点读（结合课文相关注释，关注字义，进行阅读）、译读（学生自读课文，自译课文，边读边译）、理读（在理解课文的基础上，用整理的方式指导学生积累语言等知识点）、品读（在整体理解课文的基础上对课文进行分析、品味、赏析）、延读（向课外进行适当的延伸）和演读（把文本改编成课本剧，可以在原有故事的基础上补充情节）六个步骤。在最后一步"演读"的环节中，学生的表演十分精彩，表现出了对《〈庄子〉故事两则·惠子相梁》一课的深刻理解。在课的结尾，段老师以一首自创小诗做结：

《庄子》故事两则读后
鲲鹏逍遥越千年，
秋水文章万古传。
楚相梁相皆粪土，
子自畅游天地间。

这首小诗让我们在课堂结尾进一步感受到了庄子生活的诗意，了解了庄子的志趣，增加了学生对传统文化经典的了解，进而提高学生的文化品位。

⏰ 成功细节

《庄子》中的散文作品善于通过寓言故事说理，想象神奇，语言灵动而有气势，是诸子散文中的精品。郭沫若在《庄子与鲁迅》中评价庄子说："以思想家而兼文

章家的人,在中国古代哲人中,实在是绝无仅有。"因此,作为语文教师讲好《庄子》确有难度。讲解《庄子》作品时,即使周身画龙,缺少结尾点睛,学生对文章的理解往往只停留在表面的感性认识,缺少理性的升华。因此,如果在周身画龙的基础上,以精练含蓄、准确生动的语言进行课尾点睛,将更有利于引导学生体会文旨,达到领悟道理,陶冶情趣之目的。段远东老师在教《〈庄子〉故事两则·惠子相梁》时,在课尾深发开去,以自创短诗的形式,让学生感受庄子生活的诗意,了解庄子的志趣。这一设计促进了学生对作品的主题、创作意图及庄子思想的真正理解。

功效评价

古人说:"结句当如撞钟,清音有余。"不枝不蔓,耐人寻味的课堂结尾是对学生已学知识的归纳与整理,也是对思想认识的提升。"点睛"是课堂结尾的神圣使命。段远东老师讲解《〈庄子〉故事两则·惠子相梁》一课的结尾遵循了简约性的原则,起到了"点睛"的作用。课堂收尾并不是对教学主要内容的再次讲授,因此,要切中要点,突破难点,要精练、概括,做到要言不烦。片言只语,或画龙点睛,振聋发聩;或旨深意远,耐人寻味;或另辟蹊径,别开生面,最终形成知识的理性升华。一堂课完美的结尾,使学习的知识得以概括和深化,也使整个课堂的教学结构严谨、浑然一体。

细节反思

一篇好的文章,应是"凤头、猪肚、豹尾"。课堂教学的艺术也像写文章一样,导入引人入胜、课的进程跌宕起伏、结尾简明有力。这就要求我们在课堂教学中,不仅要精心地设计导语,牢牢抓住学生的注意力,也要精心地设计结尾。一堂课的结尾应该是课外活动的铺垫,是下一节课的前奏,要能填补两节课之间大量的空白。如果说开头的重要是因为第一印象在人际知觉中属于主导的性质,那么结尾的重要则在于清音有余的撞钟语将伴随学生步出课堂,在学生耳边回响,并被相当长地保持在他的记忆深处。段远东老师在课尾处以自创的诗歌结束课堂,更是他追求教学艺术和文章艺术相辅相成、水乳交融境界的一种表现。创作诗歌,可以激活学生的想象力和创造力,也可以训练和培养学生的表达能力与感悟能力,陶冶性情,提高感悟能力。讲究结尾的教学是一种成熟教学的表现,讲究高层次、富有特色结尾的教学更是一种追求善始善终的工作态度的标志,一种认真执着、到点到位、注重过程与结果完美统一的教学品格的体现。

优秀教师黄维陆《中国人失掉自信力了吗》课堂精彩结课

案例95

黄维陆老师执教《中国人失掉自信力了吗》，在课的结尾配乐《红旗飘飘》播放"今日中国之自信"的幻灯片。之后，老师说："我们为今日中国的自强自立而激动。现在，我们再回头看课文的题目，这是一个反问句，谁能把这个反问句变成陈述句？"有学生回答："中国人没有失掉自信力。"老师进一步引导说："这是一个否定的陈述句，谁能把它变为肯定句？"一名学生答道："中国人充满着自信力。"接着，老师围绕作品创作一副对联，上联是：驳敌论辛辣嘲讽；下联是：树观点热情讴歌。老师又提出"请同学们为老师的板书加一个横批"。有学生说出"自信永存"的横批。最后黄维陆老师充满激情地总结——"通过以上的交流学习，我们深深地感受到了鲁迅先生身上强烈的民族自尊心和自信力，先生用他尖锐犀利的语言，无情地抨击了当时反动政府的悲观论调，用他饱含深情的笔触告诉世人，我们中国人并没有失掉自信力。踏着先生的步履，充满自信的中华儿女正用自己的满腔热情，谱写出一曲曲动人的自信之歌。最后，我想化用先生的一句话来结束今天的课堂，那就是：要论自信力的有无，状元宰相的文章是不足为据的，且看我中华少年！"

成功细节

在《中国人失掉自信力了吗》一课的教学中，黄维陆老师把握了鲁迅先生深刻犀利、用最深沉地悲痛摇旗呐喊的杂文风格，给学生进行了一次民族自尊心、自信心的洗礼。

黄老师以创作对联的形式再一次激发了学生的兴趣。对仗生情趣，古韵入课堂，别具一格的对联，即使学生记住了文章内容，又激发了学生对鲁迅先生的无

比景仰之情。这样有意识有目的地把课文与楹联联系起来，同时，吸引学生参与楹联创作，对学生的影响作用是很大的。用一些对仗工整的联句往往能起到化繁为简，变难为易的作用，收到事半功倍的效果。蔡元培先生曾说过："教育是帮助被教育的人，给他们发展自己的能力，完成他们的人格，与人类文化上能尽一份子责任。"本节课堂上结尾的设计就充分地体现了这一点。

功效评价

课堂结尾用延伸式激趣，用回味式激情。

语文教材内容广泛，几乎涉及到古今中外各个领域。如果我们就文教文，不做任何延伸，势必局限在十分狭小的天地里，学生所知甚少，不能引发他们的兴趣。如果我们注意因文制宜，适当沟通学生的生活积累和阅读所及，扩充领域，开阔视野，就可以有效地提高学生的学习积极性，激发学生浓厚的学习兴趣。本课中，对联创作的环节设计别具匠心。

在结语的设计上，教师以其丰富的感情积累和知识底蕴纵情渲染，从而为课堂创设了一种富有感染力的情境，为学生理解课文内容筑路架桥。结尾时教师能把握好时机，用发自内心的情感，围绕课文的内容创设情境，就能激发学生情感，收到了课虽尽而意无穷的效果。

细节反思

教学的"结尾"是整个教学过程中不可缺少的组成部分，设计得精妙，能产生课断思不断、语停意不停的艺术效果。

从教学内涵来说，课堂教学的结尾并不意味课堂教学的中止和教学活动的终结，恰恰相反，它应是课堂教学的继续和学习活动的延伸。因此，当对课文的讲述结束时，可以运用充满激情的语言对主题、人物、情节加以引申性的总结，创设一种具有诗情的意境，激发学生感情，使学生学习情绪高涨，增强求知欲望，陶醉于"压轴戏"的艺术氛围之中，余音缭绕，催人奋进。

教师优化教学方法，用感情激发学生，运用充满激情的语言对主题、人物、情节等加以引申性的总结，创造一种具有诗意的意境，产生一种强烈的震撼力和号召力，激发学生追求知识、努力向上的感情，有助于学生树立正确的世界观、人生观，达到教书育人的目的。

优秀教师解瑛《观沧海》课堂精彩结课

案例96

解瑛老师教学的《观沧海》时，在课堂结尾总结说："我们这堂课是一堂'学法'课，即吟、译、说、唱，老师给它取个名字，叫作'一诗四学'。让我们通过'吟'来感知诗情，通过'译'来理解诗意，通过'说'来挖掘内涵，通过'唱'来学会背诵。这正是：口诵眼前多彩句，神思千古慕沧海。少年不识愁滋味，亦懂诗人忧国心。"

教师在结课时将诗作的"一诗四学"法进行了总结。即为：第一个环节——吟：把握基调，深情朗读。在这个环节中学生自由朗读，品味两种不同的朗读，听曹操的朗诵，后再由学生朗读课文直至能背诵课文。第二个环节——译：理解诗意，掌握技巧。第三个环节——说：想象表达，拓展思维。第四个环节——唱：自编曲调，神思飞扬。

成功细节

解瑛老师在课堂上尝试运用以读为主导，以吟、译、说、唱为主线的教学模式串起古诗词的教学，力求达到以尽可能单纯的教学线条带动尽可能丰富的教学内容的课堂高境界。看似短小的诗歌，其实往往容量很大，许多都是高度浓缩的典范。教师除了引领学生学习诗歌作品本身，更要注重让学生掌握欣赏诗歌的方法。因此课的结尾处教师对课堂上要教授的重点——古诗学习方法进行了总结。教师教给了学生读的方法，学生自会体会诗的韵味，并享受读的意境，且能初步领悟作者的内心经历。教学生学法，是可以让学生终身受益的教学途径。在教师传授学法后，学生以后就会依法实践。这正是教者活，学者乐，成效实，真正将知识转化为智慧和能力了。

⏲ 功效评价

语文课堂的诗歌教学是一个难点,如何在教学中让学生喜欢诗歌,学会鉴赏诗歌,能够更好地取得教学效果是我们一直在思考的问题。《观沧海》这首短诗字少易记朗朗上口,也体现出诗人创作中在炼字炼句上下的功夫,语言凝练,字短意不短,想象奇特是这首短诗的特色。学生通过学习、欣赏诗歌,从中感受语言的魅力和能量。不仅可以帮助学生理解诗歌的特点和感人力量,提高理解运用语言的能力,学习欣赏诗歌方法,可以发挥文学作品的艺术感染力,培养学生美好的道德情操和优良品质,发展他们的形象思维能力和审美能力。

教师在课的结尾巧妙地把整堂课的教学关键加以总结概括,给学生以系统完整的印象,促使学生加深对所学知识的理解和记忆。用恰当的方法学习诗歌,既保持了诗歌的完整性,又体现语文的审美性。"授人以鱼,仅供一饭之需;教人以渔,则终生受用。"培养学生良好的读书习惯,教给学生读书、学习的方法,让学生在阅读、学习的同时,提高思维能力、运用能力,引导他们在实践中主动获取知识、形成能力。教师在找到好的方法后能将其教给学生是极为重要的一件事。

课堂不仅是教师传授知识的地方,更是教给学生学习技能的地方。叶圣陶先生曾说过:"教,是为了不教。"在教学中,教师在传授知识的同时,必须教会学生怎样学习,必须教给学生科学的学习方法。教会知识只能让学生拥有过去,而教会学生方法才能真正的面向未来,教师拥有多少水并不是最重要的,关键是教会学生取水的方法,这是提高课堂教学质效的重要途径之一。

⏲ 细节反思

苏霍姆林斯基说过:"在人的心灵深处,总有一种根深蒂固的需要,这就是希望自己是一个发现者、研究者、探索者。而在儿童的精神世界中,这种需要特别强烈。""探究"对于儿童来说是一种与生俱来的天性,对于教学来说又是一种极难能可贵的宝贵的教育资源。

因此,上课前教师精心准备,将最为有效的学习方法实践于课堂,形成自己的讲课思路,然后尽量用学生们易于接受的方式和语言讲述出来,再把引领学生学习的方法系统地总结出来,倡导他们应用于自己的学习实践。这样的教学才是生动的、鲜活的。我们教师应该希望的是,学生在我们的课堂上,除了学到知识以外,最重要的是掌握语文思想和学习的方法。

优秀教师茅娟美《写写词里的故事》课堂精彩结课

案例97

茅娟美老师在《写写词里的故事》一课的导语中这样设计:"同学们,上课之前老师先了解一下:"咱们班里喜欢作文的举手……怕作文的举手……老师像你们这么大的时候,也很怕作文,我曾经哀叹,'作文之难,难于上青天'。但是后来,我却爱上了作文,而且觉得写作文其实真的很简单。……想知道老师扭转乾坤的秘籍吗?今天,我们就通过写写词里的画面来慢慢学得其中的一点奥妙。"在老师的指导下,以《望江南》为例描写词里的画面,学生佳作频出。课的结尾老师感慨颇多,向同学们展示了自己的下水文:江水茫茫,一块小洲孤零零地漂在烟波浩渺的江面上,无依无靠,恰似一株无根的浮萍,在晚霞中无处归宿。洲上不知名的荒草失却了青绿的色彩,在寒风中瑟瑟发抖,发出沙沙的轻叹。一只离群的归雁孤单地赶着路,不时引颈悲鸣,是呼唤,还是哀叹?如血的残阳照着孤零零的白蘋洲,风夹带着晚露荡漾着,也一定漾进了她的眼,要不然,她的眼该不会湿漉漉的吧。最后,老师用下面的话为课堂画上了句号:与大家共勉——面对作文这座高山,我们可以仰望,但绝不跪拜。试着换一种简单的方法面对它,风景这边会独好。

成功细节

茅娟美老师设计的"前呼后应式"结尾使课堂教学前后浑然一体。她在导语中针对学生写作文常含胆怯心理的情况进行说明,并告诉同学们这种问题可以在老师的指导下得到解决,这犹如一石激起千重浪,学生的思维更加活跃,探求的兴趣更加浓厚。她在教学活动中根据教学目的、针对学生的心理特点和教材实际,灵活地、创造性地运用一切教学手段,营造充满欢悦和意趣氛围,使学生思维活动达到最佳状态的教学境界,师生从中得到心灵的交融、形神的契合、美感的陶

冶和艺术的享受，从而更好地提高教学效率。学生在教师恰当的评价和指导下各抒己见，在此基础上，教师最后展示自己的下水文，教师亲自动手，和学生共同实践，拉近了与学生的情感距离，更具亲和力，更有效地指导了学生写作，在结语中更自然地解开了"不怕写作文"的"秘密"。这样的结尾，既突出了教师的引领示范作用，帮助学生解决了难题，又前后照应，将教师的成长体验浸润到对学生的引导中去，完善并升华了主题。

功效评价

就一堂课而言，课的开始与结尾，素有"黄金环节"的美称，这就要求教师在新奇别致、引人入胜上下功夫。课堂教学的每个环节都是一堂课的有机组成部分，结尾的设计，必须在统观全课，照顾整体的前提下进行，做到首尾呼应，浑然一体。使用照应式结尾，对学生学习、掌握某一知识点能起到定向作用，可以帮助学生进一步弄清概念，解决疑难问题，加深印象，巩固深化知识，从而让学生更好地掌握和运用知识。

语文课堂中有效结尾的形式，往往会演绎精彩的生成，提升教学的效果，能极大地调动学生学习的积极性和启发学生的思维，所以我们要在有效结尾上下大力气、做大文章，给学生留下一个值得回味甚至课后仍然回味的难忘瞬间。让课堂结尾成为一种高超的教学艺术。

细节反思

教学活动是一个不断创造，意义不断生成的活动，是师生双向的积极的生命对话。课堂上，教师以切身作文体验给学生具体而微、可触可摸的点拨，极具亲和力和针对性的作文指导成效显著。因此，教师在精炼的结语中用热情洋溢的语言向学生发出号召、提出希望，以感化学生，达到导之以行的目的。

另外，设计结语时也应考虑，有结尾就有开头，因此我们讲究结尾，也要想到开头，想到与开头相呼应、相和谐，这样首尾呼应中的结尾才是科学恰当的。由此，我们认为应该注重课堂结尾的四个要素：在思想上有一个结意（结尾意识）；在时空上有一个结点（结尾形式）；在内容上有一段结语（结尾的话）；在形式上有一个结法（结尾方法）。

优秀教师田艳丽《过零丁洋》课堂精彩结课

⏰ 案例98

田艳丽老师执教《过零丁洋》一课的课堂结尾，首先总结了课上所教的"四步学诗法"，她说："同学们，我们来盘点一下这节课的收获！这节课我们学习了一种新的学诗方法。(课件展示)

学法总结：

译诗解说内容

吟诵传情达意

评说深入赏析

抒情表达感受

在情感上，我们受到了文天祥爱国情操的陶冶，纵观历史长河，英雄辈出，你知道中国历史上还有哪些'留取丹心照汗青'的英雄人物吗？你还知道哪些像'人生自古谁无死，留取丹心照汗青'这样透着铮铮骨气的诗句？请同学们课后搜集整理。"之后，田老师让同学们跟随朗读录音一起吟诵，回味经典，结束了这节课。

⏰ 成功细节

课堂教学的结尾部分主要用于对教学内容进行梳理、概括，并与以后的教学建立某种联系。它是学生把握学习重点，巩固所学知识，实现知识向能力的迁移，提高思维能力的重要环节。《过零丁洋》一课教学终了时，教师运用精练的语言对这节课的学习重点进行归纳总结。一堂课仅进行《过零丁洋》一首诗的文本阅读内容也许显得单薄，因此教师在完成文本阅读任务的过程中，凸显学习诗歌方法的训练就更显得重要了。唐代散文大家韩愈曾说过："记事者必提其要，纂言者必钩其玄。"归纳总结，温故知新，是课堂教学的重要环节，也是教学论中的重要原则

之一。另外,本节课结尾教师在教完作品后,通过让学生反复地诵读,加深对课文的理解也是一种很好的结课方式。结课紧扣教学内容,有助于学生对所学课文、有关知识的消化、理解和巩固,有助于教学内容的系统化和明确化。

⏱ 功效评价

教师在完成文本阅读任务的过程中,凸显学习诗歌方法的训练,并在课堂结尾处进行总结,其意义在于通过综合、概括,按照知识的内在规律,让学生由博返约,纲举目张,加深对课程的理解,在思想上上升到新的认识。这才真正体现了教师"导"之有方,学生学之得法。

语文课堂教学艺术要求整个课堂结构的严谨和完整,讲究信息流动的流畅和平衡,所以,不仅要追求导入引人入胜,中间高潮迭起,而且要求结尾更具吸引力,给学生以和谐完整的审美体验。诗词散文等文学作品,常以情景交融的意境引人入胜,教师在教学过程中引导学生深入地分析、理解作品,使学生的情绪与课文中蕴含的情感产生共鸣。为了引导学生在阅读欣赏这类课文时身临其境,可在结束课堂教学前,教师运用创造意境的方法,再次让学生声情并茂地朗读整篇作品或精彩片断,或利用多媒体等现代化的教学设备,来创设特定的情境,渲染气氛,感染学生,使学生领悟到作品的精妙之处。

⏱ 细节反思

课堂上教法与学法经过碰撞与缓冲后,以使教师的教法变为学生的学法,变成学生会学善学,在结课时教师将"学法"作为重点落实给学生,真正处理好善教和善学的关系,帮助学生完成从学会到会学到善学的飞跃,体现教为学服务的观念。这样做,教师起了导的作用,改变了课堂教学面貌,激活了课堂。

语文课堂的结尾应根据不同课型和教学目的设计不同的结尾,即不同文体和情趣的文章的教学结尾方式不能千篇一律,而是应"因体施教"。用以总结的语言不应是对所讲述过的内容的简单重复,应是在原学习基础上的再理解、再提高。诗歌以意境和情思取胜,作为语文教师,我们应充分挖掘诗文中的情感因子,让学生在诗文的感染下,带着一种不可抑止的激情走出课堂,走进生活,走向人生。创设情境,朗读结课,这样的结尾既重温了诗的情感与主题,更让学生感受到了诗人的风格,还让学生沉浸在作品的意境里,让心灵随诗人创设的诗情荡漾,沿着课堂情感发展的趋势,将情感向前推进一步,或向下深入一层,让学生感受到情感的强大力量。

优秀教师王茜《端午的鸭蛋》课堂精彩结课

案例99

王茜老师在《端午的鸭蛋》的课堂结尾处设计了"感悟乡情"环节。她说:"汪老19岁离家,思乡是他一生难以割舍的情结,有这样一个小故事。"接着,展示了一段视频资料:"江苏电视台为爸拍了一部电视片《梦故乡》。我记得那次周末回家,爸急不可待地要放这部片子的录像带给我们看。汪朝笑他:老头儿看过了又要看,几遍才算够?看片子的时候,我们一如既往地插科打诨,说爸"表现不俗,可以评一个最佳男主角",可是没有像以往一样听到他反抗的声音。我回头看,一下子惊呆了:爸直直地盯着屏幕,眼中汪汪是饱含着的泪,瞬间,泪水沿着面颊直淌下来!爸去世以后,我们兄妹商量,在他的墓碑上写些什么呢?想来想去,决定了,就写——"此时暂停了视频播放,老师说:"在他的墓碑上写些什么呢?大家猜一猜。"学生们各抒己见,最后老师说:"只有五个字:高邮汪曾祺。让我们再一次朗读文章的第二段,体会汪老那颗率真醇厚的赤子之心。"学生齐读课文后,老师总结:"如果通过今天的学习,大家对汪曾祺的作品能产生一点兴趣,我们的目的就达到了。当我们怀想童年时,疲惫狂躁时,游子思乡时,可以读一读汪曾祺,读那份适意闲雅,感受那经历浮华洗礼之后,嚼得菜根式的返璞。"

成功细节

汪曾祺先生平淡如水的文字在细读和扩读中逐渐散发出浓郁醇厚的酒香。文字立起来,教学重点和难点的确立就水到渠成。因此,适当的助读资料的"植入",增加了文本的宽度和教学的深度,使学生对文本的解读回归到了中国传统文化的

大背景和中国传统知识分子的乡土情节之下，课堂教学内容浑然一体，让人意犹未尽。王茜老师紧紧抓住所学教材的"余热"，精选了一段与教学内容相关的视频资料，让学生观看，并通过这个机会提倡学生更多地阅读汪曾祺的作品，来达到更高质量、更高层次地完成教学任务的目的。

⏲ 功效评价

本课课堂结尾把握了"拓展性原则"，这是现代教学理论对课堂收尾最根本的要求之一。传统教学理论侧重于课堂收尾的巩固性，而现代教学理论侧重于课堂收尾的拓展性。即不是将其仅视为课堂教学的终结，而是将其作为教学的新起点，特别是侧重于学生知识的深化和拓展。

课堂结尾处设计了视频内容，化静为动，挖掘内涵，拓展延伸，符合"学生用声音、色彩、形象来思维"的心理特点，不仅教给了学生知识，发展了能力，还给学生以灵魂的洗涤，学生感到回味无穷。这样的结尾不仅可以让学生明白课文是美的，还可以由此生发开去，引导学生产生更多的联想，让学生接触到比教材更广阔的世界，进而充分体现"生活即语文"的大语文观，引导学生课后走进更为广泛的语文学习天地，以便充分体现新课程要求，提高语文学习效率。

⏲ 细节反思

精选与教学内容相关的视频资料，让学生观看，沟通课堂学习的感受，连缀其审美情趣，在课堂原有气氛的基础上，巧妙引入，结尾再起波澜，拨响听者的情感之弦，使之产生强烈的共鸣。在一种愉悦的气氛中，使学生轻松愉快地消化本课堂所学的知识，又不知不觉地获得一种"只可意会，不可言传"的感受。

语文课本上涉及的内容广泛，天文地理，诸子百家，风土人情，若不适当拓宽教学内容，会把学生引入了一个十分狭小的认知天地。因此，引领学生走进广阔的阅读天地，拓展学生的视野，很有必要。总之，阅读仅局限于课文是不够的，只有引导学生进入一个广阔的阅读天地，才能真正学好语文，而这种课尾，正是为这一目的做的尝试。

课终安排没有固定不变的格式，教学艺术的探索是永无止境的，无非是因文而异罢了。在语文课堂教学中，一节课的结尾搭桥铺路做得好，处理灵活，课内外联系紧密，就能使语文教学低耗高效。

优秀教师魏玲《梁思成的故事》课堂精彩结课

案例100

魏玲老师在《梁思成的故事》一课结尾设计了"深情感悟——回望梁思成"的板块做结。老师说:"残缺的砖瓦、朽败的门窗、斑驳的墙壁、滋生的蔓草……它们在诉说人类历史的逝去,它们在诉说人类对文化的漠视,它们更在诉说人类智慧的毁灭!在人类大力提倡保护文化遗产的今天,历史的烟尘渐渐弥漫,人类历史激情将逐渐隐退!怪不得作者站在历史角度这样诠释他:梁思成只能属于这个世纪!此时此刻,你对梁思成一定有了更深的认识,请用一两句话表达你新的认识或感悟。"有的学生说:"梁思成,你是一个远见卓识的人。你的爱超越个人,超越民族,是让人为之震撼的!尽管很多的建筑被拆毁,但是你捍卫建筑事业的举动会带给我们更深的思考。"还有的同学说:"梁思成,你是一个伟大的建筑学家,你用全部身心诠释了建筑的真谛!你更是一面旗帜,用你的精神感召着我们!"最后教师小结:"这个世纪造就了独一无二的梁思成!但梁思成不能只属于这个世纪,他属于世界,属于人类,属于我们在座的每一个人!愿我们秉承他的文化精神,做一个世界主义者!"

成功细节

课堂结尾,为了让学生更深入地理解梁思成对古建筑拥有超越国界的爱的宝贵品质时,教师出示了几幅画面,是因缺少管理和保护而行将就木或在世上已荡然无存的几个国内外古建筑。通过教师的拓展,学生对梁思成的认识就更深了。多方面营造氛围,以情激情,在学生们的视觉震撼中升华了文章的主旨,为"回望梁思成"做了铺垫,启迪学生思考的深度,进而让学生深情感悟,用精练的语言表达出对梁思成更深的认识就水到渠成了。通过学生自由地言说,大胆地表达,加深了

学生对文本的感悟，对学生的价值观进行有效地引领，让优良的道德品质深深扎根在学生的心田。

功效评价

于漪老师曾说过："创设余音缭绕的气氛，让学生带着美感下课堂，带着继续探索的心理下课堂。"这应该是我们语文教师的追求。对于有难度的文章，为了让学生深刻领会文本意蕴，陶冶情感，熏染心灵，在学生深入领会课文思想内容的基础上，教师用深情、真挚、富有感染力的话语去点燃学生心中潜伏的感情之火，使学生"有自己的情感体验和思考，受到感染和启迪"，从而获得回味无穷的艺术享受，并从中受到熏陶。教师启发学生积极思考问题，引导学生运用现有掌握的知识，纵横深化拓展，大胆表达阅读感悟，进一步激发学生的求知欲，以达到其创造性思维的目的。这一结尾对学生的阅读能力及构思、表达能力的提高起到了促进作用。可以说，教师用真情演奏出的音符，深深地叩击着学生的心扉，把学生从漫不经心中呼唤出来，将知识化为营养吸收，让课堂内容更加生动有力。

细节反思

威廉说过："平庸的教师只是叙述，好教师讲解，优异的教师示范，伟大的教师启发。"教学中的启发性，就是在教学时用恰当的方法把学生的心灵点亮，教师不仅仅把思维的结果传递给学生，更要引发学生思考，把思维推向积极状态，唤起求知的欲望。《梁思成的故事》一文的课堂结尾设计了一种拓展板块的内容，作为语文教师要明确，课堂教学板块设计不能只关注形式，更要为教学内容服务，拿捏取舍，力求最优化，全在于平时多学习，多反思，多打磨，胸中有丘壑，才能信手拈来。结课是教学内容的提纯，语言要深刻隽永，干净利索，给人"余音绕梁"的感觉。拓展不一定必须有，要在文本目标解决透彻之后，还觉意犹未尽，有必要再说点什么才能更好升华主题时才用拓展。但拓展的内容有严格的要求：要能紧承文本，能起到升华主题的作用，否则为了讲形式，盲目拓展，无异于画蛇添足。这节课做到了与相应的教学内容、教学方法和师生实际相结合，利用好了课堂的结尾，让学生走进课后更加深入的学习与思考之中。